ケアマネ・相談援助職必携

現場で役立つ!

社会保障制度

活用ガイド

「ケアマネジャー」編集部 編
福島敏之 著

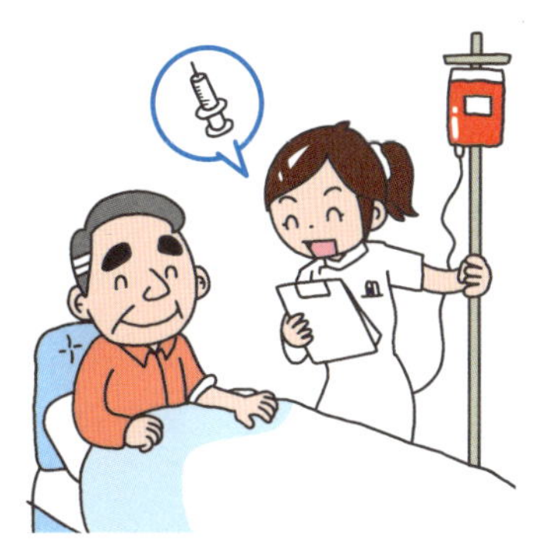

中央法規

早わかり！ ケース別活用できる制度一覧

1 生活保護

──健康で文化的な最低限度の生活を保障

ここが大切！ わが国では、憲法によって「健康で文化的な最低限度の生活を営む権利」が保障されている。

●“困りごと”とそれに対応する主な制度

Case 1 経済的自立を果たせない

無所得または著しい低所得で、活用できる資産もなく、生活維持の見込みが立たない。

→ **対応する制度 生活保護制度**

生活扶助、医療扶助、住宅扶助、生業扶助など8種類の扶助により、健康で文化的な最低限度の生活を保障。

Case 2 生活困窮のリスクを抱えている

長期失業、ひきこもり、多重債務など、生活困窮や社会的孤立のリスクを抱えている。

→ **対応する制度 生活困窮者自立支援制度**

ワンストップで相談を受け付け、課題を整理のうえ、自前の給付も含め制度横断的に支援につなぐ。

Case 3 当座の現金が必要

差し迫った事情により現金が必要だが、預貯金も乏しく調達が困難。

→ **対応する制度 生活福祉資金貸付制度**

用途に応じた資金メニューを用意し、無利子または低利で貸付。総合支援資金、福祉費など6種類。

Case 4 住まいの確保が困難

身寄りがなく、また収入も乏しいために賃貸住宅に入居できない。

→ **対応する制度 居住支援**

身元保証、家賃保証、見守り、生活相談、緊急時対応、死亡後の手続きなど。

Case 5 雇用保険を受けられない

失業状態にありながら雇用保険による保証を受けることができない。

→ **対応する制度 求職者支援制度**

職業訓練の提供、訓練期間中の生活を支援する給付金を支給。

早わかり！ ケース別活用できる制度一覧

2 障害者福祉

――障害者の自立と社会参加をサポート

ここが大切！ 障害の有無にかかわらず、誰もが居場所と役割をもち、尊厳と個性のある生涯を送れるように、障害者の自立と社会参加に資する制度が構築されている。

●“困りごと”とそれに対応する主な制度

日常生活上の援助が必要

身体障害、知的障害、精神障害、指定難病などを抱えている。

対応する制度　障害福祉サービス

日常生活上の介護・援助、居住の場、自立生活のための訓練、就労や社会参加にかかる支援。

Case 2　受診や機器の活用が必要

障害の除去・軽減のための医療を受ける必要がある。身体機能を補完・代替する機器を購入する必要がある。

対応する制度　自立支援医療

「更生医療」「育成医療」「精神通院医療」について、自己負担を軽減。

対応する制度　補装具費支給等

身体機能を補完・代替する「補装具」、生活上の困難を軽減する「日常生活用具」の購入費等を支給。

Case 3　経済的自立が困難

就労を通じて生活保持に必要な収入を得ることが困難。介護に必要な日用品費などで追加的な費用を支出。

対応する制度　障害年金、特別障害者手当

20歳以上の全国民を対象とした「障害年金」、在宅で暮らす重度障害者を支える「特別障害者手当」などがある。

最新の動向をチェック！

現在、「精神障害にも対応した地域包括ケアシステム」の普及が図られるとともに、ひきこもり状態の人やその家族、依存症の人やその家族を支える機関や社会資源の整備が進められています。

早わかり！ ケース別活用できる制度一覧

3 医療保険

──保険証１枚で必要な医療を受けられる

ここが大切！

国民は公的医療保険への加入が義務づけられており、病気やけがのときには必要な医療を比較的安価な負担で受けられる。
※生活保護の被保護者は、医療扶助で受診することとなる

●“困りごと”とそれに対応する主な制度

治療にお金がかかる

治癒の期待できる薬剤が極めて高額で、個人ではとても払いきれない。

対応する制度　療養の給付

公的医療保険に加入していれば、必要な医療を受療できる。受診に際して本人が支払わなければならない負担額は、①75歳以上はかかった医療費の1割、②70～74歳と小学校就学前の乳幼児は同2割、③それ以外は同3割。

対応する制度　高額療養費制度

自己負担額が限度額を超えた場合は、申請により払い戻される。事前に手続きをすれば、限度額を超えて請求されない。

対応する制度　保険外併用療養制度

保険適用に至っていない高度先進医療であっても、厚生労働大臣の認めたものであれば、保険診療と併用して受療が可能。

Case 2　難病にかかった

治療法の確立していない難病にかかった。生涯にわたって治療が必要。

対応する制度　指定難病医療費助成制度

- ●窓口での自己負担は「2割負担」に軽減（指定難病の治療費のみ）
- ●高額療養費制度よりもさらに低い自己負担上限額（月額）が設定され、上限額を超えた支払いは不要

Case 3　保険料を払えない

家計が厳しく、保険料を継続して納めることが困難になった。

対応する制度　保険料の減免制度

事業廃止、病気などで収入が激減し、生活が著しく困難となった世帯を対象に、保険料の徴収を猶予し、減額または免除する制度。

早わかり！ ケース別活用できる制度一覧

4 権利擁護

——「人間らしく生きる権利」を守る制度

ここが大切！ 心身機能の低下や孤立などによって、権利侵害にさらされやすい人であっても、「人間らしく生きる権利」が守られるように、備えて対処する体制が整えられている。

●“困りごと”と求められる対応

Case 1 虐待被害

生命の危険等をはらむ虐待を受けている（と推定できる）。

対応 通報と緊急対応

●通報義務

虐待種別	通報（勧告）先
高齢者虐待	市町村、地域包括支援センター
障害者虐待	障害者虐待防止センター
児童虐待	児童相談所、市町村
DV 被害	配偶者暴力相談支援センター、市町村

●一時保護や措置入所を含む緊急対応

Case 2 悪質商法による被害

訪問販売や電話勧誘販売などで、消費者が不利な取引を行った。

対応 契約の解除

●クーリングオフ
●消費者契約法に基づく解約

Case 3 特殊詐欺による被害

オレオレ詐欺、架空請求詐欺などの被害に遭った。

対応 被害額の回復

●被害回復分配金の活用
●被害回復給付金支給制度の活用

Case 4 意思決定・手続き・契約等が困難な状況

認知症、精神障害等のために意思決定が困難である。

対応 判断能力に応じた制度の活用

●判断能力あり→日常生活自立支援事業
●判断能力が不十分→成年後見制度

Case 5 希死念慮、孤立

「死んだら楽になるかな」などの発言がみられる。

対応 専門相談機関へつなぐ

●「いのちの電話」「よりそいホットライン」などの電話相談やSNS相談

早わかり！ ケース別活用できる制度一覧

5 年金

―― 生涯にわたって経済的自立を支える

「老齢」「障害」「扶養者の死亡」といった困窮リスクに直面してもなお、経済的自立を保てるように、生涯にわたって定期的に現金が支給される。

●ケース別 支給される年金

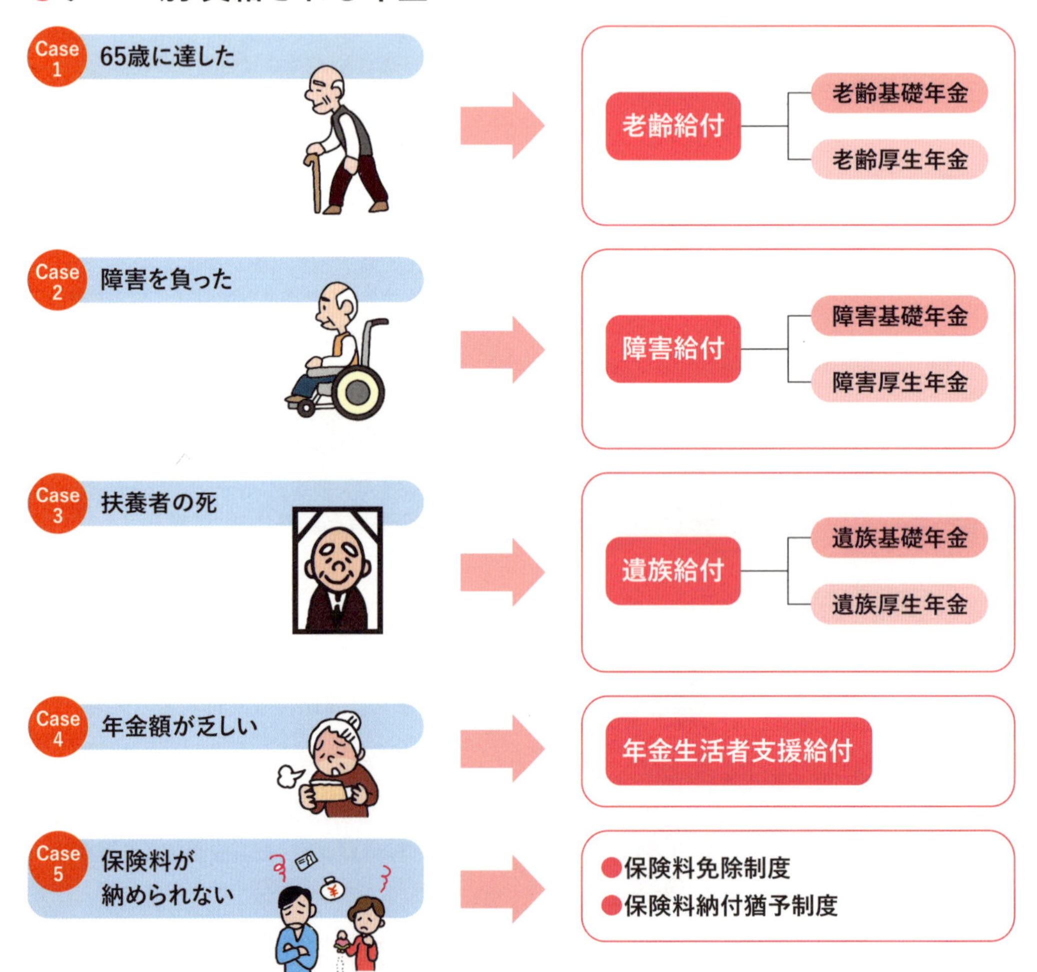

早わかり！ ケース別活用できる制度一覧

6 子ども家庭福祉

──子どもの「健やかな成長・発達・自立」を保障

ここが大切！ すべての子どもは、どのような家庭に生まれようとも、適切な養育を受ける「権利」をもち、健やかに成長・発達・自立していくことが保障されている。

●“困りごと”とそれに対応する主な支援・制度

Case 1 一時的に子どもの世話ができない

①仕事等で日中に子どもを世話できない。
②子どもの世話をできない時間帯がある。
③保護者の入院等で養育が一時的に難しい。

→ **家庭のニーズに応じた保育サービスで対応**

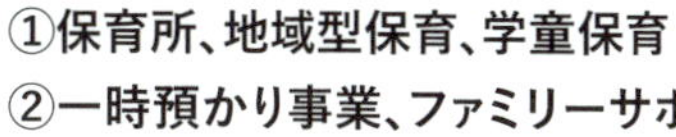

①保育所、地域型保育、学童保育
②一時預かり事業、ファミリーサポートセンター
③子育て短期支援事業
（ショートステイ、トワイライトステイ）

Case 2 子育てに不安や孤立感を感じる

→ **相談受付、情報提供、交流支援など**

●地域子育て支援拠点
●児童家庭支援センター

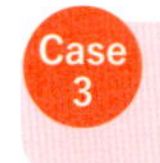

Case 3 保護者がいない 虐待を受けている

→ **保護あるいは公的に養育**

●一時保護
●社会的養護

Case 4 ひとり親世帯

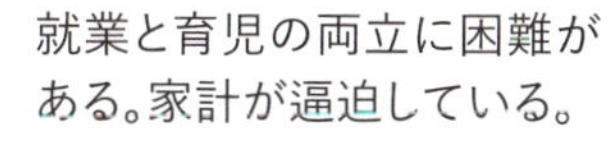

就業と育児の両立に困難がある。家計が逼迫している。

→ **ニーズに応じた各種支援**

●ひとり親家庭支援
（日常生活支援、教育支援、就業支援、所得保障）

Case 5 子どもに障害がある／難病にかかった

①子どもに障害があり、日常生活上の特別の支援や指導・訓練が必要。
②子どもが難病にかかった。

→ **障害に応じたサービス／医療費助成**

①通所・入所・訪問・短期入所による支援、包括的な相談支援
②小児慢性特定疾病医療費助成制度

各制度の最新の動きをチェック！

① 生活保護等

● **2022年3月末**

年金担保貸付制度の廃止

2022年3月末をもって**申込受付を終了**。制度廃止後の残債権の管理・回収業務は、独立行政法人福祉医療機構が継続して実施。

● **2022年4月**

生活保護基準の見直し

出産扶助、生業扶助（技能修得費）、新規就労控除等について、費用の実態等を勘案し、所要の改定を実施（生活扶助の基準は据え置き）。

● **2023年度中**

医療扶助に「オンライン資格確認」を導入

マイナンバーカードを用いた**オンライン資格確認を医療扶助にも適用**。医療券の手渡しによる従来の受診の流れを合理化。

② 障害者福祉

● **2022年4月**

特別障害者手当等の改定

・特別障害者手当：2021年度2万7350円→ 2022年度**2万7300円**
・障害児福祉手当：2021年度1万4880円→ 2022年度**1万4850円**
・特別児童扶養手当：
【1級】2021年度5万2500円→ 2022年度**5万2400円**
【2級】2021年度3万4970円→ 2022年度**3万4900円**

特別児童扶養手当等の眼の障害程度認定基準の改正

特別児童扶養手当、障害児福祉手当、特別障害者手当の障害認定にかかる「視力の認定基準」に関して、評価対象を「両眼の視力の和」から「**良い方の眼の視力**」へと変更

虐待未然防止・早期発見の取り組みの義務化

障害福祉サービス事業者の運営基準において、以下の取り組みを「努力義務」から「義務」へと格上げ。
①従業者への**研修**実施
②「**虐待防止委員会**」の設置
③虐待の防止等のための責任者（**虐待防止マネジャー**）の設置

身体拘束等の適正化の取り組みの義務化

障害福祉サービス事業者の運営基準において、身体拘束等の適正化にかかる以下の①〜③の取り組みについて、「努力義務」から「義務」へと格上げ。
①身体拘束等の適正化のための「**委員会**」の定期的な開催。その結果の従業者への周知
②身体拘束等の適正化のための「**指針**」の整備
③従業者に対し、身体拘束等の適正化のための**研修**を定期的に実施

● 2023 年 4 月

身体拘束廃止未実施減算の対象拡大

障害福祉サービス等報酬において、居宅介護、重度訪問介護、同行援護、行動援護、重度障害者等包括支援にも「**身体拘束廃止未実施減算**」(▲ 5 単位/日)を導入。

身体拘束廃止未実施減算の減算要件追加

障害福祉サービス等報酬の「身体拘束廃止未実施減算」に、前掲「身体拘束等の適正化の取り組みの義務化」①〜③の取り組みの**未実施を減算要件として追加**。

③ 医療保険

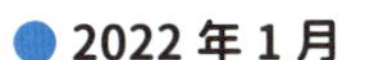

● 2022 年 1 月

傷病手当金の支給期間の通算化

「傷病手当金」について、入退院を繰り返しながら仕事を続ける人でも使いやすいように、**支給終了要件を見直し**。出勤して支給されなかった日はカウントせず、**実際に支給された期間を通算して 1 年 6 か月に達するまで**は支給されるように変更。

● 2022 年 4 月

2022 年度診療報酬改定

0.43%のプラス改定。新興感染症等にも対応できる医療提供体制の構築など医療を取り巻く課題への対応など。看護における処遇改善を含む。

未就学児のいる世帯に対する国民健康保険料の軽減

未就学児のいる世帯に対する国民健康保険の保険料(税)を軽減(未就学児にかかる被保険者均等割額を減額)。

外来機能報告制度の創設

紹介患者に対して**高度・専門的な医療を主に実施する医療機関**(A)と**それ以外の医療機関**(B)を区分することを目的として、自院の外来機能について報告を求める制度を創設。

● 2022 年 10 月

初(再)診時定額負担の対象病院拡大・金額引上げ

紹介状なしで受診した患者から定額負担を徴収する責務がある医療機関について、現行の「特定機能病院及び一般病床 200 床以上の地域医療支援病院」に加えて、「**上掲(A)に該当する一般病床 200 床以上の病院**」にも適用拡大。定額負担の最低基準額を引上げ。初診時定額負担:**医科** 5,000 円→ **7,000 円**/**歯科** 3,000 円→ **5,000 円**、再診時定額負担:**医科** 2,500 円→ **3,000 円**/**歯科** 1,500 円→ **1,900 円**

後期高齢者医療における窓口負担割合の見直し

現在「1 割負担」となっている後期高齢者医療制度の被保険者について、**課税所得 28 万円以上**※である人を対象に、**窓口負担割合を 2 割に引き上げ**。長期頻回受診患者等に対する激変緩和の経過措置(3 年間)あり。

※単身世帯の場合は年収 200 万円以上、複数世帯の場合は後期高齢者の年収合計が 320 万円以上に限る

④ 権利擁護

2022年4月

「第2期成年後見制度利用促進基本計画」実施開始

2022年度～2026年度。
・日常生活自立支援事業と成年後見制度の間の連携・移行の促進
・「本人のニーズと課題」および「後見人の適性」の定期的な再評価と、状況変化に合わせた柔軟な後見人等交代
・支援の内容・負担に見合った報酬算定への見直し
・低所得者等への助成制度の拡充

⑤ 年金

2022年4月

年金額の改定

・基礎年金・厚生年金ともに前年度からマイナス0.4%。
基礎年金額：2021年度6万5075円→2022年度**6万4816円**

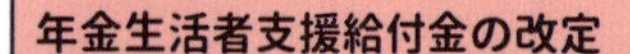

年金生活者支援給付金の改定

【老齢1級】：2021年度6,288円→2021年度**6,275円**
【老齢2級】：2021年度5,030円→2022年度**5,020円**
※障害および遺族は老齢2級に同じ

国民年金保険料の改定

2021年度1万6610円→2022年度**1万6590円**

老齢年金の繰り上げ・繰り下げ支給の見直し

・老齢年金の受給開始を本則の65歳から先延ばしにして年金受給月額を増やせる「繰り下げ支給」について、上限年齢を現行の「70歳」から**「75歳」に引き上げ**。
・老齢年金の受給開始を「60歳」まで繰り上げた場合の**減額率**を、0.5%から**「0.4%」に縮小**。

在職中の年金受給の在り方の見直し

就労中の人が老齢年金を受け取る場合に、給与などの報酬合計と年金月額を足して一定以上だと支給停止される**「在職老齢年金制度」について、支給停止の条件を緩和**。

加給年金額の支給停止ルールの見直し

加給年金額の支給停止ルールを厳格化。配偶者が「老齢年金の受給権を持ちつつも、在職して相当額の給与を得ている等の事情により全額支給停止となっている」場合について、従前はほかの要件を満たしていれば本人に加給年金額が支給されていたが、**4月以後は支給されなくなる**。配偶者に老齢年金の受給権がある事実をもって、本人の加給年金は支給停止される。

年金手帳交付の廃止

「**基礎年金番号通知書**」の交付に切り替え。

短期滞在の外国人に対する「脱退一時金制度」の見直し

支給上限年数を3年から**5年に引き上げ**。

● 2022年10月

厚生年金保険および健康保険の適用拡大

より多くの短時間労働者が厚生年金保険や健康保険に加入して、充実した給付が受けられるように、**短時間労働者の強制加入の適用を中小零細企業にも段階的に拡大**（現行：**500人超**→2022年10月〜：**100人超**→2024年10月〜：**50人超**）。

⑥ 子ども家庭福祉

● 2022年4月

児童扶養手当の改定

【第1子】2021年度4万3160円→2022年度**4万3070円**
【第2子】2021年度1万190円→2022年度**1万170円**
【第3子以降】2021年度6,110円→2022年度**6,100円**（1人につき）

● 2022年10月

児童手当：一部高所得世への特例給付を廃止

中学校卒業時までの子どものいる世帯に支給される児童手当について、**特例給付に所得制限を導入**。扶養家族3人の世帯で世帯主の**年収が1200万円程度を越える世帯**には、10月以後は支給されなくなる。

● 2023年度のできるだけ早期に

「こども家庭庁」の設置

子どもと家庭の福祉の増進・保健の向上等の支援、子どもの権利利益の擁護等を所管。内閣総理大臣の直属の機関として、内閣府の外局に設置。

その他

● 2022年度

「ひきこもり支援ステーション事業（仮称）」の創設

都道府県および政令指定市が設置主体となっている「ひきこもり地域支援センター」について、**基礎自治体で設置できる**よう改めるとともに、相談支援・居場所づくり・ネットワークづくりを一体的に実施する「**ひきこもり支援ステーション事業**（仮称）」を創設。

「介護助手」等の普及を通じた介護現場での多様な就労の促進

都道府県福祉人材センターに「**介護助手等普及推進員**（仮称）」を配置し、市町村社会福祉協議会等を巡回して周知活動を行い、介護助手等希望者の掘り起こしを行う。

はじめに

社会情勢の急激な変化、高齢化の進展、核家族化等による家族構成の変容など、さまざまな要因が相まって、昨今では利用者のニーズが多様化しています。ケアマネジャーをはじめとする相談援助職はこうした日常生活におけるニーズに対応するために支援を組み立てます。そのなかで必要となる知識は、介護保険制度はもちろんですが、社会保障に関するさまざまな制度の理解がとても重要です。しかし、この社会保障については分野が幅広いだけでなく、それぞれの制度の内容が複雑で、それゆえ理解が難しいとされています。

そこで、本書では生活保護、障害者福祉、医療保険、権利擁護、年金という社会保障のなかでも特に重要とされる５つの制度に関する情報を掲載しました。さらに、今年度は「子ども家庭福祉」に関する情報も収載しています。生活困窮に陥っているひとり親家庭や、親に代わって祖父母が孫を養育しているケースなど、家族のあり方が多様化するなかで、相談援助職が社会資源に関する情報を把握しておけば、事態の改善へとつなげることができるかもしれません。

それぞれの制度では、その概要はもちろんのこと、必要となるサービスへつなぐための手続き、窓口（機関）、提出書類などに関して、イラストや図表を交えてわかりやすく、丁寧に解説しました。また、さまざまなケースにおける社会保障制度の具体的な活用事例も豊富に掲載し、現場ですぐに活かせる内容にとことんこだわって制作しています。

ぜひ、本書を皆さんの業務にお役立ていただけますと幸いです。

「ケアマネジャー」編集部

第3章 医療保険

第5章｜年金

第6章｜子ども家庭福祉

第1章

生活保護

❶「生活保護・生活困窮者自立支援制度」をザックリ押さえよう!

「切れ目」なくリスクに対応

人の一生は「試練」の連続です。時には、暮らしが破綻したり、貧困に陥るかもしれないリスクに脅かされることもあります。それは、病気、障害、失業、事業の失敗、借金、依存症、ひきこもり、ＤＶ、生計維持していた親族の死亡・失踪・離縁・病気・要介護など、多岐にわたります。

わが国の社会保障では、国民の最大公約数的なリスクには、「社会保険」というしくみが用意されています。たとえば、病気やけがには「医療保険」、要介護には「介護保険」、障害・老齢・生計維持者の死亡については「年金」、失業には「雇用保険」という具合です。

それらの制度の対象にはならないものの、生活困窮の要因となるリスクについては、「生活困窮者自立支援制度」というしくみで対応します。

それでもなお、健康で文化的な最低限度の生活が維持できない状況である場合には「生活保護制度」が適用されます。

生活困窮者自立支援制度と生活保護制度は、次ページのように、切れ目なく生活困窮者・要保護者のニーズに対応して支援を実施することとなっています。

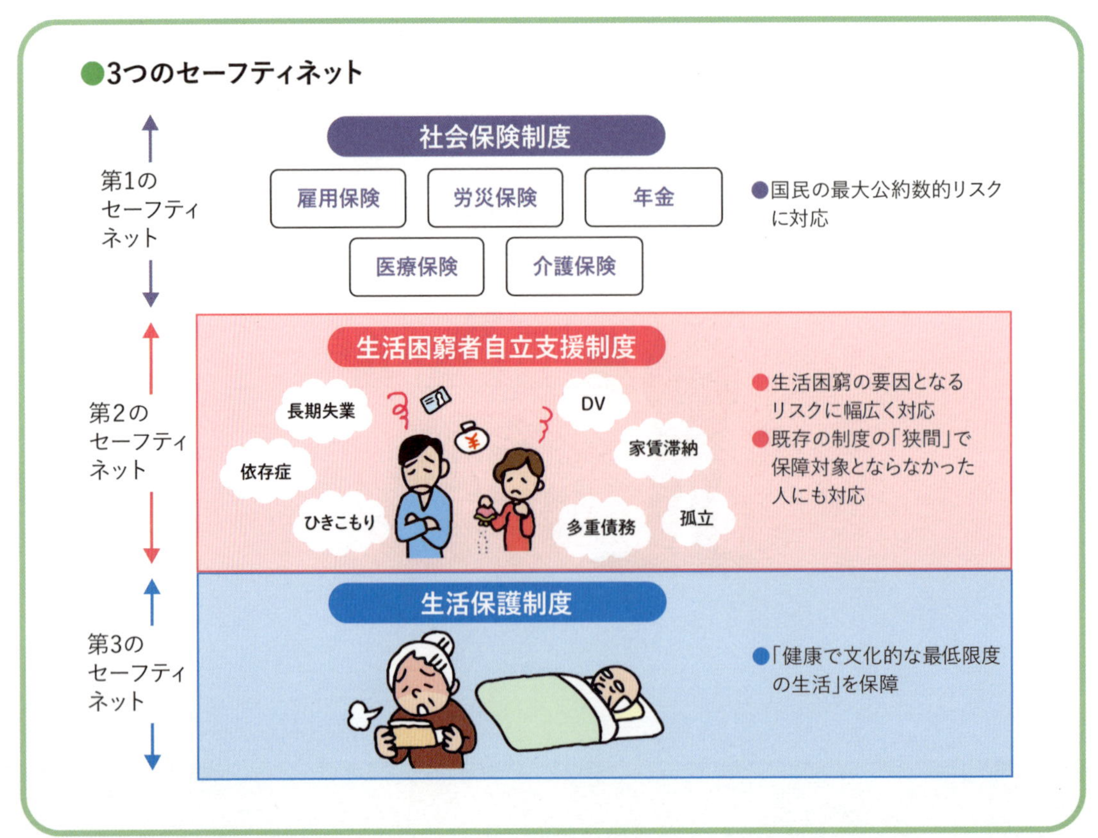

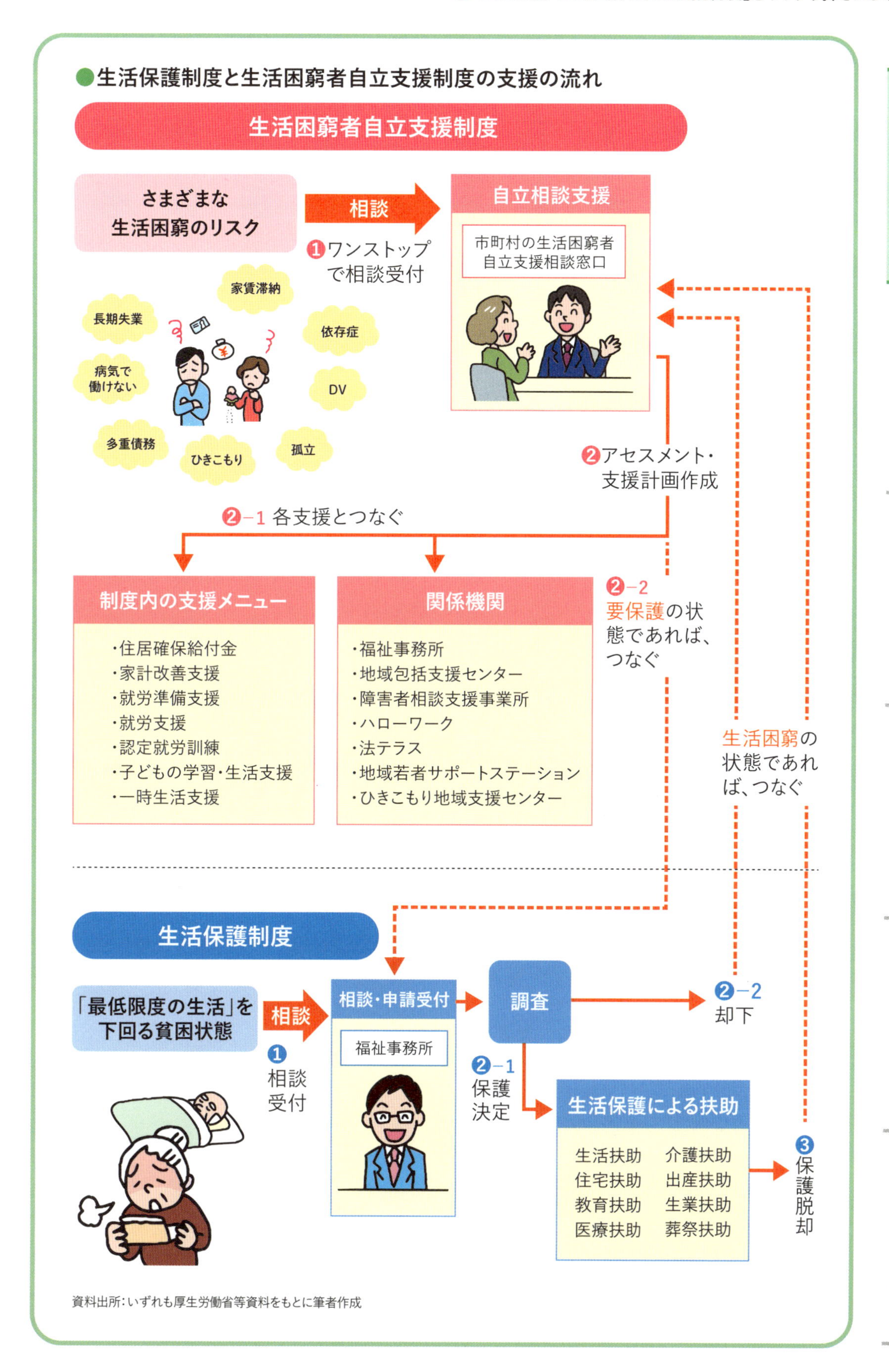
●生活保護制度と生活困窮者自立支援制度の支援の流れ
生活困窮者自立支援制度
さまざまな
生活困窮のリスク
相談
❶ワンストップ
で相談受付
自立相談支援
市町村の生活困窮者
自立支援相談窓口
家賃滞納
長期失業
依存症
病気で
働けない
DV
多重債務
ひきこもり
孤立
❷アセスメント・
支援計画作成
❷−1 各支援とつなぐ
制度内の支援メニュー
・住居確保給付金
・家計改善支援
・就労準備支援
・就労支援
・認定就労訓練
・子どもの学習・生活支援
・一時生活支援
関係機関
・福祉事務所
・地域包括支援センター
・障害者相談支援事業所
・ハローワーク
・法テラス
・地域若者サポートステーション
・ひきこもり地域支援センター
❷−2
要保護の状
態であれば、
つなぐ
生活困窮の
状態であれ
ば、つなぐ
生活保護制度
「最低限度の生活」を
下回る貧困状態
相談
❶
相談
受付
相談・申請受付
福祉事務所
調査
❷−2
却下
❷−1
保護
決定
生活保護による扶助
生活扶助
住宅扶助
教育扶助
医療扶助
介護扶助
出産扶助
生業扶助
葬祭扶助
❸
保
護
脱
却
資料出所:いずれも厚生労働省等資料をもとに筆者作成

②活用までの流れとポイント

人として貧困に苦しむことがないように必要な支援を行う制度として、以下の２つがあります。それぞれの支援の内容と手続きの流れについて解説します。

①最低限度の生活を維持できなくなった人について、生活費の支給をはじめ必要な扶助を行う「生活保護制度」

②さまざまな生活困窮のリスクについて、ワンストップで相談を受け付けて対応する「生活困窮者自立支援制度」

1. 生活保護制度

利用できる人

①生活保護受給の条件

以下の２点に当てはまっていることが、生活保護受給の条件です。

①扶養義務者による扶養を含めて、「利用し得る資産、能力その他あらゆるもの」を活用していること。

売却済

扶養

扶養義務者

＋

②それでもなお最低限度の生活を営めない貧困状態にあること。

②最低限度の生活を営めない貧困状態

福祉事務所による調査の結果、世帯の全収入が、国の定める生活保護基準を個別の世帯に当てはめて計算された「最低生活費」を下回っていた場合のことを指します。

●生活保護を利用できる場合・できない場合

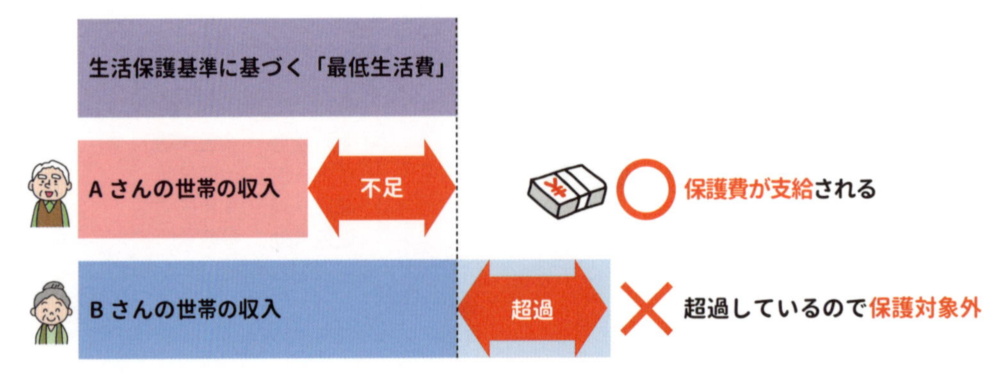

保護の種類

生活保護には以下の8種類の扶助があり、世帯の状況に応じて給付されます。

扶助の種類	内容
生活扶助	衣食、光熱費等の日常生活の費用 特別な事情がある方には、次のような加算がある ・妊産婦加算（妊産婦） ・児童養育加算（高校生以下の養育者） ・母子加算（ひとり親世帯等） ・障害者加算（重度の障害者等） ・介護施設入所者加算（介護施設入所者の嗜好品、理美容代等） ・介護保険料加算（介護保険料実費）　など
住宅扶助	家賃、地代等の住まいの費用（共益費・管理費は除く）
教育扶助	義務教育を受けるための学用品、給食費等の費用
医療扶助	病院や診療所での受診や薬局での薬の費用、治療材料や施術の費用
介護扶助	介護サービスを利用する費用、住宅改修や福祉用具を購入する費用
出産扶助	出産の費用
生業扶助	・就職のために必要な技能の修得や資格の取得をするための費用 ・高等学校等に就学をするための費用
葬祭扶助	葬祭の費用

※医療扶助・介護扶助は原則として、病院や介護サービス事業者等に直接支払われます。それ以外は現金で支給されます（住宅扶助については、家賃等を直接家主等に支払う方法（代理納付）がとられることもあります）。

臨時に支給される「一時扶助」

上記のほか、一時的に費用が必要となったものの、日々のやりくりでは賄えない場合について、毎月の保護費に加えて臨時に支給される「一時扶助」という給付があります。事前の申請が原則で、見積書や領収書等の書類が必要となります。

一時扶助の例

長期入院から退院後の布団代や衣服代（ない場合）、おむつ代、アパートや借家の契約更新料、引越しに必要な敷金や運送代、家屋の修繕費、通院時の交通費など

申請から受給開始までの流れ

生活保護を受給する際の担当機関への申請から受給開始までの手続きをみていきます。

❶相談

窓口へ出向いて手続き

①住んでいる**市町村の福祉事務所**に相談します（電話でも可）。

②相談窓口では、家庭の事情や困っている状況を聴いたうえで、利用できる制度について案内があります。ここで保護申請の意思を伝えると、申請に必要な書類が手渡されます。

生活保護申請書、収入申告書、資産申告書、同意書※

※調査のために関係先に照会することに同意する書面

❷申請

窓口へ出向いて手続き

福祉事務所

申請書と相談時に指定された添付書類を提出します（添付書類は申請後の提出でも可）。

申請書

申請者

求められる添付書類の例

- **預貯金の通帳・証書**（世帯全員分）／**生命保険の証書**（加入している人。世帯全員分）
- **給与明細書**（就労収入のある人）／**年金証書・通知書等**（受給している人、受給権のある人）
- **保険証**（世帯全員の健康保険、国民健康保険など）／**障害者手帳**（所持している人）
- **住居の賃貸契約書・重要事項説明書**（賃貸住宅に居住している人）など

留意事項

- 事情により本人が申請できないときは、親族による申請も可能です。
- 明らかに急迫した状況であれば、申請がなくても職権で保護開始となることもあります。

❸調査

自宅

自宅などを訪問して調査

生活状況や収入・資産状況等が調査されます。そのプロセスは以下のとおりです。

❶自宅への訪問

居住の状況や、申請者本人および家族の**生活状況等**が確認されます。

❷資産調査

申請書の添付書類の確認、金融機関等の関係先への照会を通じて、**預貯金**がどの程度あるか、生命保険・有価証券・土地や家屋・自動車等で処分して**生活保持に活用できるもの**がないかが調査されます（保有したまま利用し続けたほうが生活維持に貢献するか否かの検討も行われます）。

❸他制度による給付の確認

年金、各種手当、雇用保険等のうち**生活保持に活用できるもの**がないか、年金事務所等の関係機関への調査が行われます。

❹就労の可否の検討

病気や障害が理由で働くことが難しい人に対しては、「**検診命令**」が出されます（医師等の意見を参考に、就労の可否が検討されます）。検診命令には従う必要があります。これに伴う本人負担はありません。

❺親族への照会（援助の可能性の検討）

親、子ども、兄弟姉妹等の親族から、**仕送りや同居**による扶養を受けることができないかどうか、照会が行われます。

留意事項

親族による援助は「可能な範囲で」行うものとされているので、親族がいるという事実をもって、生活保護を受給できないということはありません。

❹審査

調査の結果、生活保護の受給が必要かどうか、必要な場合には保護費がいくら必要かが審査されます。

❺決定

審査の結果、生活保護の受給の可否の通知が郵送されます。原則として、申請があってから14日以内に決定がなされます。（調査に時間を要した場合等には最長で30日以内）

保護決定通知

保護開始

保護開始と同時に、担当の「ケースワーカー」が決まります。ケースワーカーは、定期的に自宅を訪問して生活状況を確認し、各種の相談に応じ、自立に向けた支援・助言を行います。

申請却下通知

申請却下

決定に納得できないときは、決定を知った日の翌日から数えて3か月以内に、都道府県知事に対して審査を求めることができます。

「資産活用」のしくみ

生活保護受給のための手続きで、避けては通れないのが「資産調査」です。国の定める「最低限度の生活を営めない貧困状態」にあることを客観的に確認するための、行政（福祉事務所）による調査です。

①申告内容を事実確認、家庭訪問も

保護の申請にあたっては、現在の収入の状況を記入した「収入申告書」と、資産の状況（不動産、現金、預金、有価証券等、生命保険、自動車、貴金属等）を記入した「資産申告書」を福祉事務所に提出する必要があります。あわせて、それを証明する書類も提出しなければなりません。

申請を受けた福祉事務所は、申告内容が事実かどうか、金融機関や官公署に照会して確認します。また、自宅を訪問して住まいの状況や暮らしぶりを確認します。こうした調査を通じて、処分可能な資産はないか（現金化して生活費に充てるべきものはないか）――の検討が行われます。このことを「資産の活用」といいます。

●処分可能な資産調査の流れ

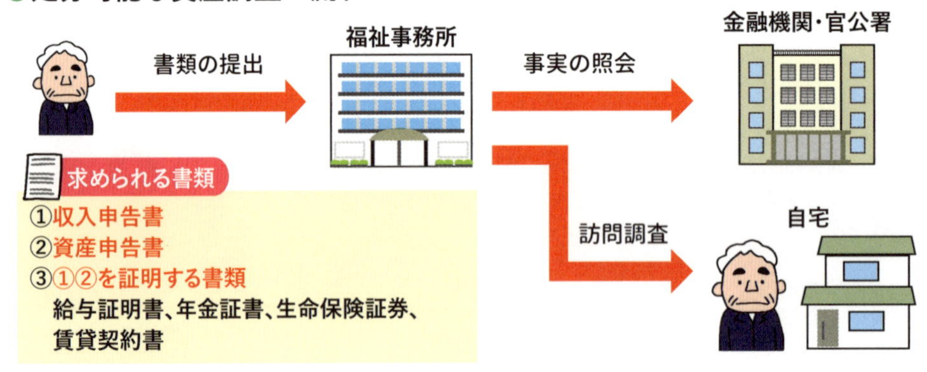

●生活保護の給付のしくみ

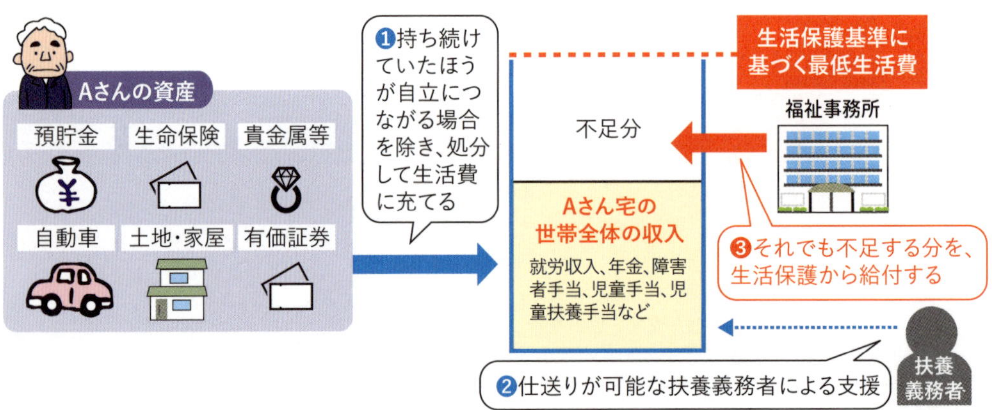

②「資産」があっても保護受給できる場合

資産がある場合は、基本的には処分して生活費に充てることが求められますが、持ち続けていたほうが結果的に自立につながると福祉事務所が判断した場合は、そのまま保有が認められることがあります。

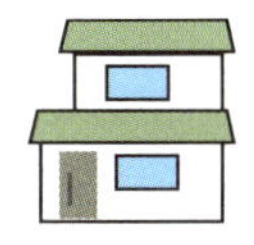

●土地・家屋の保有が認められる場合

Q2（54ページ）をご参照ください。

●自動車の保有が認められる場合

以下のような場合で、「社会的に適当」と判断された場合に該当します。

①障害者が通勤するにあたってほかに手段がない
②障害の状況により公共交通機関の利用が困難・ほかに手段がない

③居住地や勤務先（深夜勤務等に従事している場合も含む）により公共交通機関の利用が困難・ほかに手段がない
※通勤途中に保育所への送迎を行うために自動車が必要な場合を含む

自動車の処分価値が小さく、通勤に必要な範囲であること。勤務に伴う収入が自動車の維持費を大きく上回ること。その地域の自動車の普及率からして、自動車を保有しない低所得帯とのバランスで問題がないこと――が前提となります。

④公共交通機関がほとんど利用できない地域に住んでいて、通院等のためにほかに手段がない

通勤・通院等に際して
公共交通機関が
利用できない

⑤事業専用に使っていて、事業継続のために必要

事業継続の妥当性があり、事業に伴う収入が自動車の維持費を大きく上回り、自動車の処分価値が小さいことが前提となります。

コロナ禍の特例　通勤用自動車の保有

コロナ禍における特例として、一時的に就労が途絶えて収入が減少し、現時点で保護が必要となっているものの、いずれ就労が再開できて保護脱却が見込める人については、通勤用自動車を保有している場合、そのまま保有が認められる取り扱いとなっています。

●預貯金

1か月分の最低生活費（居住地域や世帯構成によって異なります）を超える預貯金があると、まずはそれを取り崩して生活費に充てるよう助言されるでしょう。

●生命保険

解約払戻金が最低生活費の3か月程度以下と少額で、かつ、保険料額が最低生活費の1割程度以下である場合は、加入継続が認められる可能性があります。

●有価証券／貴金属

保有は認められません。

「扶養照会」の流れとしくみ

生活保護受給を申請すると、申請者の親、子ども、兄弟姉妹等の親族に対して、仕送りや同居による扶養が可能かどうかを尋ねる確認作業が行われます。これを「扶養照会」といいます。

①「収入、資産、家族構成、ローン残高」が尋ねられる

具体的には、保護申請者から家族関係を聴き取り、音信不通等であれば戸籍をたどって住所を確認のうえ、どの程度の金銭的援助ができるか期限付きで回答を求めるものです。回答を書き込む様式（「扶養届」という）には、収入、資産、家族構成、ローン残高等を書き込む欄があり、その内容を証明する書類の添付を要求するものとなっています。

②甥姪・伯叔父母にまで扶養照会されることはほぼ「ない」

ただし、福祉事務所も親戚縁者のすべてに照会しているわけではありません。民法で規定する扶養義務の範囲は、実質的には配偶者、直系血族、兄弟姉妹までです（次ページ図の十字の帯）。現状では、甥姪・伯叔父母にまで扶養照会されることは、ほぼ「ない」といってよいでしょう。

●扶養照会の流れ（イメージ）

扶養照会の例

生活保護法による保護の決定に伴う扶養義務について（照会）

①申請があった旨の伝達
あなたの○○にあたる××さんが現在、保護を申請中です。

②制度上の義務の伝達
親子・兄弟姉妹など扶養義務者の扶養は生活保護に優先します。あなた方は互いに扶養をする義務があります。

③支援の可否の確認
あなたはどの程度の支援ができますか。

④資産状況の確認
お宅の家族構成、収入、資産、負債を示してください。

⑤証明書類の確認
源泉徴収票や給与明細書の写しなどを添付してください。

※このような文書が郵送されます

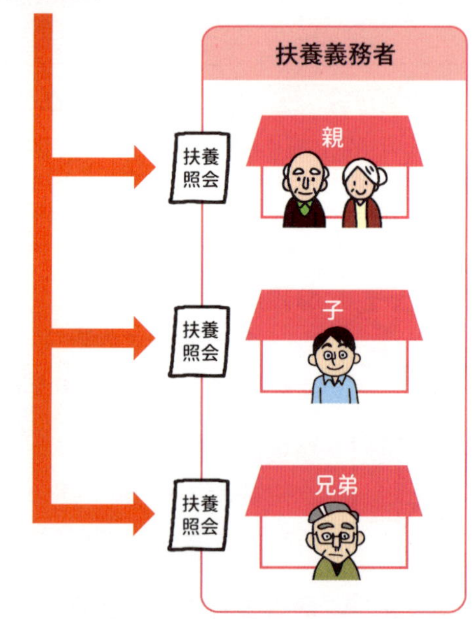

●扶養義務の範囲

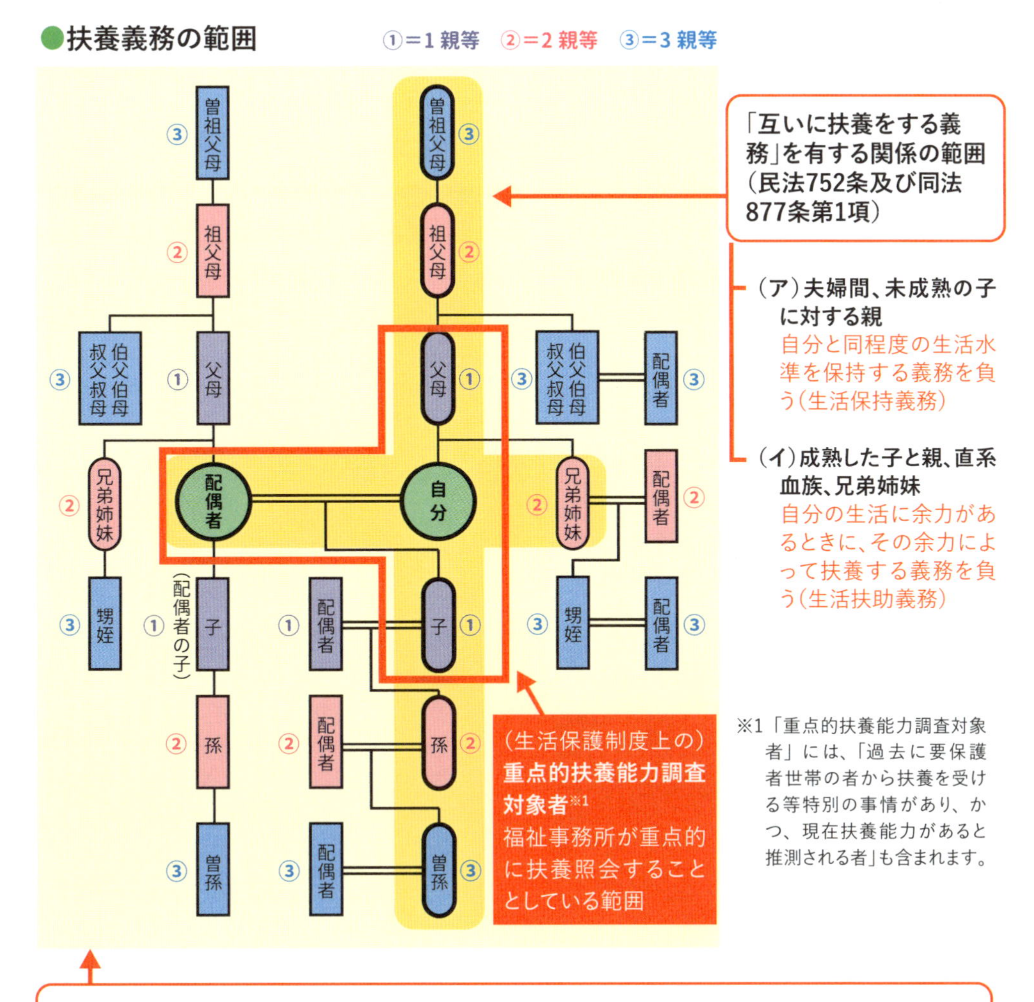

その他の親族（3親等以内）は、特別な事情※2 があって、家庭裁判所が審判で定めた場合において、扶養義務を負うことになる（民法 877 条第 2 項）。

※2「特別な事情」とは、たとえば、かつて扶養してもらっていたなどの“恩義”があり、現在一定の経済力がある場合

③扶養照会されないケース

扶養照会は保護決定のうえで必須の手続きとして位置づけられていますが、扶養を要請することが明らかに「本人の自立の阻害」となる場合は、制度の趣旨（自立の助長）に反することがないように配慮されます。以下のような場合は、照会を控える取り扱いが検討されます。

①相手方が以下に該当する場合

- 未成年者
- 社会福祉施設入所者
- 長期入院患者
- 主たる生計維持者でない非稼働者
- 概ね 70 歳以上の高齢者　等

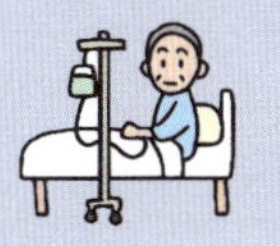

②特別な事情があり、明らかに扶養できない場合

- 相手に借金を重ねている
- 相続で対立している
- 縁が切られている
- 10 年以上音信不通 等

③扶養を求めることで、明らかに要保護者の自立を阻害することになると認められる場合

- 夫の暴力から逃れてきた母子
- 虐待等の経緯がある者　等

保護開始後の権利と義務

生活保護を受給した場合、以下の権利と義務が発生します。

権利

- 正当な理由なく、保護費減額や保護の停止・廃止などの処分を受けることは、**ありません。**
- 保護費として受け取るお金や品物が、課税や差し押さえの対象となることは、**ありません。**
- **処分の決定に疑問があるとき**は、決定を知った日の翌日から数えて**３か月以内**に、都道府県知事に対して審査を求めることができます。

義務

- 働くことができる人は、能力に応じて、働いて収入を得る努力が求められます。
- 自分の体調や生活習慣を定期的に見直し、健康な生活を維持するよう努めることが求められます。
- 収入・支出等の生計の状況を適切に把握して支出を節約し、生活の維持向上に努めることが求められます。
- 収入や生活状況に**変化がある場合**には、速やかに届け出る必要があります。
- 生活費に充てることができる**資産・収入があるにもかかわらず**、急迫した場合などで**やむを得ず保護決定を受けた場合**は、受給した金額の範囲内で福祉事務所が定める金額を返還する必要があります。

収入の申告

被保護者は、以下のようなすべての収入について、原則として毎月申告する必要があります（「就労困難」と判断された人も、少なくとも 12 か月ごとの申告が必要です）。

申告された収入から、必要経費（例：通勤に要した交通費、天引きされた社会保険料など）や勤労控除等を差し引いて、「収入認定額」が確定され、この収入認定額と最低生活費の差額が「保護費」として支給されることになります。

収入の種類	内容
就労に伴う収入	給与・日雇・内職・事業により得た収入など
就労に伴わない収入	恩給・年金・年金基金・手当・仕送り・贈与・財産収入など
売却 その他の収入	動産または不動産の処分による収入・保険金または解約返戻金など

なお、以下のようなものについては、自立助長の観点あるいは社会通念上の観点から、収入認定の対象に含めない取り扱いとなっています（ただし申告は必要）。

- 冠婚葬祭の祝儀香典、歳末たすけあいなど社会事業団体からの慈善的経費
- 戦没者等への弔慰金や、特定の障害等への慰謝激励等の費用
- 自立更生のために使われるもの（自立更生を目的とした恵与金や貸与金、災害等の補償金や見舞金、高校生のアルバイト収入のうち就学等の経費に充てられるもの）

●「収入認定」の概要

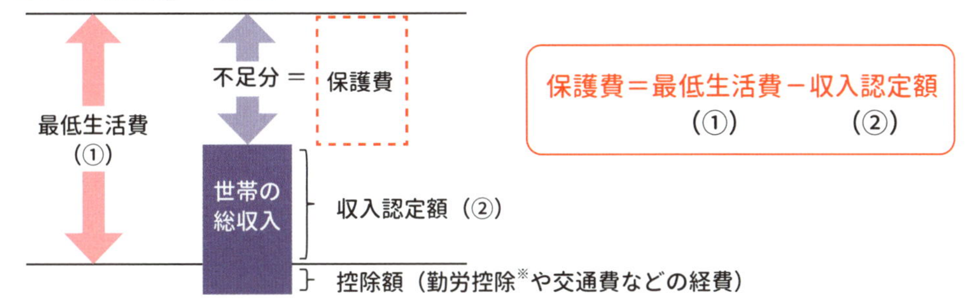

※働いて収入を得た世帯について、必要経費を補填し、勤労意欲の増進を図るため、収入の一部が手元に残るよう配慮した制度

生活状況の変化の届け出

以下のような場合にも届け出の必要があります。

- 転居したとき、またはその予定があるとき
- 世帯構成に変化があったとき（転出や転入、出生や死亡など）
- 就職や離職、就学や退学したとき
- 長期間居所を不在にするとき

気をつけたい申告漏れ――最大４割増しで返還も

生活保護受給中、以下のいずれかにあたる行為をした場合、「不正な手段を使って保護費を受け取った」ものとみなされ、不正受給と決定された金額を最大４割増しで返還しなければなりません（生活保護法第 78 条）。また、行政が告訴・告発すれば「3 年以下の懲役または 100 万円以下の罰金」という罰則が科せられます（同 85 条）。

①収入があったのに申告しなかった
②過小に申告した
③世帯員が死亡・出産・転入・転出したにもかかわらず届け出ていなかった

医療扶助の受給

生活保護の受給者は、国民健康保険の適用を外れ、「医療扶助」で医療を受けることになっいます。自己負担がない※こと以外にも、以下の点で一般の保険診療と異なります。

※自己負担が発生する場合もあります。次ページ「これが医療券です」参照

医療扶助の特徴① 受診には「医療券」が必要

健康保険との違いは、受診に先立って、福祉事務所に「医療券」を発行してもらう必要があるという点です。医療券は、福祉事務所が「医療の必要性を確認」した後に発行するものであり、その確認の方法として、生活保護法の指定医療機関に「この方には医療が必要です」という所見を記した意見書（医療要否意見書）を書いてもらうプロセスが必要となります。

❶申請

窓口へ出向いて手続き

❶医療扶助を受けたい人が**福祉事務所長**に対して、以下のとおりに保護の申請をします。

必要書類

- 新規の場合は「**保護申請書**」を提出します。
- 既にほかの扶助を受給している場合は「**保護変更申請書（傷病届）**」を提出します。

※急迫した状況にある場合は、職権により保護が行われることがあります

提出する書類：保護申請書または保護変更申請書

受領する書類：医療要否意見書

❷福祉事務所から「**医療要否意見書**」が交付されます（医療扶助の要否について、医師等の見解を尋ねる書類です）。

❷医療の要否の確認

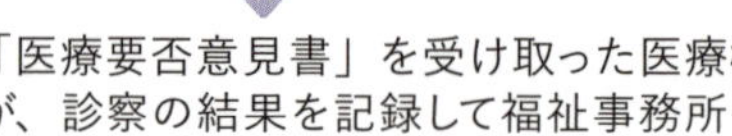

❶「医療要否意見書」を持って、**生活保護法指定の医療機関**に行きます。

❷「医療要否意見書」を受け取った医療機関が、診察の結果を記録して福祉事務所へ提出します。

提出する書類：医療要否意見書

❸医療扶助の決定

受領する書類：医療券

❶意見書に基づいて要否が決定されます。

❷医療が必要と認められれば、「**医療券**」が発行されます。

以後、この医療券で受診します（受診先は「生活保護法指定の医療機関」のみ）。

意見書は福祉事務所へと送付され、嘱託医による医学的な内容検討を経て、医療扶助の可否が決定します。医療扶助の対象となる場合には、医療券が発行されます（前ページ図「③医療扶助の決定」参照）。

医療扶助の特徴②　**医療券の有効期限は発行月かぎり**

医療券は、月が替わったら効力を失います。受診を継続する場合は、福祉事務所に再申請して、月ごとに新たに交付してもらう必要があります。医療要否意見書も、有効期間が最大６か月間（福祉事務所によっては３か月間）となっています。こちらも、期限が切れる前に、主治医に「医療が必要」であることを再び記載してもらう必要があります。

なお、緊急を要する場合には、医療券を持たない被保護者でも受診が認められています。その場合は、受診後に届け出る等の手続きが必要です。

コロナ禍の特例　**電話連絡等での受診**

新型コロナウイルス感染防止のため、当面、被保護者が福祉事務所を訪れることなく、電話連絡等で受診できる流れとすることが、各福祉事務所に認められています。

これが医療券です

医療券とは、被保護者が受診の際、医療機関の窓口に保険証の代わりに提示する証書のこと。暦月単位で発行され、氏名・住所のほか、傷病名、診療を受けることになる指定医療機関名、有効期間が記載されています。

「本人支払額」という欄がありますが、これは被保護者が受診時に医療機関で支払うべき金額が記載される欄です。通常は全額医療扶助で支給されるので、斜線が引いてあります。ただし、世帯で一定以上の収入があった場合には、福祉事務所の決定により、医療費の一部が本人負担とされることがあります。そのとき、この欄に金額が記載されます。介護扶助の「介護券」も同様です。

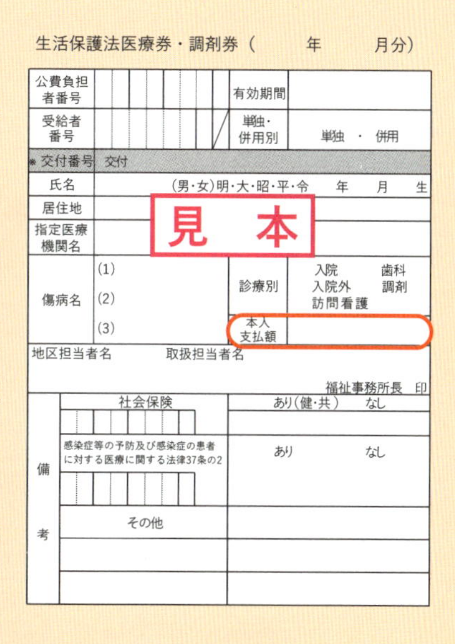

生活保護法医療券・調剤券（　　年　　月分）

公費負担者番号		有効期間	
受給者番号		単独・併用別	単独 ・ 併用
※交付番号	交付		
氏名	（男・女）明・大・昭・平・令　年　月　生		
居住地			
指定医療機関名			
傷病名	(1) (2) (3)	診療別	入院　歯科 入院外　調剤 訪問看護
		本人支払額	
地区担当者名	取扱担当者名		福祉事務所長　印

見本

備考		
	社会保険	あり（健・共）　なし
	感染症等の予防及び感染症の患者に対する医療に関する法律37条の2	あり　なし
	その他	

医療扶助の特徴③　受診は生活保護法指定の医療機関で

医療扶助で受診できるのは、原則として生活保護法指定の医療機関に限られます。医療扶助は、福祉事務所長が医療機関に委託して実施するものなので、患者（被保護者本人）が自分の通いたいところ／入院したいところを自由に選ぶことはできません。福祉事務所長が、本人の希望を参考として指定医療機関の中から選定することになっています（下図）。

なお、急迫した状況で、近くに指定医療機関がない場合は、非指定医療機関にかかることが認められています（急迫した状況が過ぎて転院が可能になったとき、指定医療機関に移ることとなります）。

医療扶助の特徴④　薬は「ジェネリック」を使う

医師・歯科医師が医学的知見から「後発医薬品を使用しても支障はない」と判断した場合は、原則としてジェネリック医薬品(後発医薬品)が投与されるルールとなっています。ジェネリック医薬品にすると、先発医薬品に比べて、3～7割程度、薬代が安くなります。

医療扶助の特徴⑤　保険外併用療養は原則不可

医療扶助のもとでは、原則として保険外併用療養は認められていません。したがって、基本的に、自費負担を伴う高度先進医療や、国内未承認の薬剤等を使用した治療は、受けることができません。また、差額料金を支払って利用する「特別室」や「制限回数を超える治療」等についても同様です。

●医療扶助による受診

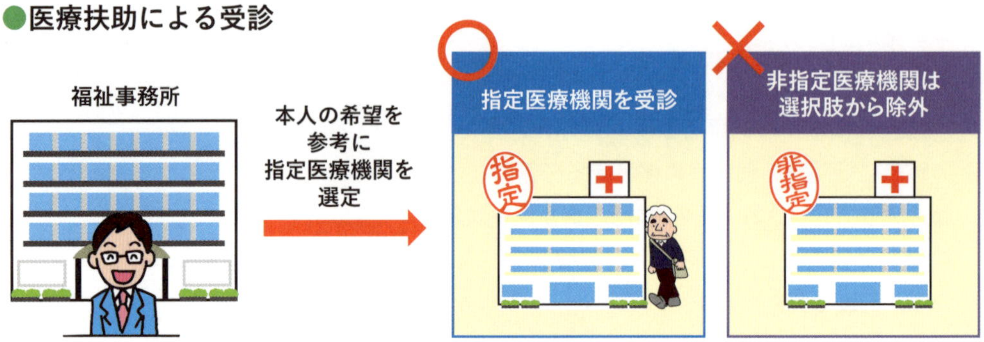

福祉事務所
本人の希望を参考に指定医療機関を選定
○ 指定医療機関を受診
指定
× 非指定医療機関は選択肢から除外
非指定

●保険外併用療養の一例

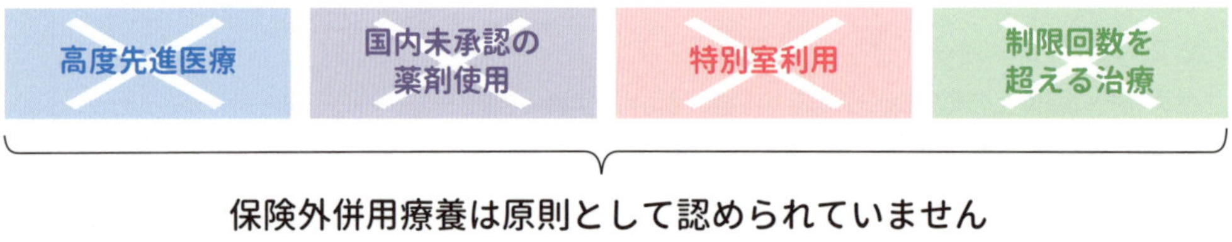

高度先進医療
国内未承認の薬剤使用
特別室利用
制限回数を超える治療

保険外併用療養は原則として認められていません

医療扶助の特徴⑥ ケースワーカーが主治医を「定期訪問」する

ケースワーカーの業務の一つに、「病状調査」があります。これは、医療扶助を受給中の患者の主治医を訪問して、患者の病状や療養上の注意事項等の意見を聴取する取り組みです。その目的は、患者の健康管理への助言や自立のための支援に活かすこと――とされています。

●ケースワーカーによる病状調査

受給中の患者に関する主な聞き取りの内容

❶患者の病状、治癒の見込み期間（入院の場合は、退院の見込みおよび退院後の医療の要否）
❷現に行っている療養上の指示および患者の受療態度
❸患者および家族に関して、福祉事務所に対する意見・要望
❹外来患者にあっては、就労の可能性およびその程度

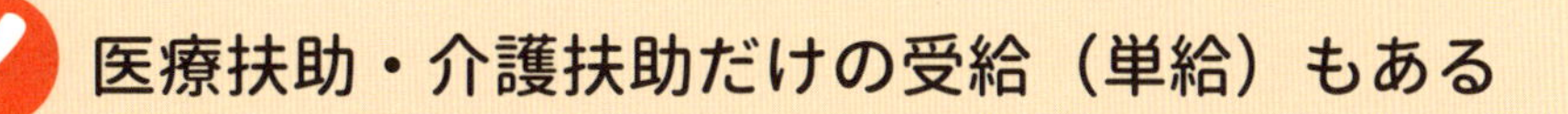

医療扶助・介護扶助だけの受給（単給）もある

一定の収入があるが、医療費や介護費の支払いまではやりくりできないという場合、ほかの扶助と切り分けて医療や介護だけ生活保護が適用されるケースもあります。このことを、「医療扶助単給」「介護扶助単給」といいます。

介護扶助の受給

介護扶助は、年齢や医療保険加入の有無によって、介護保険が優先したり、障害者総合支援制度が優先したり、あるいは申請～サービス提供・請求までの流れも違っていたりします。

そこで、まずは被保護者がどう「区分」されているか、それによって支援のあり方がどう異なってくるか、下図をもとに概説します。

●生活保護法における介護保険の適用

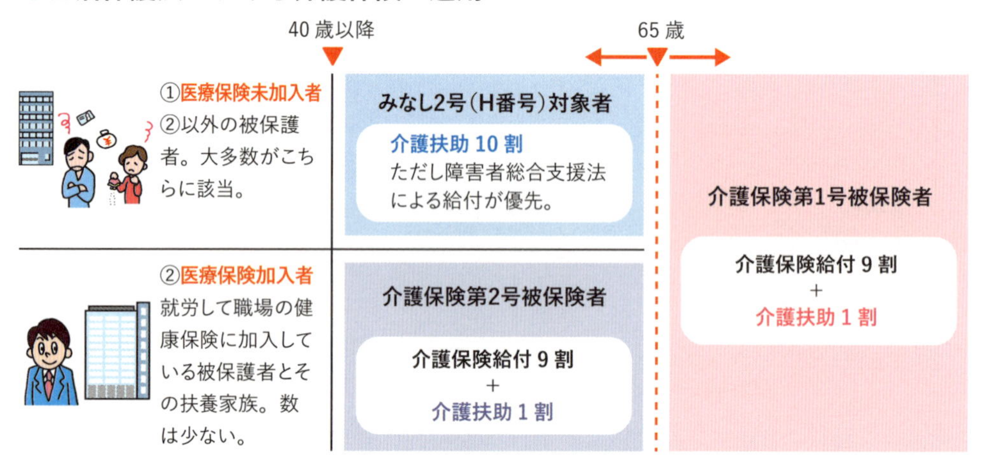

介護扶助の特徴① 65歳以上の被保護者→全員が「介護保険第1号被保険者」

介護保険制度の第1号被保険者の定義は、「市町村の区域内に住所を有する65歳以上の者」であると定められています（介護保険法第9条第1号）。生活保護を受給しているかどうかは関係ありません。65歳に達したら、誰もが第1号被保険者となります。図でいえば、点線の右側はみな第1号被保険者だということです。

介護扶助の特徴② 40歳～65歳未満の被保護者→医療保険加入の有無で2通り

介護保険制度の第2号被保険者は「市町村の区域内に住所を有する40歳以上65歳未満の医療保険加入者」と定められています（同法第9条第2号）。しかし、生活保護制度では受給が決定したその日から、国民健康保険（国保）の適用を外れ、「医療扶助」（30ページ）で医療を受給することになっているため、40歳～65歳未満の人であっても大半が「第2号被保険者ではない」状況（図中の「みなし2号（H番号）対象者」）となります。

そこで、生活保護制度ではこれらの方が特定疾病に罹って要介護となっても適切に介護サービスが受けられるように、以下のようなルールで対応することになっています。

第2号被保険者ではない40歳～65歳未満の被保護者は、第2号被保険者と“みなして”、同等のサービスが受けられるように、「介護扶助」で介護報酬を全額支払う（ただし、「他法他施策優先の原則」に基づき、障害者総合支援法による給付が優先される）。

●40歳～65歳未満の被保護者の区分

40歳～65歳未満の被保護者

特定疾病に伴う要介護・要支援で、
医療保険（就労先の健康保険）に

加入している	加入していない
介護保険第2号被保険者	**被保険者以外の者**
介護保険給付9割＋介護扶助1割	**介護扶助10割**
就労して職場の健康保険に加入している被保護者はこの区分（健康保険は、生活保護を受給していても適用除外とはならない）	第2号被保険者と“みなす”取り扱いから「**みなし2号**」、被保険者番号の冒頭1文字目「H」から「**H番号**」という呼称が用いられることもある ※障害者総合支援法による給付が優先

介護扶助の特徴③　「みなし2号」は障害福祉サービス優先

生活保護制度は、使える他制度をフルに活用したうえで、それでも最低限度の生活水準が保てない場合に発動する、「最後のセーフティネット」と位置づけられています。そのため、ほかの法律や制度で似たような機能の給付・サービスがある場合は、原則としてそちらを優先させる決まりになっています。その一環として、みなし2号にかかる介護ニーズは、介護扶助より障害者総合支援法による給付が優先することになっています。

●介護扶助と障害者総合支援法による給付の関係

原則優先

障害者総合支援法による給付

介護扶助

介護扶助の特徴④　**「みなし2号」対象者に介護扶助が使われるケース**

「介護扶助よりも、障害者総合支援法による障害福祉サービスのほうが優先する」とは、障害福祉サービスが使えない場合や、量・種類という点でニーズを満たせないという場合に限って、介護扶助によるサービスが提供される取り扱いである――ということです。具体的には、以下のような場合に、介護扶助が使われることとなります。

●「みなし２号」対象者に介護扶助が使われるケース

ケース❶　障害福祉サービスの社会資源ではニーズに十分対応できない

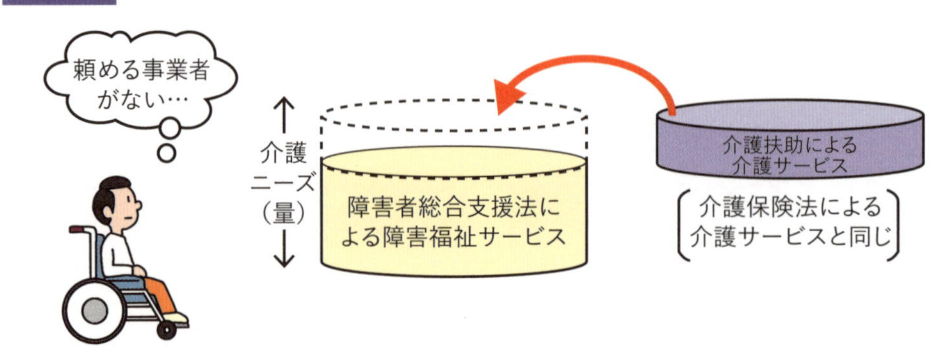

ケース❷　障害福祉サービスでは提供されない種類のサービスを利用する（訪問看護　など）

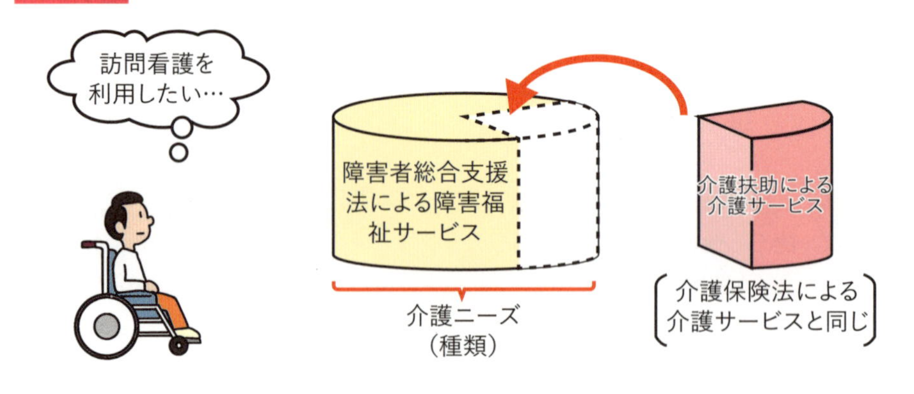

ケース❸　障害福祉サービスを受ける資格がない（障害者手帳を保有していない　など）

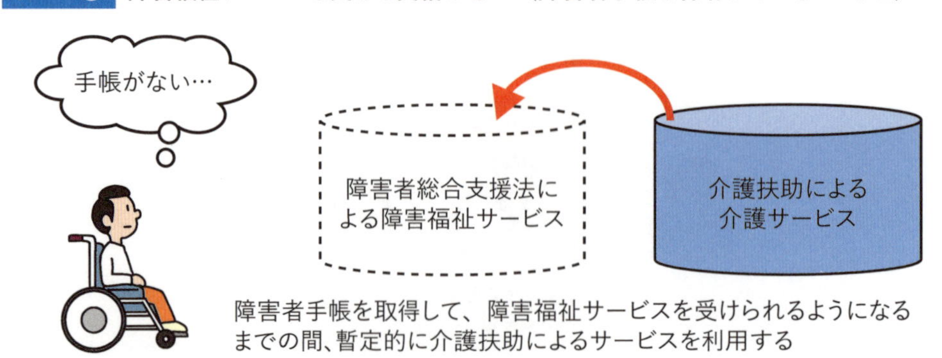

介護扶助の受給の流れ

「介護保険被保険者」と「みなし２号対象者」とでは、流れが異なります。

	介護保険被保険者	みなし2号対象者
❶申請	●本人が、**市町村の介護保険担当部局**に要介護認定を申請します 介護保険担当部局 申請	●本人が、**福祉事務所**に介護扶助を申請します 福祉事務所 申請
❷認定調査〜要介護認定	●認定調査 ●判定 ●結果通知	●認定調査 ●判定（福祉事務所と介護保険担当部局が連携して実施） ●結果通知
❸ケアプラン等作成	●**本人**が、福祉事務所の支援を受けて居宅介護支援事業所を選択し、ケアプランの作成を依頼します 福祉事務所 支援 依頼 居宅介護支援事業所 ●居宅介護支援事業所がケアプラン作成	●**福祉事務所**が、本人の選択する居宅介護支援事業所または相談支援事業所に対してケアプランの作成を依頼します 希望 福祉事務所 依頼 居宅介護支援事業所または相談支援事業所 ●居宅介護支援事業所等がケアプラン作成
❹介護扶助の申請	●本人が、ケアプランを添付して、福祉事務所に**介護扶助を申請**します 福祉事務所 申請	※①で介護扶助の申請を済ませているので、必要なし
❺介護扶助決定	●要介護認定結果とケアプラン等に基づいて、**介護扶助の要否の判定**が行われます。	
❻介護券の発行	●給付が決定されれば、ケアプランに位置づけられた介護サービス事業者に「**介護券**」が発行され、介護サービスの提供が始まります。	

2. 生活困窮者自立支援制度

利用できる人

この制度が対象としている人は、以下のとおりです。

①現在は生活保護を受給していないが、生活保護に至るおそれがある人で、自立が見込まれる人
②生活保護から脱却したものの、再び生活保護に至るおそれがある人

つまり、「なんらかの事情があって生活が行き詰まってしまい（あるいは行き詰まる手前にあって）、周りのサポートを受けられずに困っている人すべて」を対象としています。

なお、生活保護受給者については、原則としてこの制度の対象外となります（子どもの学習・生活支援事業は利用できる）。

本人のほか、親族等からも相談が可能です。また、窓口まで来所できない事情がある場合は、訪問による相談を受けることもできます。

●制度の対象となる困りごと（例）

対応する機関

生活困窮者自立支援制度は、従来の縦割りの制度では対応できない複合的な課題を抱える人を広く対象としており、「断らない相談支援」をモットーにしています。まず窓口で、どのようなことで困っているのかを聴き、必要な支援の計画を立て、連絡調整等の対応がとられます。

実施主体は、福祉事務所のある市町村は「市町村」、福祉事務所のない町村は「都道府県」ですが、それぞれ直接運営しているところと民間事業者に委託して実施しているところに分かれます。なお、委託先の事業者には、公務員に準じた守秘義務が課せられています。

●実施主体

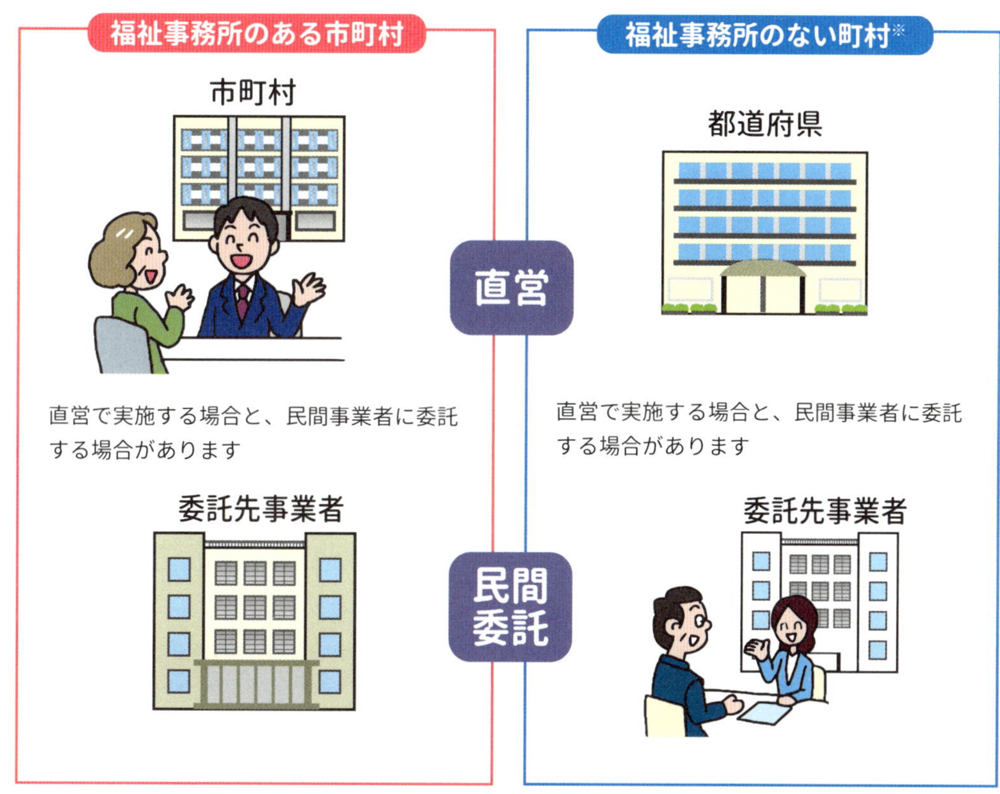

※現行法上、福祉事務所のない町村は生活困窮者自立支援制度の実施主体ではありませんが、一次的な相談窓口を設置して相談を受け付けている町村もあります。

●主な委託先

- 社会福祉協議会
- 社会福祉法人（社協以外）
- ＮＰＯ法人
- 社団法人・財団法人
- 株式会社
- 生協

など

受けられる支援

生活困窮者自立支援制度では、以下のような支援が行われます。

STEP 1

●自立相談支援

支援員が相談を受けて、必要な支援を相談者と一緒に考え、具体的な支援プランを作成し、自立に向けた支援を行います。以下に掲げるメニューのほか、各種相談窓口、各種支援団体とも連携して相談支援に当たっています。また、必要に応じて生活福祉資金貸付制度や生活保護申請につなぎます。

STEP 2

支援提供

■…全自治体で提供されています
■…自治体によっては提供されていないところもあります

●住居確保給付金の支給

離職などにより住居を失った人、または失うおそれの高い人に、就職に向けた活動をするなどを条件に、一定期間、家賃相当額を支給します。
※資産収入要件あり、給付上限あり

●一時生活支援

住居を失い路上生活やネットカフェ宿泊を続けている人に、緊急的に一定期間、宿泊の場所や衣食を提供し、就労支援などを行います。
※資産収入要件あり

●就労準備支援

「社会とのかかわりに不安がある」「他の人とコミュニケーションがうまくとれない」など、直ちに就労が困難な人に、一般就労に向けた技法や知識習得を促すプログラムを提供します。
※資産収入要件あり

●地域居住支援

一時生活支援のシェルターを退所した人や、地域社会から孤立した状態にある人、不安定な居住状態にある人に対して、一定期間、入居先探しの手伝いや入居後の見守り、地域とのつながり促進などの支援を行います。

●認定就労訓練

直ちに一般就労することが難しい人に対して、「訓練としての就労体験」や「支援付き雇用」(いわゆる「中間的就労」) の機会を中長期的に提供します。最終的には一般就労を目指します。

●就労支援

仕事を探している人に、履歴書作成や面接の受け方等の相談・助言を行うとともに、ハローワーク等との連携により職業紹介を行います。

●家計改善支援

各種生活費、医療費の支払い、ローンの支払いなど、家計の立て直しをアドバイスします。税や保険料の滞納がある場合には納付相談につなぎます。債務整理の必要な場合には専門の機関へつなぎます。

●子どもの学習・生活支援

生活困窮世帯の子どもを対象にした無料の学習教室、日常的な生活習慣への助言、居場所づくりを行います。進学に関する支援、高校進学者の中退防止に関する支援などを行います。

相談から支援終了までの流れ

相談から支援終了まで、以下のようなプロセスをたどります。

❶相談

❶窓口への来所、地域への出張相談、巡回相談、電話、FAX、メール、関係機関からの連絡等でつながった人から相談を受け付け、**いま直面している危機**、**困っている状況**について話してもらいます。

↓

❷支援員はこれを傾聴し、**課題を整理**します（必要に応じて他機関につなぎます）。

❷計画作成

❶課題に対応した「**支援プラン**」を支援員がつくって、相談者に提案します。

↓

❷相談者は、それが解決したいことや希望に沿ったものであるかを確認します。

❸実施

❶確認を受けた支援プランは、関係する支援機関が参加する**支援調整会議**にかけられて、正式決定されます。

↓

❷支援プランに基づいて各種サービス等が提供されます。

支援調整会議

❹定期的なモニタリング

❶**定期的に面談**し、支援を必要とする人の状態や各種支援メニューの提供状況が確認されます。

↓

❷支援プランどおりにいかない場合は、プランが再検討されます。

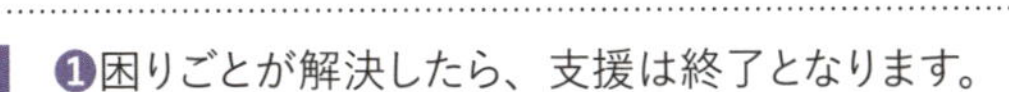

❺支援終了とフォローアップ

❶困りごとが解決したら、支援は終了となります。

↓

❷その後、安定した生活が維持できているか、一定期間、支援員による**フォローアップ**が行われます。

3. 生活福祉資金貸付制度

社会福祉協議会が世帯の状況と必要性に応じた資金の貸付を、無利子（連帯保証人がいる場合）または年利 1.5%（連帯保証人がいない場合）で行う制度です。

資金の種類

1　総合支援資金

失業等により収入が減少し、生計の維持ができなくなった世帯に対して、生活の立て直しのために貸し付けられる資金

2　福祉資金 福祉費

福祉機器の購入費、療養や介護サービス等の利用に必要な費用、冠婚葬祭関連費、転居・住宅改修等にかかる経費、その他日常生活上一時的に必要な経費について貸し付けられる資金

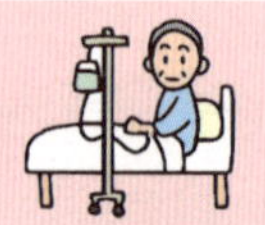

3　福祉資金 緊急小口資金

緊急的かつ一時的に生計維持が困難となった状況の人に対して貸し付けられる資金

4　教育支援資金

高校、大学、短大、高等専門学校への就学に際し、入学金や授業料のほか就学経費について貸し付けられる資金

5　不動産担保型生活資金

低所得の高齢者に、いま住んでいる不動産を担保として貸し付けられる生活費等の資金

6　要保護世帯向け不動産担保型生活資金

要保護の高齢者に、いま住んでいる不動産を担保として貸し付けられる生活費等の資金

新型コロナ対策としての特例貸付

2020 年春からの新型コロナウイルス感染症の感染拡大を受けて、**①総合支援資金**と**②緊急小口資金の「特例貸付」**が期限付きで実施され、低所得世帯・障害者世帯・高齢者世帯という限定なしに、「新型コロナウイルス感染症の影響により休業や失業等で生活資金の必要な世帯」すべてが貸付対象とされています。また、特例貸付が不承認となった世帯や、利用し終わってもなお困窮状態にある世帯に対して現金給付を行う**③新型コロナウイルス感染症生活困窮者自立支援金**が期限付きで実施されています。申請期限は数次にわたって延長が繰り返され、2022 年 4 月現在で「2022 年 6 月末」と設定されています（今後さらに延長の可能性あり）。

対象世帯

以下の世帯に属し、審査のうえ貸付決定となった場合に、貸付を受けることができます。

市町村民税非課税程度の所得状況で、資金貸付にあわせて必要な支援を受けることで独立自活が見込める世帯

身体障害者手帳、療育手帳、精神障害者保健福祉手帳の交付を受けた（またはこれに準ずる）人の属する世帯

65歳以上の高齢者の属する世帯（日常生活上療養または介護を要する高齢者等）

手続き

以下のような流れで貸付を申し込み、交付を受け、返済することとなります。

❶相談

市町村社協または**民生委員**に相談します。
総合支援資金と緊急小口資金については、まず、生活困窮者自立支援制度における「自立相談支援」を受けます。

❷貸付申込

市町村社協に**借入申込書**と必要書類を提出します。

❸貸付決定

審査のうえ貸付の可否が決定され、結果が通知されてきます。

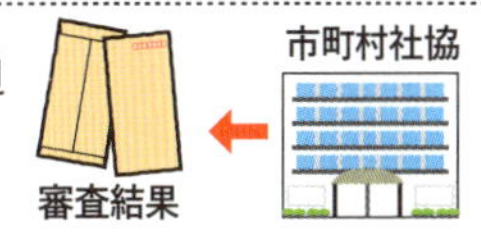

❹契約

…… 以下は貸付決定となった場合 ……
借用書を作成して、**市町村社協**に提出します。

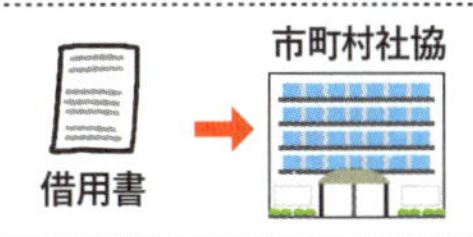

❺貸付金交付

貸付金が交付されます。

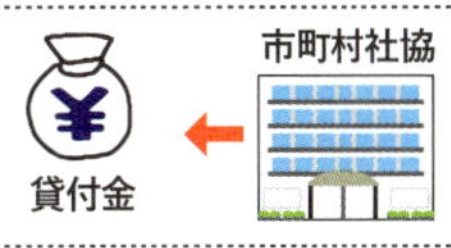

❻返済（償還）

資金交付後、6か月の据え置き期間を経て返済開始（原則として口座引き落とし）。

❼返済完了

返済完了後、借用書が返却されます。

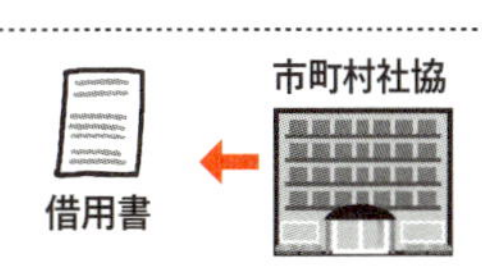

貸付条件

4種類ある貸付資金はさらに細分化されていて、それぞれ以下のような貸付条件が定められています。

総合支援資金および緊急小口資金の借入は、生活困窮者自立支援制度における「自立相談支援」とセットになっています。自立相談支援窓口に相談に行って支援員に現状を伝え、「支援プラン」を立ててもらい、支援を受けながら世帯の生活再建に取り組むことが求められます。

1 総合支援資金

生活支援費	生活再建までの間に必要な生活費用	
●貸付限度額： （2人以上）月20万円以内 （単身）月15万円以内 【貸付期間】 原則3か月、最長12か月以内（延長3回）	●据置期間： 最終貸付日から6か月以内 ⚠　〃　1年以内 ●償還期間： 据置期間経過後10年以内	●貸付利子： 連帯保証人あり：無利子 連帯保証人なし：年1.5% ⚠連帯保証人なしでも無利子 ●連帯保証人： 原則必要（なしでも可） ⚠不要

⚠＝新型コロナウイルス関連の“特例貸付”の場合に適用される、緩和後の貸付条件

住宅入居費	敷金、礼金等住宅の賃貸契約を結ぶために必要な費用	
●貸付限度額：40万円以内	●据置期間：同上※1 ●償還期間：同上	●貸付利子：同上 ●連帯保証人：同上

一時生活再建費	生活を再建するために一時的に必要であり、かつ、日常生活費で賄うことが困難である費用	
●貸付限度額：60万円以内	●据置期間：同上※1 ●償還期間：同上	●貸付利子：同上 ●連帯保証人：同上

※1　生活支援費とあわせて貸付を受ける場合は、生活支援費の最終貸付日

2 福祉資金

福祉費	日常生活上、一時的に必要な経費	
●貸付限度額：580万円以内 （資金の用途に応じて上限目安額を設定）	●据置期間： 貸付日※2から6か月以内 ●償還期間： 据置期間経過後20年以内	●貸付利子： 連帯保証人あり：無利子 連帯保証人なし：年1.5% ●連帯保証人： 原則必要（なしでも可）

※2　分割による交付の場合には最終貸付日

緊急小口資金	緊急かつ一時的に、生計維持のために必要な費用	
●貸付限度額：10 万円以内 ⚠ 20 万円以内	●据置期間： 貸付日から 2 か月以内 ⚠ 〃 1 年以内 ●償還期間： 据置期間経過後 12 か月以内 ⚠ 〃 2 年以内	●貸付利子：無利子 ●連帯保証人：不要

⚠＝新型コロナウイルス関連の“特例貸付”の場合に適用される、緩和後の貸付条件

3 教育支援資金

教育支援費	低所得世帯で高校、大学、高専等に就学するために必要な経費	
●貸付限度額： （高校）月 3.5 万円以内 （高専）月 6 万円以内 （短大）月 6 万円以内 （大学）月 6.5 万円以内 ※特に必要と認める場合は、上記各限度額の 1.5 倍まで貸付可能	●据置期間： 卒業後 6 か月以内 ●償還期間： 据置期間経過後 20 年以内	●貸付利子：無利子 ●連帯保証人：原則不要 （世帯内で連帯保証人が必要）

就学支度費	低所得世帯で高校、大学、高専等への入学に際し必要な経費	
●貸付限度額：50 万円以内	●据置期間：卒業後 6 か月以内 ●償還期間： 据置期間経過後 20 年以内	●貸付利子：無利子 ●連帯保証人：原則不要 （世帯内で連帯保証人が必要）

4 不動産担保型生活資金

不動産担保型生活資金	低所得の高齢者世帯に対し、一定の居住用不動産を担保として生活資金を貸し付ける資金	
●貸付限度額： ・土地および建物の評価額の 70% 程度 ・月 30 万円以内 【貸付期間】 借受人の死亡時までの期間または貸付元利金が貸付限度額に達するまでの期間	●据置期間： 契約終了後 3 か月以内 ●償還期間： 据置期間終了時	●貸付利子： 年 3 ％または長期プライムレートのいずれか低い利率 ●連帯保証人：必要 （推定相続人の中から選任）

要保護世帯向け不動産担保型生活資金	要保護の高齢者世帯に対し、一定の居住用不動産を担保として生活資金を貸し付ける資金	
●貸付限度額： ・土地の評価額の 70%程度 （集合住宅の場合は 50%） ・生活扶助額の 1.5 倍以内 【貸付期間】 借受人の死亡時までの期間または貸付元利金が貸付限度額に達するまでの期間	●据置期間： 契約終了後 3 か月以内 ●償還期間： 据置期間終了時	●貸付利子： 年 3 ％または長期プライムレートのいずれか低い利率 ●連帯保証人：不要

4. 住まいと社会保障

住まいを確保して住民登録をしなければ、諸手続きに支障を来たして、各種の給付が受けられず、就職もできなくなります。その意味で、住まいは私たちの人生を支えるインフラ（基盤）であり、社会保障の「土台」といえます。

住宅確保要配慮者への居住支援

身寄りがなく収入の乏しい人は、いつ住まいを失うかわからない「住居喪失」のリスクにさらされています。低家賃の物件には限りがあるうえ、連帯保証人や緊急連絡先を用意できない時点で門前払いされてしまうことが大半だからです。

そこで、こうした状況を改善するために、2017年から新たなしくみがスタートしています。市場原理のもとでは住まいの確保の難しい人を、「住宅確保要配慮者」として定義し、家主側が“貸しやすくなるしくみ”と、借主側が“借りやすくなるしくみ”を設けたものです（下図）。

●住宅セーフティネットと居住支援のしくみ

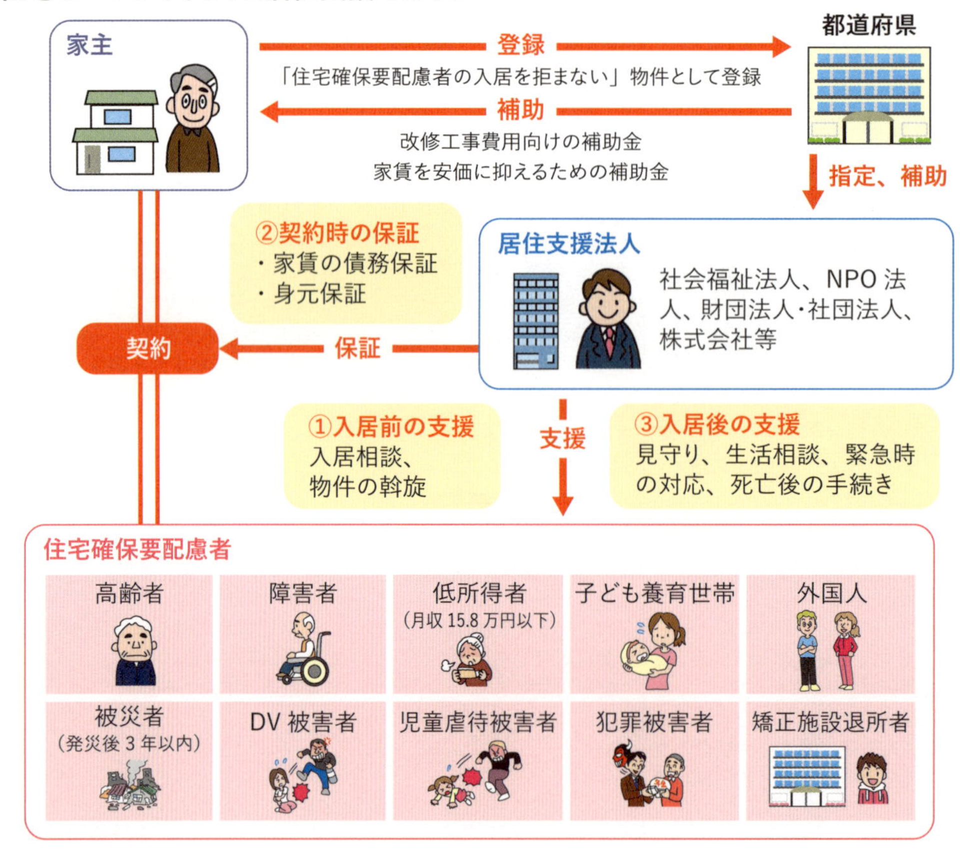

①家主の懸念するリスクを取り除く「居住支援」、地域住民との関係性づくりも

家主側の「入居拒否」は、悪意があってそうしているわけではなく、「孤独死」「ごみ屋敷化」「家賃滞納」といったリスクを避けるための自己防衛の結果です。だから、そのリスクを取り除くための取り組みを「居住支援」として制度化することで、"市場の失敗" に対応しているのです。

あわせて、入居する本人にとって、その住まいが単に寝起きする場所ではなく、人生の基盤となる「居場所」となるように、地域のほかの住民との関係性の輪が広がるような支援を、居住支援の一環として行っているところもあります。

居住支援は、以下のように社会福祉各制度のなかでメニュー化されています。

②「拒まない物件」のデータベース、国の公式サイトで公開中

「住宅確保要配慮者の入居を拒まない」と登録された物件は、「登録住宅」としてデータベース化され、国土交通省管理による公式サイトで、誰でも閲覧できるようになっています（77ページ参照）。

●「居住支援」の取り組み内容（例）

入居前の支援
- 相談
- アセスメント
- 支援プランの作成
- 住宅とのマッチング
- 転居支援

契約にあたっての支援
- 家賃債務保証
- 身元保証

入居後の支援
- 定期訪問・モニタリング
- 緊急時の対応
- 地域社会への参加の誘導
- 就労に向けた支援

死亡後の手続き
- 諸手続き
- 戸室清掃
- 葬儀の手配
- 残存家財処分

※ここに掲げてある業務をすべて行わなければならないということではありません。

●社会福祉各制度の「居住支援」

介護保険制度

●高齢者の安心な住まいの確保に資する事業※
空き家等の民間賃貸住宅や集合住宅等に入居する高齢者を対象に、安否確認、緊急時の対応等を行う生活援助員を派遣する。
※地域支援事業の一つ

障害者総合支援制度

●自立生活援助
障害者支援施設やグループホーム等から地域での一人暮らしに移行した障害者等に対し、支援員が定期的に居宅を訪問して日常生活における課題を確認し、必要な助言や関係機関との連絡調整を行う。

生活困窮者自立支援制度

●生活困窮者地域居住支援事業
地域に単身等で居住し、親族等の支援が見込めない「孤立した生活」を送る生活困窮者等に対し、住居の確保にあたっての支援、見守りや生活相談、互助の関係づくりを行う。

子ども家庭福祉

●社会的養護自立支援事業等
里親等への委託や児童養護施設等への入所措置の解除後、２２歳の年度末まで（原則）、引き続きとどまれることとし、生活・就労相談や、賃貸住宅の賃借時等に身元保証を行う。

保護施設・シェルター

①「保護施設」の種類

生活保護の受給対象となれば、住まいについては、家賃相当の「住宅扶助」を受給して、賃貸住宅に居住するのが一般的です。ただ、「居宅では保護ができない／保護の目的を達し難い」と判定された場合に、施設入所の措置がとられることがあります。

生活保護法に基づく施設には、第38条に定められた「保護施設」（下記5施設）と、同30条但し書きに定められた「日常生活支援住居施設」（次ページ参照）があります。

救護施設

ホームレス（路上生活者）やアルコール依存症の人を含む多様な人を受け入れて、個別のニーズに応じた支援を提供する施設。

更生施設

救護施設と比べて障害の程度は軽く、職業訓練や生活習慣改善など社会復帰に向けた支援を実施する施設。

医療保護施設

入院を必要とする行路病人や住所不定者の医療を提供する施設。

宿所提供施設

いわゆる「生活寮」。住居（居室）を提供し、地域社会復帰に向けた相談支援を実施。

授産施設

就業能力の限られている要保護者に、就労や技能の修得を支援する施設。

②困窮者を対象とした「一時的居住施設」

生活保護を要するほどではなくとも、それに近いぐらいに低所得で（生計困難者）、安定した住居が得られていない人が利用できる社会資源として、「無料低額宿泊所」「生活困窮者一時宿泊施設（シェルター）」「生活困窮者・ホームレス自立支援センター」があります。

無料低額宿泊所

路上生活者や一定の住居を持たない生活困窮者に対して、一時的に宿泊場所を提供する施設。下記の３種類がある。

①居室等を提供するだけのタイプ

②居室等と食事を提供するタイプ

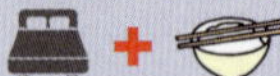

③居室等と食事と相談支援を提供するタイプ

生活困窮者一時宿泊施設（シェルター）

路上生活者や一定の住居を持たない生活困窮者に対して、緊急一時的に宿泊場所および衣食を提供する施設。

緊急一時的な宿泊場所・衣食の提供

生活困窮者・ホームレス自立支援センター

路上生活者や一定の住居を持たない生活困窮者に対して、宿泊場所および衣食の提供、健康管理支援、生活習慣の改善支援、就労支援、家計管理支援、アフターフォローなどを包括的に実施して自立を支援する施設。

宿泊場所、食事、相談等の提供

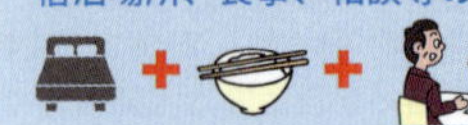

「単独で居住が困難な被保護者」に日常生活支援

無料低額宿泊所のうち、一定の支援体制が確保された施設を都道府県知事が生活保護法の「日常生活支援住居施設」として認定し、福祉事務所からの委託で入居者に日常生活上の支援を提供するしくみが、2020年度から始まりました。

居宅で福祉サービスを使って暮らすことは難しく、かといって、社会福祉施設等の入所対象とはならない人の「受け皿」として、設けられた枠組みです（下図）。

対象

アセスメントの結果、以下のように判断された人

- ほかの福祉サービス等を活用しても、単独では居宅での生活を送ることが困難
- 社会福祉施設への入所対象とはならないものの、日常生活上の支援が必要

支援の内容

- 個別支援計画策定
- 関係機関との調整
- 利用手続き支援
- 服薬サポート、通院同行
- 地域社会との交流支援
- 家計管理支援　　など

※一定の障害や要介護を抱えた入居者がいる場合は、ホームヘルプサービスやデイサービス等を“外付け”で利用します。

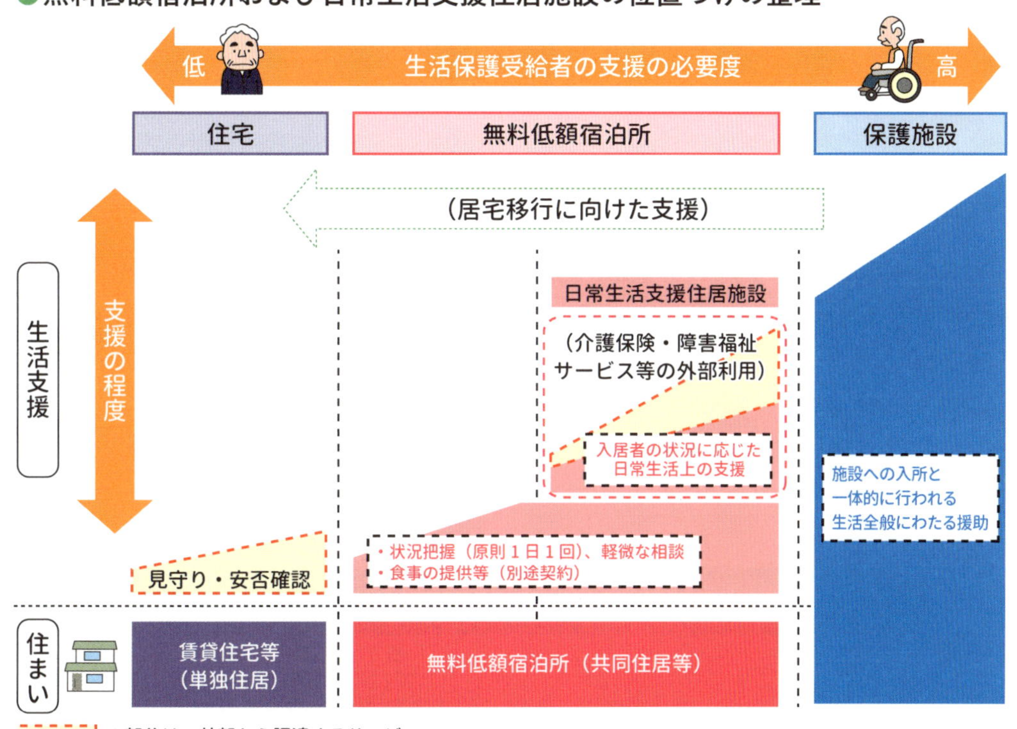

（出典：厚生労働省資料（一部修正））

5. 求職者支援制度

「求職者支援制度」は、失業状態にありながら雇用保険による保障を受けられない人を対象として、職業訓練の機会を提供し、訓練期間中の生活を支援する「給付金」を支給する制度です。介護のために離職して、長期間、就業から遠ざかっていた人も、本制度の対象となります。

支援の対象となる人

以下のすべての要件を満たす人が、「特定求職者」として、本制度の対象者となります。

ハローワークに求職の申込みをしていること

雇用保険被保険者や雇用保険受給資格者でないこと

労働の意思と能力があること

職業訓練などの支援を行う必要があるとハローワークが認めたこと

たとえば、次のような状況の人が該当します。

- 雇用保険に加入できなかった
- 雇用保険の失業給付（基本手当）を受給中に再就職できないまま、支給終了した
- 雇用保険の加入期間が足りずに失業給付を受けられない
- 自営業を廃業した
- 就職が決まらないまま学校を卒業した

職業訓練

厚生労働大臣の認定を受けて民間訓練機関が実施する「求職者支援訓練」を、原則無料で受講できます（テキスト代などは自己負担）。以下の２つのコースがあります。

①**基礎コース**：社会人としての基礎的能力および短時間で習得できる技能等を習得する。

②**実践コース**：就職希望職種における職務遂行のための実践的な技能等を習得する。

国の職業能力開発促進センターや公共職業訓練校（またはその委託を受けた民間訓練機関）による「公共職業訓練」も受講対象となっています。

職業訓練受講給付金

特定求職者が、ハローワークの支援指示を受けて求職者支援訓練や公共職業訓練を受講し、一定の支給要件を満たしている場合に、以下の手当が支給されます。

支給額

職業訓練受講手当	
月額 10 万円	給付金の対象となる日数が 28 日未満の場合は別途算定

通所手当	
交通費実費（上限あり）	職業訓練実施機関までの、最も経済的かつ合理的な経路・方法による運賃・料金

寄宿手当	
月額 1 万 700 円	訓練を受けるため、同居の配偶者などと別居して寄宿する必要がある場合に支給

支給要件

次の要件を全て満たすことが必要です。

①本人収入が月８万円以下（ただし、シフト制で働く人等に限って月 12 万円以下）
②世帯全体の収入が月 40 万円以下
③世帯の金融資産が 300 万円以下
④現に居住する土地・建物以外に土地・建物を所有していない
⑤欠席の理由にかかわらず、8 割以上の出席がある
（ただし、「やむをえない理由以外の欠席」については日割りで減額）
⑥世帯にほかに当該給付金を受給し、訓練を受講している者がいない
⑦過去３年以内に失業等給付等の不正受給をしていない

※　　の箇所は、コロナ禍での非正規雇用労働者等に対する労働移動支援策として、2023 年 3 月末までの特例措置で定められた要件。

手続き

❶申請

ハローワークに求職申込を行い、求職者支援制度の説明を受け、適切な訓練コースを選んで受講申込を行う。同時に給付金の事前審査を申請する。

❷支援指示

訓練実施機関による選考を経て、合格通知が届いたら、訓練開始日前日までにハローワークに出向いて「就職支援計画書」の交付を受け、給付金申請の必要書類を受け取る（支援指示）。

❸支援開始

訓練受講中～訓練修了後3か月間は、原則として月に１回、ハローワークが指定する日にハローワークに出向いて定期的な職業相談を受け、あわせて給付金の支給申請を行う（支給申請書に、訓練実施機関が訓練の受講状況を証明する欄があり、ハローワークはこれを確認したうえで支給・不支給を決定する）。

生活保護の扶養照会

家族親戚に扶養照会されたくなくて保護申請をためらう利用者がいる。どうすればよい？

A 窓口では「扶養照会ありき」ではなくなっています。申請者が扶養照会を拒む場合には配慮するよう窓口での取り扱いが改められています。不安や葛藤を受け止めつつ、制度の正確な情報を伝えて、背中を押すことが大切です。

①扶養照会は絶対ではない

この扶養照会という手続きは、保護申請者にとって「いまの惨めな自分の状況を知られたくない…」という心理的な委縮をもたらします。これが嫌で生活保護申請を取りやめた人が、実際、相当数いるようです。

ただし、福祉事務所も親戚縁者のすべてに照会をかけているわけではありません。民法で規定する扶養義務の範囲は、実質的には配偶者、直系血族、兄弟姉妹までです。また、事情によっては、扶養照会しないことも含めて個別に配慮することとされています。

●個別の事情によっては扶養照会を見合わせることも

扶養が期待できないケース

- ●社会福祉施設入所者
- ●長期入院患者
- ●主たる生計維持者でない非稼働者
- ●未成年者
- ●おおむね 70 歳以上の高齢者

扶養照会が適当ではないケース

- ●特別な事情があり、明らかに扶養できない場合
  - ・その相手に借金を重ねている
  - ・相続をめぐり対立している
  - ・縁を切られている
  - ・10 年以上音信不通　など
- ●扶養を求めることで、明らかに要保護者の自立を阻害することになると認められる場合
  - ・夫の暴力から逃れてきた
  - ・虐待等の経緯がある

②厚労省の方針転換──「扶養照会ありき」ではなくなった

福祉事務所のケースワーカーに対して国が業務の手順や判断基準を示している「生活保護問答集」（厚生労働省）が、2021年4月に見直されました。まさしく、保護申請者が扶養照会を拒んでいる場合の対応のあり方について記載してあり、①理由を丁寧に聞き取ること、②照会の対象となる扶養義務者が『扶養義務履行が期待できない者』に該当するか否かという観点から検討を行うこと──の徹底を福祉事務所に求めています。つまり、今はもう「扶養照会ありき」の窓口対応ではなくなっています。

③申請を阻む「心理的負荷」

家族との積年の人間関係のもつれや過去のつらい体験を初対面の相談員に話すことは、相当の心理的負荷を伴うものです。特に、それが「こういう事情なので、配慮をお願いします」と、“特別扱い”を求める場面であれば、なおさらです。相談員から、「あなたのような方はよくいらっしゃるんですよ」「その程度では配慮の対象とはなりません」などと突き放されたときのことを想像して、申請をあきらめてしまうのも無理からぬことです。

しかし、理由が説明されなければ、福祉事務所としても配慮のしようがありませんし、そもそも申請がなければ保護することもできません。こういう場に立ち会った相談援助職にできることは、不安や葛藤を受け止めつつ、制度の正確な情報を伝えて、申請できるように背中を押してあげることでしょう。

“事前にメモを用意しておく”という手も

いざ勇気を出して申請に臨んだとしても、窓口で相談員と向かい合ったとき、何をどう筋道立てて話せばよいのか、頭が真っ白になってしまうようなこともあるでしょう。そういうときに備えて、事前に「メモ」を作っておくという手もあります。

何を話すかが紙に書いてあれば、気持ちは落ち着くでしょう。また、それを取り出して相談員と一緒に見ながら話を進めれば、より伝わりやすくなるかもしれません。

●扶養照会を拒否する場合の対応

扶養照会の拒否

理由の確認

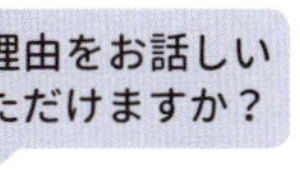

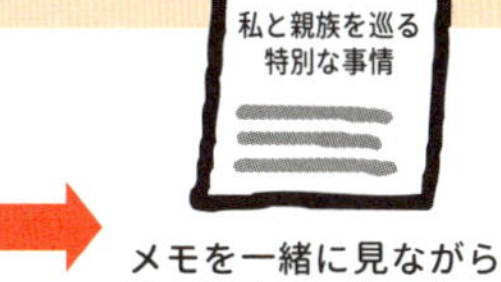

メモを一緒に見ながら
話を進めると効果的

※扶養照会を拒む場合は理由を尋ねられます

「扶養が期待できないケース」「扶養照会が適当でないケース」に
該当していれば、扶養照会しない

持ち家の場合の生活保護適用

Q2 収入がほとんどなく貯蓄も底をついてきたが、住居は持ち家。保護受給できる?

A その住居が、①保護申請を検討している人自身が住む家である、②処分価値が利用価値より著しく高くはない――の双方を満たしていれば、可能です。ただし、高齢者のみの世帯ではリバースモーゲージが優先します。

①そのまま住み続けたほうが「安上がり」ならOK

――第一に「居住用か否か」、第二に「処分価値の程度」がチェックされる

持ち家であろうが、賃貸であろうが、生きていくうえで住まいは必要です。売却処分しても、その後に毎月家賃が発生しますし、転居にあたっての一時的費用もかかります。そのため、福祉事務所での保護の要否判定では、売却処分するよりもそのままそこで住み続けたほうが安上がりであると判断される場合は、保有したままで受給を認めるという取り扱いになっています。

一方、自分の居住用に使っていない不動産や、居住用に使っていても一等地の立地であるなど処分価値が利用価値よりも著しく高い場合は、売却して生計維持に充てるよう指導がなされます。

売却より住み続けたほうが安上がりな場合
＝受給 OK

②高齢者のみの世帯では不動産担保型生活資金貸付が優先

65歳以上の独居・夫婦のみ世帯の場合は、要保護世帯向け不動産担保型生活資金貸付（リバースモーゲージ）を利用できないかどうかが検討されます。これは社会福祉協議会が実施している公的貸付制度で、居住中の家を担保に生計維持の現金を月々貸し付け、高齢者が死亡したら（あるいは融資期間終了時に）、不動産を処分して回収するという制度です。これを利用できる人は、生活保護に先立って貸付が行われます。利用できなかった人、利用してみたものの貸付限度額に達してしまった人には、生活保護が適用されます。

●要保護世帯向け不動産担保型生活資金貸付

貸付対象	生活保護が必要であると福祉事務所が認めた高齢者で、一定の居住用不動産（評価額がおおむね500万円以上）をもち、その住み慣れたわが家に今後も住み続けたいと希望する人
貸付限度額	居住用不動産の**評価額の70%**（集合住宅は50%）
貸付月額	生活扶助基準額の**1.5倍以内**
貸付期間	貸付元利金が**貸付限度額に達するまで**、または**貸付契約の終了時**（借受人の死亡時）まで
貸付利率	年3%、または毎年4月1日時点の長期プライムレートのいずれか低い利率
貸付までの流れ	①**福祉事務所**に相談 →（貸付要件の確認）→ ②**借入申込** →（不動産の評価・審査）→ ③**契約・登記** → ④**貸付開始**

●高齢者が持ち家を所有しながら生活保護申請した場合の対応

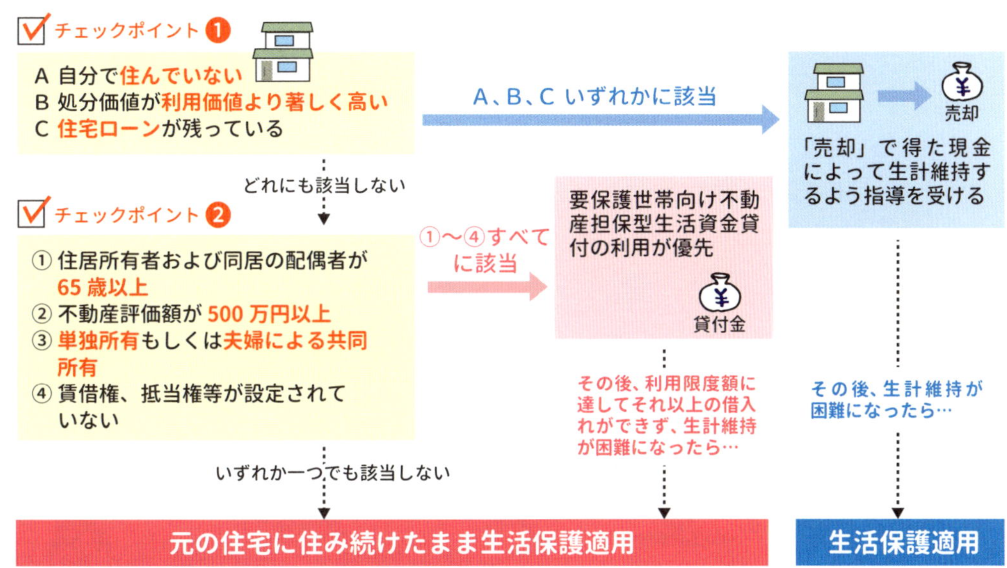

※急迫した困窮状態にある場合は、上記の流れを経ず保護開始となることがある（急迫保護）

保護申請に至らなかった場合の対応

役所に生活保護の相談に行って、申請せずに帰ってきた利用者がいる。どのような対応が必要か？

A　まず、申請しなかった（できなかった）経緯を本人に確かめます。そのうえで、市町村の生活困窮者自立支援制度の相談窓口、地域包括支援センター、民生委員などにつなぎます。

①保護申請にならなかった経緯を確認し、関係機関につなぐ

本人自ら申請を思いとどまったのか、役所が申請を受け付けなかったのか、まず経緯を確認したうえで、関係機関につなぎます。

生活困窮という状況には、以下のような機関（人）が連携して支援に当たることとなっています。

●生活困窮への対応

関係機関・関係者（例）

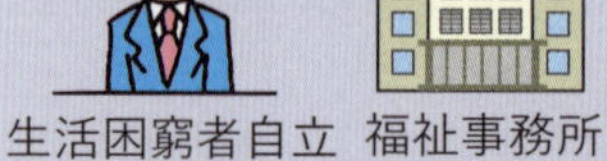
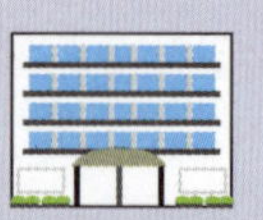

②経緯によって必要な支援が変わる

つないだ先の機関（以下、生活困窮者自立支援相談窓口等）では、生活保護によらない生計維持・生活再建が可能かも含め、どのような支援が本人にとって最善であるか、本人とともに検討していくことになります。その結果、「保護が必要」ということであれば、再度、保護の申請を行うように手配がなされます。保護申請にあたっての障壁（例：親族への照会の拒否等）があれば、その対応が検討されます。生活困窮の要因・背景となっている生活課題に対する支援も検討されます。

●再申請となった場合の対応

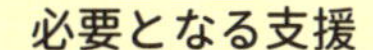

保護申請にならなかった経緯	必要となる支援
① 本人自ら申請を思いとどまった 	● 生活保護によらない生活維持・生活再建が可能かも含め、**どのような支援が本人にとって最善であるか**、本人とともに検討（「保護が必要」ということであれば、再度保護の申請を行うように手配） ● **保護申請にあたっての障壁**があれば、その対応を検討 ● 生活困窮の要因・背景となっている**生活課題**に対する支援
② 役所が申請を受け付けなかった 	● **生活保護の申請**に関する援助 （申請書類の準備支援、窓口への同行等）

「水際作戦」には、関係機関を巻き込んで再申請

福祉事務所では、保護申請は受理しなければならないことになっています。したがって「申請書を受け取らない」という対応（いわゆる「水際作戦」）は明らかにルールを逸脱しています（申請させずに帰すという意味で、「水際作戦」などと称される）。厚生労働省も、折に触れて全国の福祉事務所に対し、「国民の保護申請権を侵害することのないように」と指導しているのですが、保護件数が増え過ぎないように、意図的に申請させまいとする市町村がまったくないとはいえません。

このような場合は、弁護士や司法書士など法律の専門家や、民生委員、地域包括支援センター職員らによる窓口への「同行」が、有効な打開策となります。地域包括支援センターや民生委員に事情を伝えて、再申請にあたっての同行を含めた支援を依頼しましょう。

認知症の人の保護申請

独居の認知症高齢者が困窮し、身寄りがない場合、代理での生活保護申請は可能か？

A 本人に代わって保護申請できるのは扶養義務者と同居の親族だけで、例外的に本人が「成年被後見人」である場合に限って、成年後見人による申請が認められています。それ以外の場合は、職権で保護が開始されることになります。

① 申請できるのは本人、扶養義務者、同居親族、成年後見人

生活保護制度は、原則として、本人の申請によりすべての手続きが動き始めます。申請の資格がある人は、「本人」「扶養義務者」「同居の親族」のみで、代理人による申請は認められていません。ただし、本人がすでに後見開始の審判を受けていて、成年後見人が選任されている場合には、成年後見人による保護申請が認められています（2021年10月から認められるようになりました）。一方、保佐人や補助人による保護申請は、認められていません。

●職権保護（急迫保護）

本人が成年被後見人で、その後見人となっている場合

保佐人、補助人では保護申請できない

②困窮した認知症高齢者も「職権保護」の対象

生活保護制度は、保護を受けたいと思う人が自ら申請しなくてはならないという原則がありますが、「生存が危うい場合その他社会通念上放置し難いと認められる程度に状況が切迫している場合」は、通常の申請手続きを省略して、市町村長の職権で保護開始できるものとされています。これを「職権保護」または「急迫保護」といいます。たとえば、路上生活者が医療機関に救急搬送された場合や、意思能力の十分でない人が明らかに困窮している場合などに適用されます。

●職権保護（急迫保護）

生存が危ういう場合その他社会通念上放置し難いと認められる程度に状況が切迫している場合

生活困窮に陥っている認知症の独居高齢者

救急搬送された

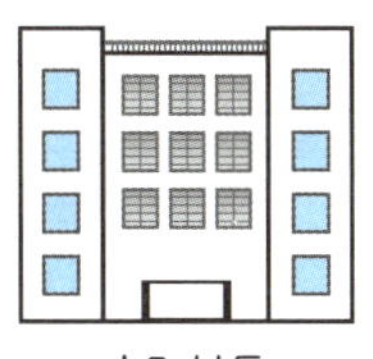

③「職権保護」の開始を福祉事務所にはたらきかける

さて、事例のようなケースに遭遇した場合ですが、代理申請の資格のある人（扶養義務者、同居親族、成年後見人）に連絡をとって、代理申請を促すことが急務です。ただ、本事例は身寄りがない独居高齢者ですから、成年後見人がついていなければ可能性が低そうです。代理申請のできる人がいなければ、福祉事務所または地域の民生委員に「**職権保護の対象となり得る人がいます**」と伝えて、早急に保護開始となるようにはたらきかけることが肝要です。

なお、保佐人または補助人がついているケースであれば、軸となって動いてもらってください。ただし、保佐人・補助人の役割は、本人に代わって保護申請する「代理人」ではなく、本人がいかに差し迫っている状況にあるかを福祉事務所に情報提供して、それを受けて福祉事務所が職権で保護開始するための「協力機関」という位置づけです。

いずれにしても、利用者にかかわる関係機関を把握しておくことで、いざというときにスムーズに対応できるようになります。

●職権保護における対応

保護費支給額の変更時期と内容

保護費の支給額を減らされたという利用者がいる。それは、どのような場合に起こる？

A 毎年４月に支給額の変更（増減）があります。家族構成や経済状況に変化があった場合もその額に増減が発生します。

①生活保護世帯にとって、“4月”は注意を要する月

――保護基準額や被保護者の年齢区分は年度単位で改定・見直しが行われる

４月は、支給額の増減につながる以下のような変更が一斉に実施される月です。

① 「保護基準額」が年度単位で改定される
② 被保護者の年齢区分が年度単位で見直される
③ 11月から冬季の暖房代として上乗せされる「冬季加算」が打ち切られる

これら３つの要素が重なって、４月は支給額が増減します。なかでも、18歳に到達した子がいる世帯の場合は、大きな減収に見舞われることとなります。

支給額の変更がある場合、福祉事務所の担当ケースワーカーから本人への説明が事前に行われているはずですが、説明を受けたことを忘れてしまうこともあるでしょう。お互いの誤解によって関係悪化が生じるのは望ましくないので、支給額について疑問をもつ利用者がいるときは、話を聴いてから必要に応じて説明しましょう。

4月の増減要素① 保護基準額は毎年「4月」に改定される

保護費は、厚生労働大臣の定める「保護基準」を基に決定されます。この「保護基準」は、一般世帯での消費支出と均衡がとれるように、毎年度見直しが行われています。

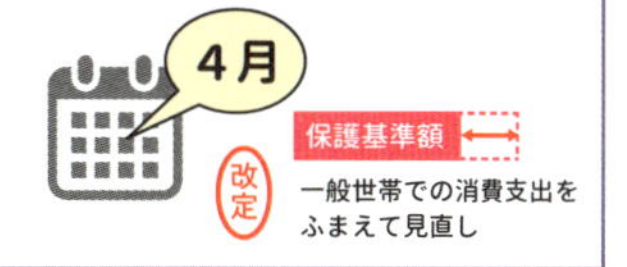

4月の増減要素② 年齢区分切り換えは「4月」に行われる

保護基準額は、年齢・世帯人員・居住地域ごとに細かく定められています。高齢期以後は5歳刻みで徐々に基準額が引き下げられます。

また、生活保護は原則として、18歳になると適用対象外となります。母子加算（母子家庭であれば）も高校進学への支援として支給されていた生業扶助も18歳で打ち切られます。

これらが打ち切られてから初めて支給されるのが、「4月」分の保護費です。

4月の増減要素③ 冬季加算は毎年3月に打ち切られる

冬季加算の支給期間は 11月～ 3月が標準です。4月～10月は出ません。加算額は地域と世帯構成によって異なります。たとえば東京都23区では単身世帯で2,630円、札幌市では同1万2780円となっています。

②「返還金」や「徴収金」が天引きされていることも？

上記以外にもう一つ、支給額が減る原因として考えられるのが、「返還金」や「徴収金」の天引きです。資産・収入があるにもかかわらず保護を受けた場合、被保護者は福祉事務所に返還する義務が課せられますが、その支払いが受給額から天引きされることがあるのです。なお、天引きには、書面による被保護者の同意が必要です。

●返還金・徴収金の天引き

総支給額　－　返還金・徴収金　＝　実際の支給額

5年に1度、保護基準の見直し

生活保護制度では、毎年度の見直しとは別に、全国消費実態調査に基づいた5年に1度の検証が行われており、年齢・世帯人員・居住地域に応じた保護基準の設計そのものが見直されることになっています。この見直しの支給額への反映は、直近では2018年度保護基準改定によって2018年10月、2019年10月、2020年10月と、段階的に実施されているところです。

保護費の返還

保護費の「返還請求」は、どのような場合にも応じなければならないのか？

A

被保護者の立場からは理不尽でも、法に基づいた返還請求には応じざるを得ません。納得がいかない場合は、審査請求で処分撤回を求めるという流れになります。

①保護費の「返還請求」とは

保護開始後に被保護者に現金収入があった場合、その収入額を上限に、福祉事務所の定めた額を「返還」しなければならないという決まりがあります（該当するケースは次ページ上図参照）。

現金収入が近いうちに発生する見通しではあるけれども、現在のところ急迫した困窮状態にあって、もちこたえることができないという場合には、福祉事務所は急場しのぎで保護を開始します。そして、収入が発生したとき（たとえば生命保険の保険金を受け取ったときなど）、既に保護費として支払われた金額分を“返す”ように請求することになっています。

ただし、必ずしも現金収入の全額が返還請求されるわけではありません。福祉事務所の判断で、「自立更生のためのやむを得ない用途に充てられたものであって、地域住民との均衡を考慮し、社会通念上容認される程度として実施機関が認めた額」を本来の要返還額から控除して、返還額を決定してよいことになっています。

●現金収入の返還が求められるケース

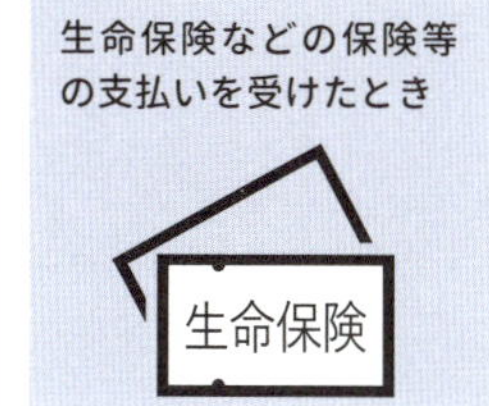

②保護開始後のまとまった現金収入は返還対象

ここでよく問題になるのが、保護費返還と借金返済が重なるケースです。

被保護者に支給される保護費は、被保護者の生活維持のために支払われるものであるため、借金返済に充てることは認められていません。つまり、債務は受給前に整理しておく必要があります（Q7参照）。ただ、現金収入を得た被保護者が、貸主にお詫びの意を込めてその現金のなかから“返済”をしてしまうと、後が大変です。既に現金は手元にないにもかかわらず、今度は福祉事務所から「全額返還」を求められてしまうのです。

●借金返済で手元に現金がなくても「返還」を命じられた例

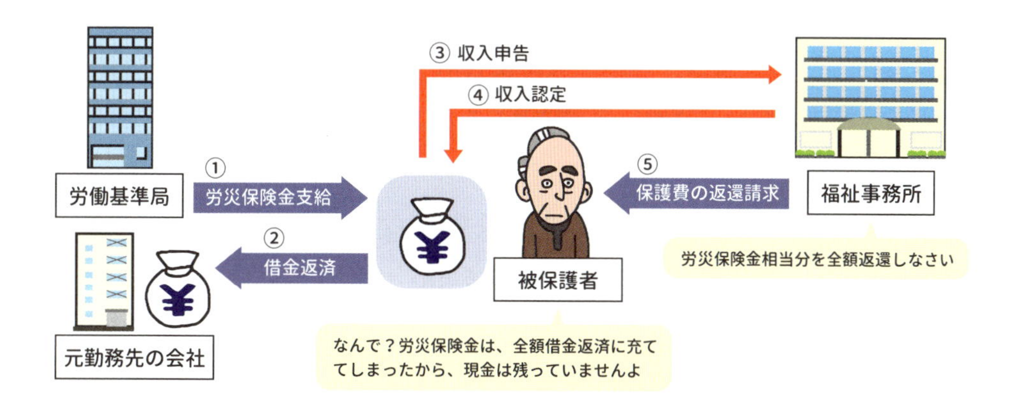

医療扶助を受けていると全額分の医療費を返還請求される⁉

医療扶助が絡んでいると、それまで受けた医療費を10割負担で返還しなければならないという過酷な取り扱いになっています。医療扶助には高額療養費の概念もないので、場合によっては相当な額に膨らみます。福祉事務所の裁量で、要返還額から一定程度の控除が認められることもあり得るのですが、まさしく「制度の落とし穴」です。

借金を抱える利用者への生活保護適用

多重債務を抱えている利用者でも、生活保護受給はできるか？

A 借金があること自体は、受給を妨げるものではありません。ただし、申請の段階で「債務整理」（通常は自己破産）を勧められることになります。

①保護費を借金返済に充てることはできない

保護費は「利用し得る資産、能力その他あらゆるものを使っても最低限度の生活水準に満たない部分を補うための給付」であるため、借金返済に振り向けることは制度上認められていません。借金のある人が生活保護を受けるには、以下のいずれかの対応をとる必要があります。

●借金がある人が生活保護を受けるための対応

①自己破産等によって借金の返済義務を帳消しにする

自己破産

②借金の返済を保護受給中は猶予してもらうよう債権者と合意する（保護脱却後に返済再開の約束を交わす）

債権者と合意

②まずは市町村の生活困窮者自立支援相談窓口につなぐ

生活破綻をきたしてしまうほどではないものの、多重債務で困っている利用者がいたら、まず市町村の「生活困窮者自立支援相談窓口」につなぐとよいでしょう。その利用者が現在どのような課題を抱え、どのような支援が必要かを整理し、債務整理のための法的支援や家計改善支援、あるいは生活保護申請などに適宜つないでくれます。その他、日本クレジットカウンセリング協会の「多重債務ほっとライン」や、法テラスのサポートダイヤルでも相談を受け付けています。

●多重債務や法的手続きに関する相談窓口

生活困窮者自立支援相談窓口（各市町村）	日本クレジットカウンセリング協会	法テラス（日本司法支援センター）
生活上のさまざまな相談をワンストップで受け付け、来談者の課題を整理するとともに、必要に応じて債務整理等を含めた情報提供や専門的助言、債務整理に関係する窓口等へのつなぎや同行、家計改善支援のサービスを提供します。	クレジットや消費者ローンを利用して多重債務に陥った人に対して、消費者保護の立場からカウンセリングを提供している公益財団法人です。「多重債務ほっとライン」では、オペレーターが内容に応じてアドバイスします。多重債務ほっとライン：0570-031640	国が設立した法的トラブル解決のための「総合案内所」です。「サポートダイヤル」ではオペレーターが困りごとに応じて問題を解決するための法制度や手続き、適切な相談窓口を無料で案内してくれます。サポートダイヤル：0570-078374

多重債務者は特に注意―ヤミ金融の魔の手

なお、多重債務問題で困っているときというのは、藁にもすがるような心理状況ですから、ヤミ金融に引っかかり、さらに困難な状況に陥ってしまうリスクとも隣り合わせです。最近のヤミ金融の手口は想像以上に巧妙で手が込んでいます。好条件をうたった広告や不審な勧誘等には十分に注意するよう、注意喚起してください。

金融庁リーフレット「借金で悩んでいませんか？」より

介護離職者の生活再建支援

介護離職後に貯蓄を使い果たした家族がいる。生活再建に向けてどんな支援が必要？

A 「所得」「職業能力」「メンタルヘルス」というように課題を３つに切り分けて対応します。

①３つの課題と活用可能な社会資源

介護離職して長期間経過した後に介護者が直面する主な課題は以下の３つです。それぞれに対応する制度・社会資源があります。

❶ 家計破綻の危機

- **生活困窮者自立支援相談窓口**
  困りごとのワンストップサービス、家計改善支援、生活福祉資金貸付制度の紹介
- **福祉事務所**
  生活保護制度による保護

❷ 就業からの長期離脱による職業能力低下

- **ハローワーク**
  求職者支援制度（給付金を受給しながら職業訓練を受けられる制度）、職業紹介
- **生活困窮者自立支援相談窓口**
  困りごとのワンストップサービス、就労支援

❸ 介護ストレス・孤立感

- **よりそいホットライン**
  24時間365日無料の電話相談サービス：
  0120-279-338
- **家族介護者の集い、認知症カフェ等**
- **医療機関・保健所等**

②ハローワークによる「求職者支援制度」とは

雇用保険を受給できない人（介護離職後に長期間就業していなかった人も対象）に対し、以下のような支援を行う制度です。

①無料の**職業訓練**（求職者支援訓練）の提供

②受講期間中の所得を保障するための給付金（**職業訓練受講給付金**）の支給※

③受講修了後にハローワークで実施する**就職支援**

※本人収入、世帯収入、世帯全体の金融資産等について用件を要件を満たした場合に受給できます（51ページ参照）

職業訓練受講給付金の支給額

職業訓練受講手当：月額 10 万円

通所手当：通所経路に応じた所定の金額（上限あり）

寄宿手当：月額 1 万 700 円

生活困窮者自立支援制度における「就労支援」とは

生活困窮者自立支援制度では、ハローワークによる就労支援の前段階として、さまざまな課題を抱え就労が容易でない人も含めて、その段階・状態像に応じて以下のような就労支援が提供されています。

- 就労に関する相談・助言、個別の求人開拓やハローワークへの同行
- ハローワークとチームを組んでの就労支援
- 就労に向けて一定の準備が必要な人に対する日常生活習慣改善等の支援（就労準備支援事業）
- 就労準備支援事業による支援を経てもなお一般就労が難しい状態の人に対する「就労体験」「支援付き雇用」のプログラム実施（いわゆる「中間的就労」）

保護廃止後の負担増への対応

生活保護が廃止になると負担免除や特例扱いはどうなるか？

A

国民健康保険など公的医療保険への加入義務が生じ、受診時の自己負担分も支払う必要が出てきます。また、60歳以下であれば、国民年金保険料の法定免除対象ではなくなります。さまざまな形で負担が増えることとなります。

①保護廃止→負担免除や特例扱いが適用されなくなる

被保護者に経済的自立の見通しが立ち、保護受給の必要がないと認められると、「保護廃止」となります（ただし、本人のおかれた状況にかかわらず、「生活保護基準」自体が引き下げられたことで結果として保護廃止となる場合もあり、必ずしも状況の好転だけが理由とは限りません）。

保護受給中に講じられていた医療・年金にかかる負担免除や特例扱いは適用されなくなり、以下のような影響が生じることとなります。

保護廃止による影響

- 所得が一定以上であれば住民税等の**納税義務**が課せられる
- 国民健康保険などの**医療保険への加入**が義務づけられ、**保険料の納付義務**が生じる
- 医療機関の受診時に**自己負担分**（定率）を支払う必要が生じる
- **高額療養費**の自己負担限度額に影響が生じる（所得区分に変更があった場合）
- 難病医療費助成制度、自立支援医療等の**公費負担医療**の自己負担限度額に影響が生じる（所得区分に変更があった場合）

- 国民年金保険料の「**法定免除**」対象から**除外**される
- **介護保険料額**に影響が生じる（所得区分に変更があった場合。ただし年度途中の保護廃止の場合、年度内は第１段階のままとなる）
- 「みなし２号」として介護扶助／障害者総合支援法の自立支援給付を受けていた人は、「介護保険被保険者」となり「**介護保険優先**」という原則が適用される

②医療保険・年金に関する手続き

──就職して健康保険・厚生年金保険に加入するのでなければ、手続きが必要

①国民健康保険（後期高齢者医療制度）への加入手続き

就職して健康保険に加入しない場合は、国民健康保険（75 歳以上の場合は「後期高齢者医療制度」）に加入します。原則として、保護廃止決定から 14 日以内に市町村に届け出をする必要があります。

届出先	市町村
持ち物	・生活保護廃止決定通知書 ・身分証明書（マイナンバー関係書類など　※なくても手続きは可能です。）
注意事項	・届出期限に遅れると、国保等の加入資格が発生したとき（保護廃止決定時）にさかのぼって（上限２年間）保険料を支払わなければなりません。 ・届出の前日までの医療費は全額自己負担となるため注意が必要です。

②国民年金保険料の法定免除事由の消滅

国民年金第１号被保険者であれば、法定免除に該当しなくなったことを、速やかに届け出をする必要があります。窓口に備え付けの「国民年金保険料免除事由（該当・消滅）届」に必要事項を記入して提出します。その際、併せて申請免除の届け出をすることも可能です。

届出先	市町村または年金事務所
持ち物	生活保護廃止決定通知書
注意事項	法定免除に該当しなくなったことの届け出は、保護廃止決定から２年を超えてしまうと、その期間がすべて未納期間として扱われ、保険料の後納ができません。

保護受給が可能となる世帯分離の例外

介護保険と同様に、同居中の親を「世帯分離」して生活保護を受給させることは可能か？

A 基本的には認められません。生活保護制度では、たとえ住民票上で別世帯に分けていても、同じ住居に住んで生計も一緒の場合は「同一世帯」とみなされます。ただし、一部の例外があります。

医療保険や介護保険の「世帯」とは概念が違う

――生計が一緒なら生活保護では「同一世帯」

医療保険や介護保険では、同居していても住民票を分ければ「世帯分離」できますが、生活保護は違います。保護の要否は世帯単位で判定されます。つまり、同居する世帯で一部の人だけ生活保護を受給させて生活費を浮かせるということはできません。

ただし、同居していても「世帯分離」できる例外があります。それは、世帯単位で保護するより個人単位で保護したほうが、その世帯の自立に資する場合です。

●生活保護における「世帯分離」の例外的ケース

その1 「寝たきり」「重度の心身障害者」等で、常時の介護または監視を要する者

同一世帯

同居する家族

常時の介護または監視を要する者

世帯分離

同居する家族

常時の介護または監視をする者

条件

常時の介護または監視を要する者が…

（ア）**配偶者である**場合

①仮に世帯分離を行わないとすれば、その世帯が要保護世帯となると見込まれる
②配偶者の収入が当該要保護者の受給する保護費のなかの「一般生活費」以下である

①、②ともに満たしていれば、**世帯分離可能**

（イ）**配偶者ではない**場合

仮に世帯分離を行わないとすれば、その世帯が要保護世帯となると見込まれる

満たしていれば、**世帯分離可能**

その2 特別養護老人ホーム等に入所している者
（救護施設・養護老人ホーム・特別養護老人ホーム・介護老人福祉施設等）

出身世帯

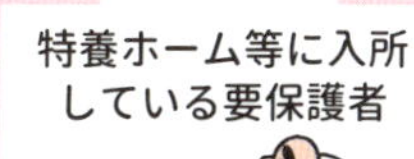

特養ホーム等に入所している要保護者

世帯分離

出身世帯

特養ホーム等に入所している要保護者

条件

世帯内に当該要保護者の**配偶者がいても、いなくても**仮に世帯分離を行わないとすれば、その世帯が要保護世帯となると見込まれる

満たしていれば、**世帯分離可能**

要件を満たさなくなれば世帯分離は「解除」

仮に、例外的ケースに該当して世帯分離できても、少なくとも年１回以上、世帯の収入、資産の状況、就学の状況や、世帯構成、地域の生活実態との均衡および世帯分離の効果などが調査されます。その際、要件を満たさなくなったと判断された場合には、世帯分離は解除され、世帯全体で保護の要否および程度が決定し直されます。

被保護者死亡後の葬祭等の手続き

独居で生活保護受給中の利用者が死亡した場合、葬祭は誰が行うのか？

A 葬祭は、扶養義務者、かかわりのあった民生委員（善意の個人として）、または市町村によって執り行われます。

①葬祭を行うのは「扶養義務者」or「善意の個人」or「市町村」

被保護者が亡くなると、扶養義務者（夫婦、直系血族、兄弟姉妹）がいれば福祉事務所から連絡がいきます。火葬や葬儀、遺骨の引き取りを依頼するためです。

「承諾」が得られれば、葬祭は遺族たる扶養義務者の手によって行われます。費用は扶養義務者による負担となります。ただし、扶養義務者自身も生活保護受給中であるなど費用負担が困難な場合には、生活保護から葬祭扶助を受給することができます。

扶養義務者に「拒否」された場合や、扶養義務者が誰もいない場合は、知人などの関係者や民生委員で善意により個人的に喪主を引き受けてくれる人がいれば、葬祭扶助を受けて葬祭が実施されます。喪主の引き受け手が誰もいなければ、「墓地、埋葬等に関する法律」により、死亡地の市町村が葬祭を行います。

●状況別にみた葬祭実施主体

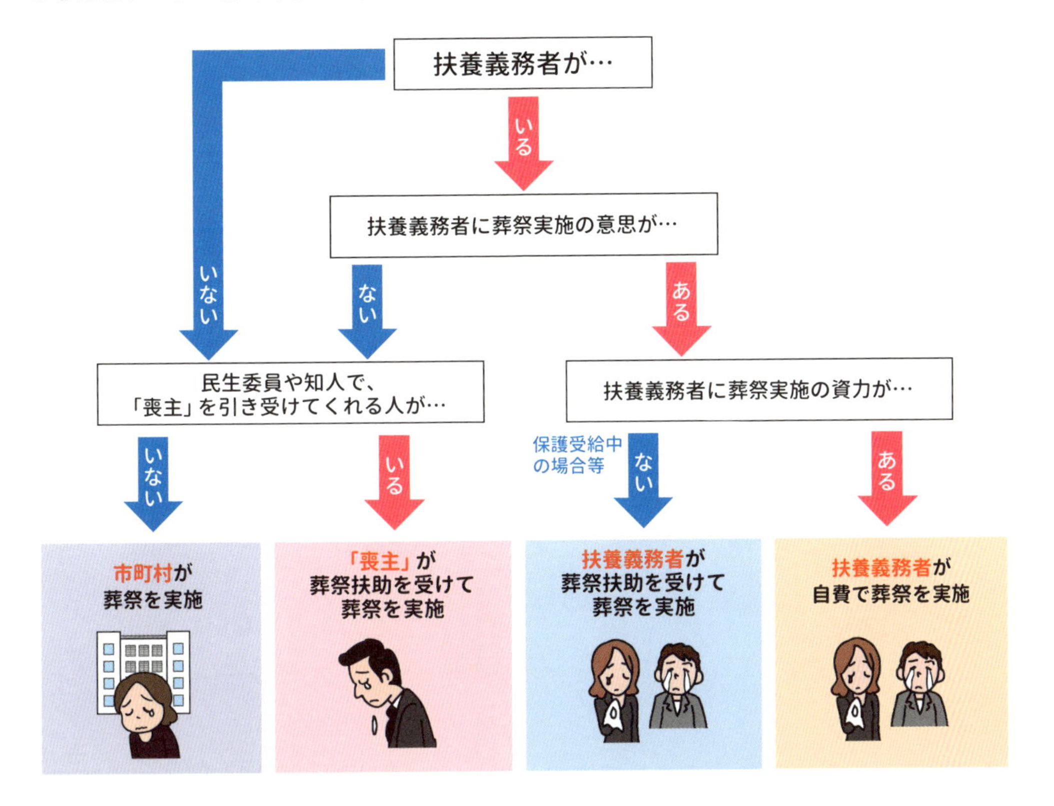

②遺留金は葬祭費用に充当、残余分は相続人へ、不在なら国庫へ

亡くなった被保護者に遺留金があった場合は、葬祭費用に充てられます。それでも財産が残った場合は、相続人に対して引き継がれます。

なお、相続人がいない場合または不明な場合には、福祉事務所から家庭裁判所に対して相続財産管理人の選任が依頼されます。選任を受けた相続財産管理人は相続財産の整理を行い、相続人が見つかった場合は債務処理などの清算後に残った財産を引き継ぎ、いなかった場合は国庫に帰属させることになります。ただし、残った財産額が相続財産管理人の選任の申立てに必要な費用に満たない場合は、申立てをせず、弁済供託とすることが認められています。

●遺留金の扱い

遺留金

葬祭費用

相続人への引き継ぎ

「みなし２号」のケアプラン作成

生保の「みなし2号」の人についてケアプラン作成を依頼されたが、障害福祉サービスの分まで記入が必要か？

A 地域ごとにやり方はさまざまですが、おおむね、障害福祉サービスも含めてケアプラン作成を求められることが多いようです。

①障害者総合支援法による自立支援給付が優先

「みなし２号」の人に対する介護サービスは、生活保護法による介護扶助よりも、障害者総合支援法による「自立支援給付（障害）」のほうが優先します。自立支援給付（障害）からの介護サービスだけでは量や種類という点でニーズを満たせないという場合に限って、介護扶助によるサービスが提供されます。ここで、ケアマネジャーの出番となるわけです。「みなし２号」の人に対する介護サービスは、生活保護担当、障害者福祉担当、介護保険担当という異なる３領域の担当者が分担・連携・協業しながら提供することとなります。

●介護扶助と障害者総合支援法による給付の関係

原則優先

障害者総合支援法による給付

介護扶助

②状況によって誰がプラン作成をするかが変わる

プラン作成は、「自立支援給付のみの場合」「介護扶助からも自立支援給付からもサービスを入れる場合」「介護扶助のみの場合」で異なります（下表）。本事例は、表のⒷのケースで①の対応を求められたものです。介護扶助によるサービスが含まれていれば、ケアマネジャーの関与は必須となります。

●「みなし２号」のケアプラン作成

Ⓐ自立支援給付のみの場合	Ⓑ介護扶助からも自立支援給付からもサービスを入れる場合	Ⓒ介護扶助のみの場合
障害福祉相談支援事業所の相談支援専門員が自立支援給付によるサービスにかかる「サービス等利用計画」を作成する	（①～③のいずれか） ①ケアマネジャーが障害福祉サービスの分も含めたケアプランを作成する※ ②障害福祉相談支援事業所の相談支援専門員による「サービス等利用計画」とケアマネジャーによるケアプランの両方を用意する ③相談支援専門員の資格をもつケアマネジャーの場合は１人で両方を作成することもできる	ケアマネジャーが介護扶助によるサービスにかかるケアプランを作成する

※障害者総合支援法第 22 条第 5 項に基づく「セルフプラン」という位置づけになる。

③障害者手帳の有無とケアプラン

障害者手帳を持っているかどうかでケアプランの中身は以下のように変わってきます。

障害者手帳を持っている

- 障害福祉サービスを優先したプランとする
- 障害の等級によって利用できないもの、同等のサービスがないものについては、介護扶助を利用可能
- 介護扶助の給付上限額は介護保険法に定める支給限度額から障害福祉サービスの給付額を控除した額が基本となる

障害者手帳を持っていない

- 手帳がないことで利用できない障害福祉サービスを、介護扶助で補うプランとする（並行して、障害者手帳の取得手続きを進める：※福祉事務所の役割）
- 手帳が取得でき次第、随時、障害福祉サービス利用へ移行する（左記の対応となる）

住宅確保要配慮者への居住支援

アパートの建て替えで独居高齢の利用者が立ち退きを求められた。転居先は確保できる？

A 市町村に相談して、「居住支援」を受けてみましょう。切羽詰まった事態であれば、生活困窮者自立支援制度の一時生活支援を活用する手もあります。

①独居・低所得の高齢者の物件探し、制度が後押し

本事例のような場合のほかにも、高齢層には「夫に先立たれて年金が減った。今より家賃の安いアパートに移って生活費を切り詰めたいんだけど…」「足腰が弱ってエレベーターのない３階建ては階段の昇り降りが厳しい。１階か平屋に住み換えたいのだが…」というような一定の“転居ニーズ”があります。ただし、施設に入所するのでなければ、身寄りがなく低所得の方の物件探しは、従来から難しいとされてきました（次ページ図の「供給が乏しいゾーン」）。

現在は、少しずつ状況が改善されてきています。誰でも住まいを適切に確保できるように、新しいしくみが2017年秋から始まっているからです。具体的には、家主の懸念する家賃滞納や孤独死といったリスクに対応した取り組みが「居住支援」として制度化されたと同時に、「入居を拒まない物件の登録制度」が創設されて、誰でも登録物件を検索・閲覧できるようになりました。

●住まいの資源（持ち家・介護保険施設・障害者施設等を除く）

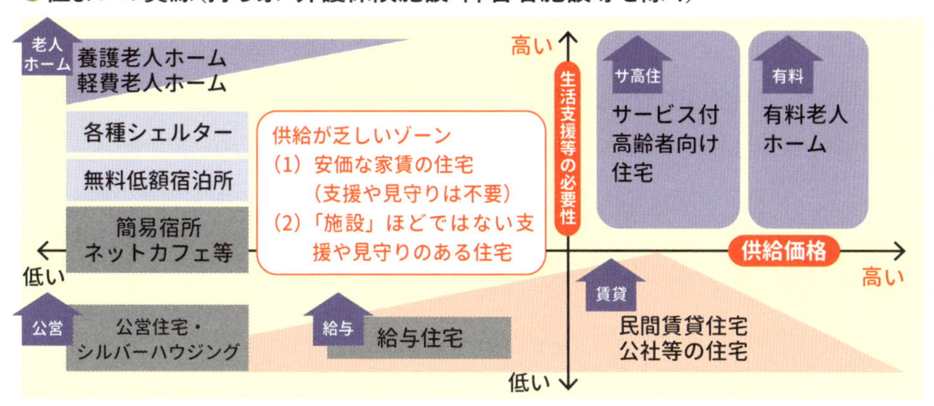

●セーフティネット住宅情報提供システム

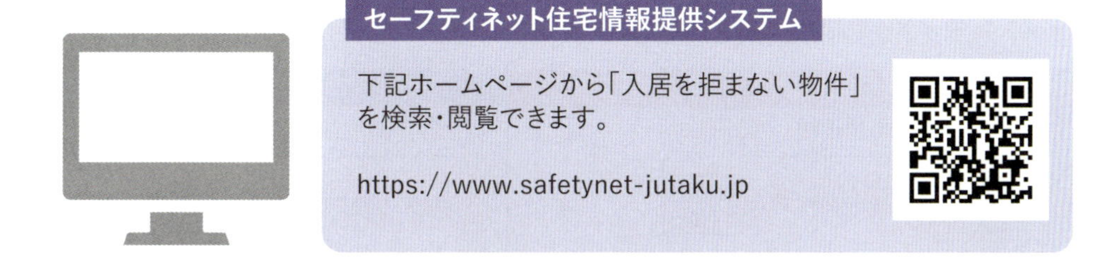

②まずは市町村や地域包括支援センターに相談

さて、「立ち退きを求められた人が身近にいた場合にどうしたらよいか」ですが、高齢者や障害者など「住宅確保要配慮者」に該当すれば、住宅あっせん、身元保証、家賃債務保証などの支援を受けることができます（46ページ参照）。

それらの実務を担う機関や担当部局は地域によって異なりますので、まずは市町村や地域包括支援センター、相談支援事業所に相談してみましょう。居住支援を行っている法人を既にご存じの場合は、そちらに直接相談されてもよいでしょう。

緊急時には「一時生活支援」という手も

切羽詰まった状況の場合は、生活困窮者自立支援制度の「一時生活支援」を利用して、その間に居住支援を受けて転居先を探すという方法もあります。所得・資産要件があり、また実施している自治体は約300程度にとどまりますが（2020年度）、緊急性が高いと認められれば利用可能なので、選択肢の一つとして覚えておくとよいでしょう。窓口は、市町村の生活困窮者自立支援相談窓口です。

COLUMN

介護扶助利用時の注意点

――ショートステイの個室利用は高額負担に要注意

介護扶助のもとで介護保険施設（特養・老健等）に入所する場合、原則として、個室は利用できません。ただし、「社会福祉法人等による利用者負担軽減制度」を実施している施設では、例外的に利用可能です（この場合、利用者負担は全額軽減されます）。

一方、ショートステイについては、個室利用が認められていますが、食費＋滞在費の一部が被保護者に対して請求されます（**下表**）。自宅にいてもかかる費用だから、という理屈です。利用日数によっては、利用者負担が高額となり、被保護者による支払いが困難となる場合があるので、注意が必要です。

●ショートステイ利用時の食費と滞在費

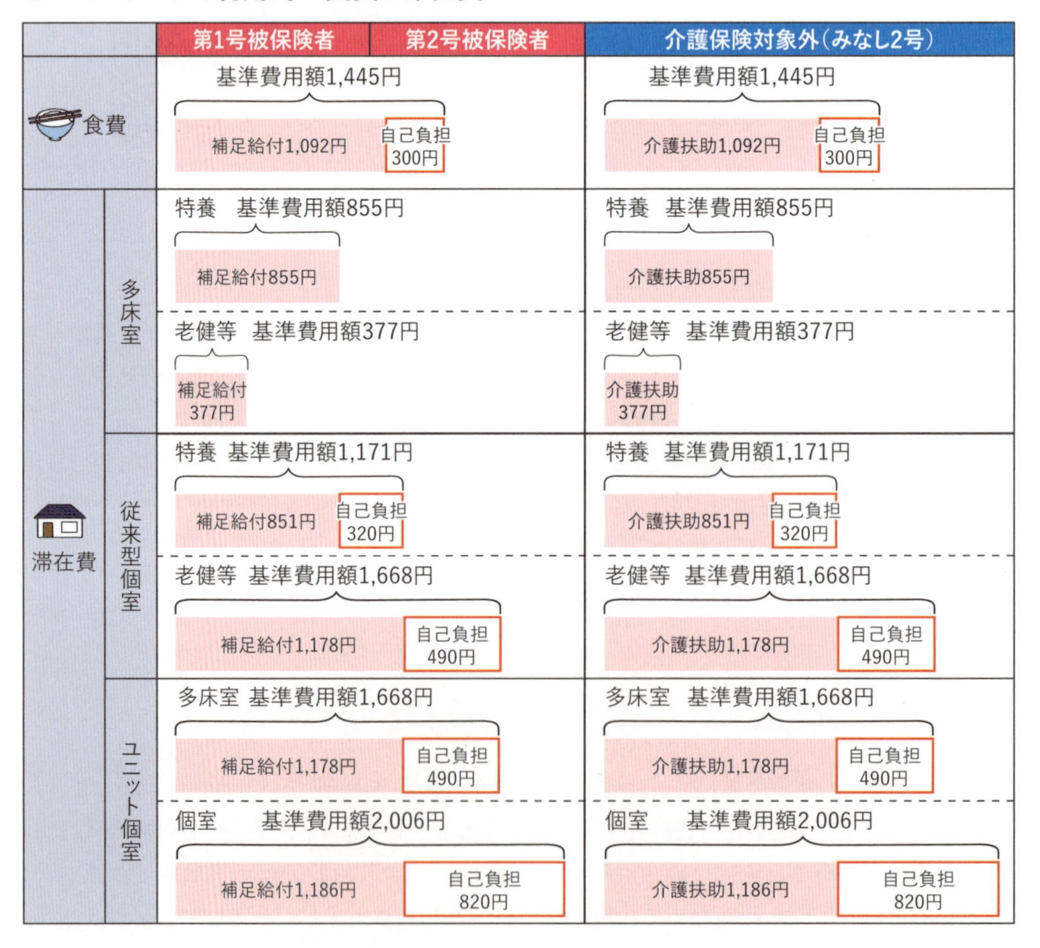

		第1号被保険者／第2号被保険者	介護保険対象外（みなし2号）
食費		基準費用額1,445円 補足給付1,092円／自己負担300円	基準費用額1,445円 介護扶助1,092円／自己負担300円
滞在費	多床室	特養　基準費用額855円 補足給付855円	特養　基準費用額855円 介護扶助855円
	多床室	老健等　基準費用額377円 補足給付377円	老健等　基準費用額377円 介護扶助377円
	従来型個室	特養　基準費用額1,171円 補足給付851円／自己負担320円	特養　基準費用額1,171円 介護扶助851円／自己負担320円
	従来型個室	老健等　基準費用額1,668円 補足給付1,178円／自己負担490円	老健等　基準費用額1,668円 介護扶助1,178円／自己負担490円
	ユニット個室	多床室　基準費用額1,668円 補足給付1,178円／自己負担490円	多床室　基準費用額1,668円 介護扶助1,178円／自己負担490円
	ユニット個室	個室　基準費用額2,006円 補足給付1,186円／自己負担820円	個室　基準費用額2,006円 介護扶助1,186円／自己負担820円

第2章

障害者福祉

❶「障害者福祉制度」をザックリ押さえよう!

横断的なサービス体系

「障害者権利条約」に署名する164か国・地域のうちの一つであるわが国では、障害の有無にかかわらず、国民の誰もが互いに人格と個性を尊重し支え合って共生する社会を目指して、障害者の自立と社会参加を支援する取組みが、法律に基づいて実施されています。

土台となる基礎部分が「障害者基本法」。ここに理念や国・自治体の責務が定められ、その上に障害種別ごとの“個別法”があります（身体障害者福祉法、知的障害者福祉法、精神保健福祉法など）。さらに、障害者の日常生活を支える福祉サービスや医療については、「障害者総合支援法」という法律で、障害種別の枠を越えて横断的かつ一元的に定められています。

本人の申請から始まる手続き

障害福祉サービスは、障害者本人または障害児の保護者が市町村に利用申請し、市町村による心身状況等の調査を経て「障害支援区分」が決定され、相談支援専門員によって「サービス等利用計画」が作成されて、利用できるようになります。

サービスメニューには、介護保険でもおなじみの「ホームヘルプ」「ショートステイ」のほか、通所介護に相当する「生活介護」もあります。一方、「居住の場」と「日中活動の場」を明確に切り分けたサービス体系となっている点、就労や地域生活を支える支援など幅広いサービスによって構成されている点が、介護保険とは異なります。

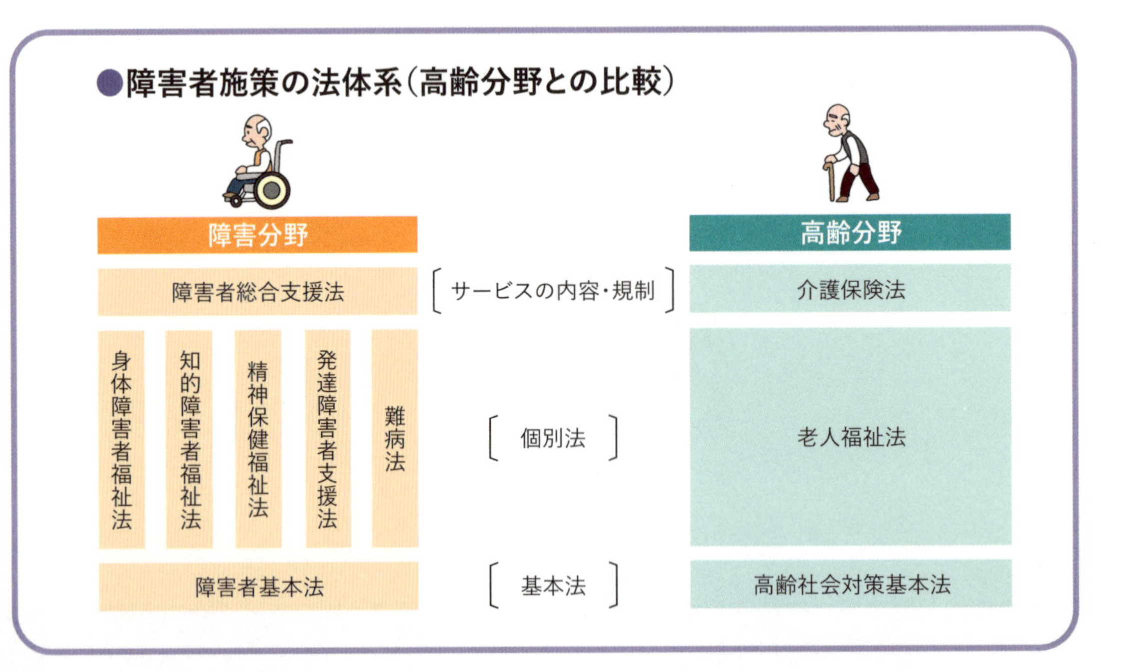

●障害福祉サービスの体系

計画相談支援	本人・家族の状態をアセスメントして、以下のサービスのなかから適したものを組み合わせて計画立案

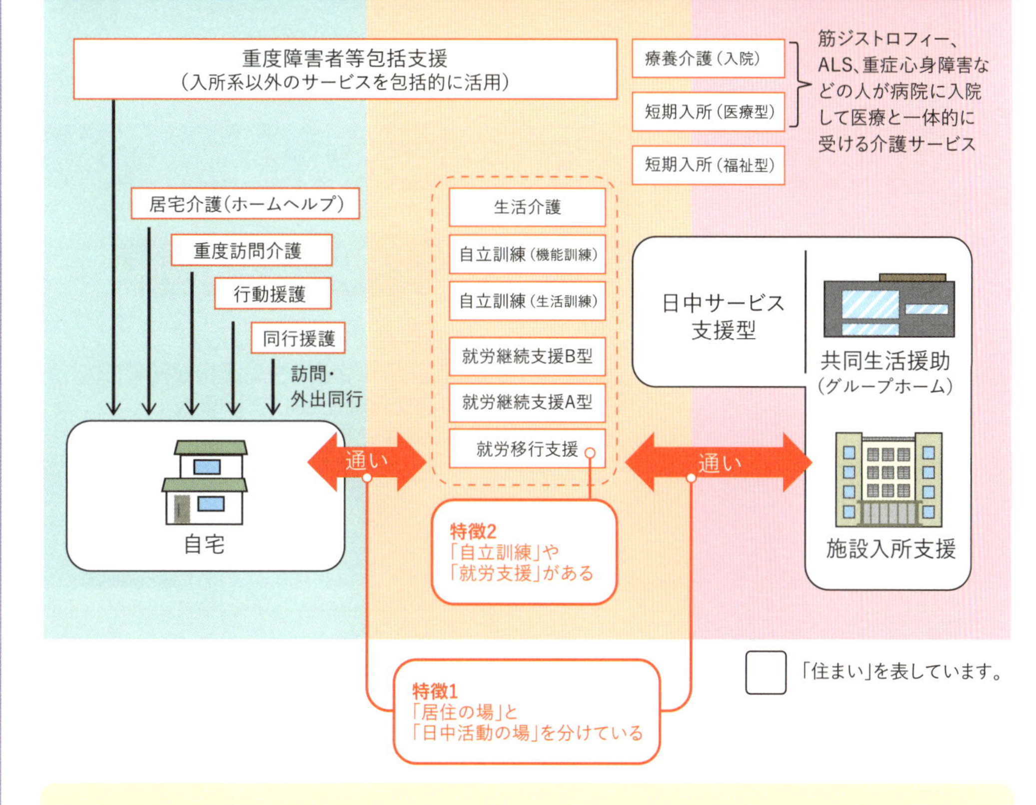

病院や施設を出て、地域で自立した日常生活が送れるようサポートするサービスもあります

自立生活援助 定期的な訪問で生活状況や健康状態を確認し、適宜対応

地域移行支援 住居の確保、関係機関との調整、外出への同行支援

地域定着支援 常時の連絡体制を確保し、緊急時の相談等に対応

＋

補装具 **自立支援医療**

資料出所：厚生労働省等資料をもとに筆者作成

❷ 活用までの流れとポイント

障害のある人が、障害者総合支援法に基づいて受けられる①障害福祉サービス、②自立支援医療、③補装具費支給制度について、給付の内容と手続きの流れを解説します。

1. 障害福祉サービス

利用できる人

身体障害者

・「身体障害者手帳」を持っている人

知的障害者

・「療養手帳」※を持っている人
・障害者更生相談所や児童相談所で知的障害の判定を受けている人

※地域によって「愛の手帳」「緑の手帳」などの名称の場合があります

療養手帳

精神障害者

・「精神障害者保健福祉手帳」を持っている人
・精神障害で障害年金を受けている人
・精神障害にかかる自立支援医療を受けている人
・精神障害に該当する疾患の診断を受けている人

※発達障害も含まれます

指定難病患者

・「特定疾患医療受給者証」を持っている人
・厚生労働大臣の定める対象疾病※のいずれかに罹患していると診断を受けている人

※令和３年 11 月時点で 361 疾病

65 歳以上の人は「介護保険優先」となります

介護保険第１号被保険者については、障害福祉と介護保険の両方に存在するサービスの場合、介護保険による給付が優先されるという「原則」があります。

障害支援区分

①「必要な支援の度合い」で6段階の区分

どういうサービスをどれだけ受けることができるかは、本人の希望、家族等介護者の状況や居住環境、そして本人の心身状態に応じて決まります。

障害福祉サービスでは、介護保険でいうところの「要介護認定」のかわりに、「障害支援区分認定」が行われています。この障害支援区分は、障害の特性や心身の状態に応じて必要とされる「標準的な支援の度合い」を表すもので、全部で6段階の区分があります。

②一次判定と二次判定

利用申請後、認定調査員が訪問調査して結果をコンピュータにかけ（一次判定）、その結果と主治医意見書をあわせて審査会で二次判定——という流れで認定されます。

●障害支援区分の認定調査項目（80項目）

1．移動や動作等に関連する項目（12項目）
1 寝返り／2 起き上がり／3 座位保持／4 移乗／5 立ち上がり／6 両足での立位保持／7 片足での立位保持／8 歩行／9 移動／10 衣服の着脱／11 じょくそう／12 えん下

2．身の回りの世話や日常生活等に関連する項目（16項目）
1 食事／2 口腔清潔／3 入浴／4 排尿／5 排便／6 健康・栄養管理／7 薬の管理／8 金銭の管理／9 電話等の利用／10 日常生活の意思決定／11 危険の認識／12 調理／13 掃除／14 洗濯／15 買い物／16 交通手段の利用

3．意思疎通等に関連する項目（6項目）
1 視力／2 聴力／3 コミュニケーション／4 説明の理解／5 読み書き／6 感覚過敏・感覚鈍麻

4．行動障害に関連する項目（34項目）
1 被害的・拒否的／2 作話／3 感情が不安定／4 昼夜逆転／5 暴言暴行／6 同じ話をする／7 大声・奇声を出す／8 支援の拒否／9 徘徊／10 落ち着きがない／11 外出して戻れない／12 1人で出たがる／13 収集癖／14 物や衣類を壊す／15 不潔行為／16 異食行動／17 ひどい物忘れ／18 こだわり／19 多動・行動停止／20 不安定な行動／21 自らを傷つける行為／22 他人を傷つける行為／23 不適切な行為／24 突発的な行動／25 過食・反すう等／26 そう鬱状態／27 反復的な行動／28 対人面の不安緊張／29 意欲が乏しい／30 話がまとまらない／31 集中力が続かない／32 自己の過大評価／33 集団への不適応／34 多飲水・過飲水

5．特別な医療に関連する項目（12項目）
1 点滴の管理／2 中心静脈栄養／3 透析／4 ストーマの処置／5 酸素療法／6 レスピレーター／7 気管切開の処置／8 疼痛の看護／9 経管栄養／10 モニター測定／11 じょくそうの処置／12 カテーテル

申請から利用までの流れ

障害福祉サービスは、「サービス等利用計画」に基づいて提供されます。これは介護保険でいうところの「ケアプラン」に当たります。介護保険と大きく違うのは、支給決定に先立ってサービス等利用計画の「案」を市町村に提出するという点です。

①障害支援区分認定が実施されないサービスもある

就労支援と自立訓練については、障害支援区分にかかわりなく利用できるので、訪問調査までは実施されますが、障害支援区分認定は省略されます。

②申請書提出から利用までの日数

申請書提出から利用までの日数は、およそ1か月半～2か月くらいかかります。支援区分認定が省略される場合は、1か月～1か月半くらいです。

③計画作成にかかる自己負担と「セルフプラン」

サービス等利用計画作成にかかる費用負担はありません（全額給付されます）。なお、本人が自分で計画を作成すること（セルフプラン）も認められています。相談支援専門員ではないケアマネジャーなどの専門職による計画作成も「セルフプラン」として認められています。

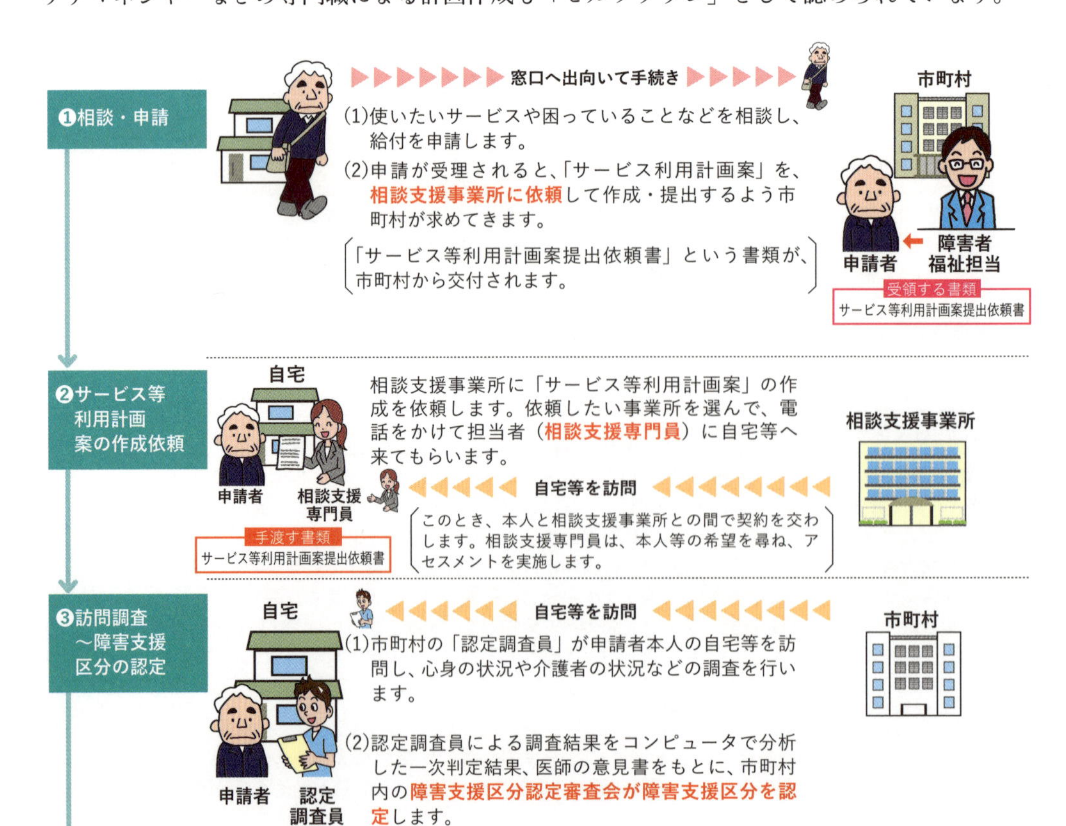

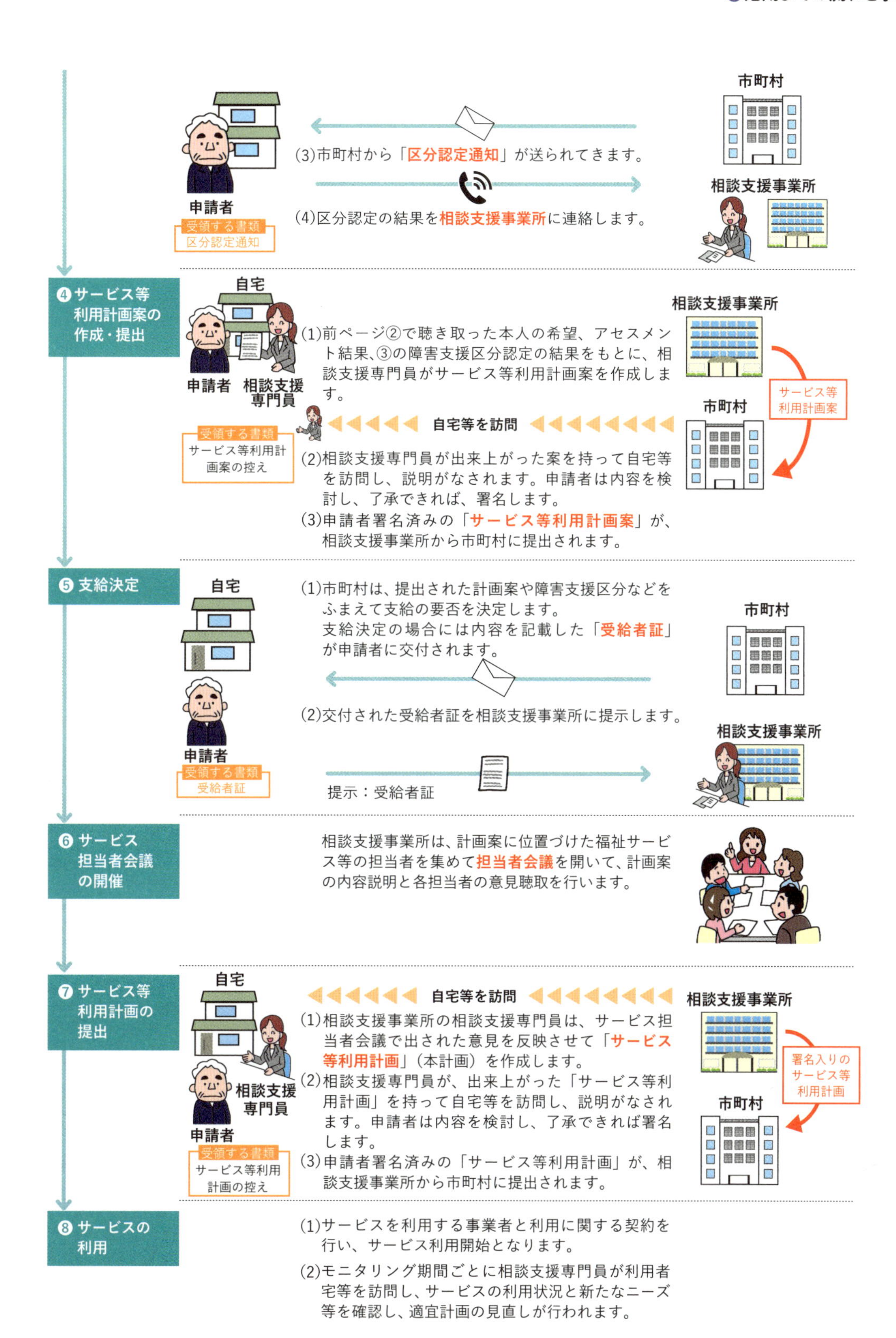

市町村
(3)市町村から「区分認定通知」が送られてきます。
(4)区分認定の結果を相談支援事業所に連絡します。
申請者
受領する書類
区分認定通知
相談支援事業所
❹サービス等利用計画案の作成・提出
自宅
申請者
相談支援専門員
相談支援事業所
(1)前ページ②で聴き取った本人の希望、アセスメント結果、③の障害支援区分認定の結果をもとに、相談支援専門員がサービス等利用計画案を作成します。
自宅等を訪問
受領する書類
サービス等利用計画案の控え
市町村
サービス等利用計画案
(2)相談支援専門員が出来上がった案を持って自宅等を訪問し、説明がなされます。申請者は内容を検討し、了承できれば、署名します。
(3)申請者署名済みの「サービス等利用計画案」が、相談支援事業所から市町村に提出されます。
❺支給決定
自宅
(1)市町村は、提出された計画案や障害支援区分などをふまえて支給の要否を決定します。
支給決定の場合には内容を記載した「受給者証」が申請者に交付されます。
市町村
(2)交付された受給者証を相談支援事業所に提示します。
相談支援事業所
申請者
受領する書類
受給者証
提示：受給者証
❻サービス担当者会議の開催
相談支援事業所は、計画案に位置づけた福祉サービス等の担当者を集めて担当者会議を開いて、計画案の内容説明と各担当者の意見聴取を行います。
❼サービス等利用計画の提出
自宅
自宅等を訪問
相談支援事業所
(1)相談支援事業所の相談支援専門員は、サービス担当者会議で出された意見を反映させて「サービス等利用計画」（本計画）を作成します。
(2)相談支援専門員が、出来上がった「サービス等利用計画」を持って自宅等を訪問し、説明がなされます。申請者は内容を検討し、了承できれば署名します。
(3)申請者署名済みの「サービス等利用計画」が、相談支援事業所から市町村に提出されます。
相談支援専門員
申請者
受領する書類
サービス等利用計画の控え
署名入りのサービス等利用計画
市町村
❽サービスの利用
(1)サービスを利用する事業者と利用に関する契約を行い、サービス利用開始となります。
(2)モニタリング期間ごとに相談支援専門員が利用者宅等を訪問し、サービスの利用状況と新たなニーズ等を確認し、適宜計画の見直しが行われます。

サービス一覧

障害者総合支援法のサービス利用は、障害支援区分によって、支給が決定されます。「自立支援給付」は介護保険でいう居宅サービス・施設サービス等に相当し、「地域生活支援事業」は地域支援事業に近い位置づけになります。

①自立支援給付

❶：利用できる区分　1：利用できない区分　▲：別途に定められた要件を満たせば利用できる区分

訪問・同行・短期入所

サービス	障害区分	障害支援区分						
居住介護（ホームヘルプ）								
自宅での入浴、排泄、食事の介護などを行います	(身)(知)(精)(難)	(非)	❶	❷	❸	❹	❺	❻
通院等介助（身体介護あり）								
居住介護の対象者について、病院への通院、官公署での公的手続き等のための移動介助を行います	(身)(知)(精)(難)	(非)	1	▲2	▲3	▲4	▲5	▲6
通院等介助（身体介護なし）								
居住介護の対象者について、病院への通院、官公署での公的手続き等のための移動介助を行います	(身)(知)(精)(難)	(非)	❶	❷	❸	❹	❺	❻
重度訪問介護								
常時の介護が必要な重度の肢体不自由者や知的・精神障害で行動上著しい困難を有する人を対象に、自宅での入浴、排泄、食事の介護、外出時における移動支援などを行います	(身)(知)(精)(難)	(非)	1	2	3	▲4	▲5	▲6
同行援護								
視覚障害により、移動に著しい困難を有する人に、移動に必要な情報の提供、移動の援護等の外出支援を行います	(身) 知 精 (難)	▲非	▲1	▲2	▲3	▲4	▲5	▲6
行動援護								
自己判断力が制限されている人を対象に危険回避のために必要な支援、外出支援を行います	身 (知)(精)(難)	(非)	1	2	▲3	▲4	▲5	▲6
重度障害者等包括支援								
常時介護が必要で、その程度が著しく高い人を対象に、居宅介護、行動援護、生活介護、短期入所、自立支援、就労継続支援など複数のサービスを包括的に提供します	(身)(知)(精)(難)	(非)	1	2	3	4	5	▲6
短期入所（ショートステイ）								
日常介護する人が病気の場合などに、短期間（夜間も含む）の施設での入浴、排泄、食事の介護などを行います	(身)(知)(精)(難)	(非)	❶	❷	❸	❹	❺	❻

日中活動支援

＊印は50歳以上の場合に限って利用可。

生活介護	障害区分	障害支援区分						
常時介護が必要な人への昼間の入浴、排泄、食事の介護などを行い、創作的活動、生産活動の機会を提供します	身 知 精 難	非	1	2＊	3	4	5	6

療養介護	障害区分	障害支援区分						
医療と常時介護が必要な人を対象に、医療機関での機能訓練、療養上の管理、看護、介護、生活支援を行います	身 知 難	非	1	2	3	4	▲5	▲6

自立訓練（機能訓練）	障害区分	障害支援区分
理学療法、作業療法その他必要なリハビリテーション、生活等に関する相談支援を行います	身 難	○ 障害支援区分にかかわらず利用できます

自立訓練（生活訓練）	障害区分	障害支援区分
自立した日常生活を営むために必要な訓練、生活等に関する相談支援を行います	知 精	○ 障害支援区分にかかわらず利用できます

就労移行支援	障害区分	障害支援区分
一般企業等への就労を希望する人に、就労に必要な知識の習得および能力向上のための訓練を一定期間行います	身 知 精 難	○ 障害支援区分にかかわらず利用できます ※65歳以降の新規利用開始は不可（継続利用は可）

就労継続支援A型	障害区分	障害支援区分
一般就労が困難な人で、雇用契約に基づく就労が可能な人を対象に働く場の提供、知識・能力の向上訓練を行います	身 知 精 難	○ 障害支援区分にかかわらず利用できます ※65歳以降の新規利用開始は不可（継続利用は可）

就労継続支援B型	障害区分	障害支援区分
雇用契約に基づく就労が困難な人を対象に、働く場の提供、知識・能力の向上訓練を行います	身 知 精 難	○ 障害支援区分にかかわらず利用できます

就労定着支援	障害区分	障害支援区分
一般就労に移行した人を対象に、就労に伴う生活面の課題に対応するための支援を行います	身 知 精 難	○ 障害支援区分にかかわらず利用できます

居住の場

＊印は50歳以上の場合に限って利用可。

施設入所支援	障害区分	障害支援区分※						
施設に入所する人を対象に、夜間や休日の入浴、排泄、食事の介護などを行います	身 知 精 難	▲非	▲1	▲2	3＊	4	5	6

共同生活援助（グループホーム）	障害区分	障害支援区分
共同生活を行う住居で相談および日常生活上の援助、入浴・排泄・食事等の介護を行います ●外部サービス利用型：介護は外部委託。主に夜間・休日 ●介護サービス包括型：ＧＨ職員が介護。主に夜間・休日 ●日中サービス支援型：ＧＨ職員が介護。24時間対応	身 知 精 難	○ 障害支援区分にかかわらず利用できます ※身体障害者の利用は、「65歳未満の人」または「65歳に達する日の前日までに福祉サービス等を利用したことがある人」に限る

※50歳未満は区分4～6、50歳以上は区分3～6。ただし、通所が困難で入所による訓練が必要とされた自立訓練および就労移行支援利用者は区分要件なし。

地域生活支援

自立生活援助	障害区分	障害支援区分
障害者施設等や病院から退所（退院）して地域で単身生活を始める人、同居している家族等が障害や疾病等のため支援が見込まれない状況にある人などで、生活の自立にあたって支援を必要としている人を対象に、定期的な訪問や連絡を受けての随時訪問等により、日常生活における課題を把握し、必要な情報の提供、助言、関係機関との連絡調整等を行います	身 知 精 難	○ 障害支援区分にかかわらず利用できます
地域移行支援	障害区分	障害支援区分
施設や精神科病院、保護施設、矯正施設等に入所、入院している人を対象に、住居の確保や地域における生活に移行するための活動の支援を行います	身 知 精 難	○ 障害支援区分にかかわらず利用できます
地域定着支援	障害区分	障害支援区分
一般就労に移行した人を対象に、就労に伴う生活面の課題に対応するための支援を行います	身 知 精 難	○ 障害支援区分にかかわらず利用できます

計画相談支援

サービス利用支援	障害区分	障害支援区分
障害福祉サービス等を利用する方の心身の状況や環境等を勘案し、利用するサービスの内容等を定めたサービス等利用計画案を作成し、区による支給決定後に、サービス提供事業者等と連絡調整を行い、当該支給決定等の内容を反映したサービス等利用計画の作成を行います	身 知 精 難	○ 障害支援区分にかかわらず利用できます
継続サービス利用支援	障害区分	障害支援区分
サービス等利用計画が適切かどうかを、一定期間ごとに検証し、必要に応じてサービス等利用計画の変更等を行います	身 知 精 難	○ 障害支援区分にかかわらず利用できます

②地域生活支援事業

市町村や都道府県が地域の特性や本人の状態に応じて実施しているサービスです（全国一律の基準で提供されているものではありません）。

項目	支援の内容
理解促進研修・啓発	障害者に対する理解を深めるための研修や啓発事業を行います
自発的活動支援	障害者やその家族、地域住民等が自発的に行う活動を支援します
相談支援	障害のある人、その保護者、介護者などからの相談に応じ、必要な情報提供等の支援を行うとともに、虐待の防止や権利擁護のために必要な援助を行います。また、（自立支援）協議会を設置し、地域の相談支援体制やネットワークの構築を行います
成年後見制度利用支援	補助を受けなければ成年後見制度の利用が困難である人を対象に、費用を助成します
成年後見制度法人後見支援	市民後見人を活用した法人後見を支援するための研修等を行います
意思疎通支援	聴覚、言語機能、音声機能、視覚等の障害のため、意思疎通を図ることに支障がある人とその他の人の意思疎通を仲介するために、手話通訳や要約筆記、点訳等を行う者の派遣などを行います
日常生活用具給付等	障害のある人等に対し、自立生活支援用具等日常生活用具の給付または貸与を行います
手話奉仕員養成研修	手話で意思疎通支援を行う者を養成します
移動支援	屋外での移動が困難な障害のある人について、外出のための支援を行います
地域活動支援センター	障害のある人が通い、創作的活動または生産活動の提供、社会との交流の促進等の便宜を図ります
その他（任意事業）	市町村の判断により、必要な事業を行うものです。 【日常生活支援】 (1) 福祉ホームの運営 (2) 訪問入浴サービス (3) 生活訓練等 (4) 日中一時支援 (5) 地域移行のための安心生活支援 (6) 巡回支援専門員整備 (7) 相談支援事業所等（地域援助事業者）における退院支援体制確保 (8) 協議会における地域資源の開発・利用促進等の支援 (9) 児童発達支援センターの機能強化 【権利擁護支援】 (1) 成年後見制度普及啓発 (2) 障害者虐待防止対策支援 【社会参加支援】 (1) レクリエーション活動等支援 (2) 芸術文化活動振興 (3) 点字・声の広報等発行 (4) 奉仕員養成研修 (5) 複数市町村における意思疎通支援の共動実施促進 (6) 家庭・教育・福祉連携推進事業 【就業・就労支援】 (1) 盲人ホームの運営 (2) 知的障害者職親委託

利用者が支払う負担と軽減措置

各サービスには公定の単価（障害福祉サービス等報酬）が値づけされています。事業者は、提供したサービスの内容・量に応じてサービス費を算定し、市町村に請求します。利用者は、サービス費の「1割」を、利用者負担として事業者に支払う決まりになっています。その他、食費や光熱水費など、サービスによって支払いが求められる費用は異なります。

これらの支払いが負担可能な範囲におさまるように、障害者総合支援制度には二重三重の負担軽減策がとられています。

●利用者が支払う負担と軽減措置

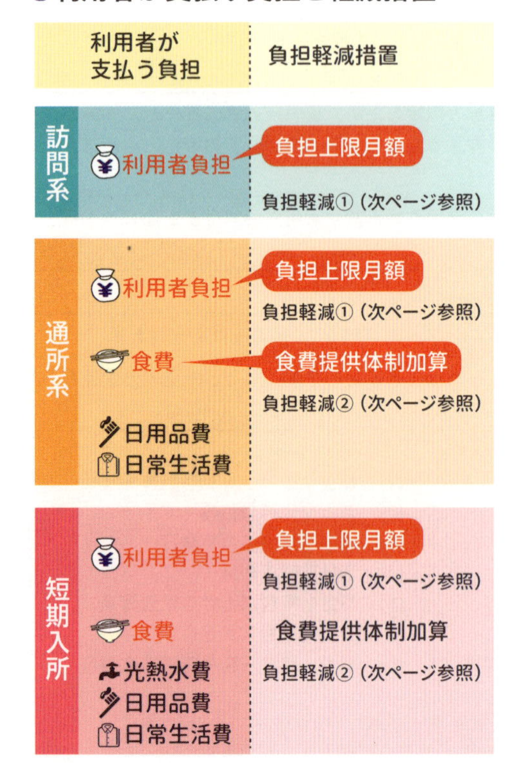

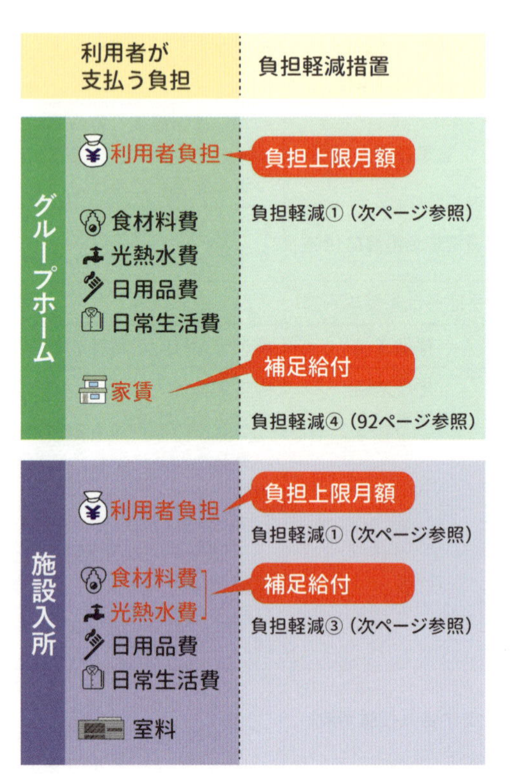

負担軽減① 利用者負担の「負担上限月額」

利用者負担（1割負担分）については、本人および配偶者の所得に応じて、1か月あたりの上限額が定められています。どれだけサービスを利用しても、この負担上限を超えて利用者負担（1割負担分）を求められることはありません。

障害者の支援区分の内訳は、障害年金が非課税であることも影響して、約8割が**下図**のなかの「低所得」区分となっています。次いで多いのが、1割強を占める「生活保護」です。つまり、両方合わせて9割超の人が、サービス利用にあたって「利用者負担なし」ということです。

なお、利用者が18歳未満の場合は、保護者の属する世帯の所得で判定されます。

●利用者負担の負担上限月額

生活保護　生活保護受給世帯　　全体の**約1割強**の人が該当

0円（利用者負担はありません）

低所得　市町村民税非課税世帯　　全体の**約8割**の人が該当

0円（利用者負担はありません）

一般1　市町村民税課税世帯（障害者本人と配偶者の収入合計が600万円程度まで）
※利用者が18歳未満の場合は、保護者の属する世帯の収入合計が890万円程度まで

- 障害児の通所／ホームヘルプ利用 →上限4,600円
- 障害者のグループホーム利用 →上限3万7200円
- それ以外は9,300円

一般2　市町村民税課税世帯（障害者本人と配偶者の収入合計が600万円程度以上）
※利用者が18歳未満の場合は、保護者の属する世帯の収入合計が890万円程度以上

3万7200円

負担軽減② 通所系サービスと短期入所

食費の人件費分が軽減されます（「食事提供体制加算」として制度が肩代わりします）。

対象となる所得区分
生活保護　低所得　一般1

負担軽減③ 障害者支援施設への入所

障害者支援施設に入所する20歳以上の入所者

所得要件に該当している人を対象に、利用者負担相当額と食費・光熱水費の実費負担をしても、少なくとも手元に2万5000円が残るように補足給付が支給されます。

対象となる所得区分
生活保護　低所得

障害児支援施設に入所する 20 歳未満の入所者

すべての入所者を対象に、地域で子どもを養育する世帯と同様の負担となるように、補足給付が支給されます。

対象となる所得区分
全入所者

医療型障害児入所施設の入所者／療養介護の利用者

所得要件に該当している人を対象に、利用者負担相当額、医療費、食事療養費の負担を含めて、少なくとも2万5000円が手元に残るように、負担軽減されます（「医療型個別減免」）。

対象となる所得区分
低所得

負担軽減④　グループホームへの入居

所得要件に該当している人を対象に、家賃補助として、１人あたり月額１万円を上限とした補足給付が支給されます。

対象となる所得区分
低所得

負担軽減⑤　高額障害福祉サービス等給付費

同一世帯内で複数人が障害福祉サービスを利用していたり、１人で介護保険サービスと障害福祉サービスを併用していたりして、世帯全体での利用者負担合計が「3万7200円」を超えた場合、申請に基づき、超過分が還付されます。

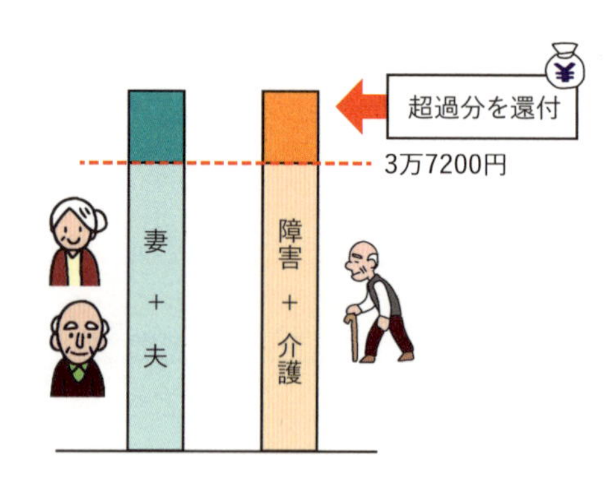

負担軽減⑥　境界層対象者に対する負担軽減

以上の軽減があってもなお、所要の負担を支払うと最低限度の生活が維持できず「生活保護を必要とする」状態に陥ってしまうことが確実な人に対して、追加的な負担軽減が図られます。

高齢障害者を対象とした負担軽減

日本では、65歳になると介護保険制度の「第1号被保険者」になります。障害福祉サービスを利用している人も第1号被保険者となり、障害福祉サービスから介護保険サービスへの「切り替え／移行」が促されるようになります。法律に、介護保険のほうが優先するという内容の規定が定められているからです。この移行が原因で、それまで「利用者負担なし」だった人が、突然1割負担を支払わなくてはならない状況が生まれています。ここでは、その負担増を“相殺”するための手続きについて概説します。

「新高額障害福祉サービス等給付費」の手続き

まずは、いったん請求どおりに1割の利用者負担を介護保険サービス事業者に支払います。そのあとで、新高額障害福祉サービス等給付費の支給申請の手続きをとります。すると、数か月後に、いったん支払った額が還付されるという流れです。なお、1年に1回、まとめて還付する市町村が主流のようです。

●新高額障害福祉サービス等給付費の要件

- ☑ ①65歳以前の5年間にわたって障害福祉サービスのホームヘルプ、デイサービス、ショートステイの支給決定を受けていて、介護保険移行後に同種の介護保険サービスを利用した
- ☑ ②利用者とその配偶者が、市町村民税非課税者または生活保護受給者である
- ☑ ③65歳到達前に障害支援区分が「2」以上であった
- ☑ ④65歳に達するまでに介護保険法による保険給付を受けていない

●利用者負担の支払いから還付までの流れ

❶利用者負担を支払う		❷支給申請手続き		❸還付
介護保険サービス事業者の請求する利用者負担を支払う	→	市町村に「高額障害福祉サービス等給付費」の支給を申請する	→	支払った額が市町村から還付される

手続きに必要な書類

- 事業者が発行した領収書
- 振込口座の通帳の写し（本人名義のもの）
- 本人確認書類（障害者手帳、運転免許証など）
- 個人番号が確認できるもの

「介護保険優先原則」について

障害者総合支援制度には、①65歳以上の人（介護保険第1号被保険者）、②40～64歳（同第2号被保険者）で特定疾病に該当する人は、介護保険と障害福祉のどちらにも存在するサービスを利用する場合には、障害福祉サービスから受けることが原則できないという決まりごとがあります。これを「介護保険優先原則」といいます。

これに該当するサービスは、以下の3種類です。

- ホームヘルプ
- デイサービス
- ショートステイ

①グループホームの場合は個別に判断

グループホームも両方の制度に存在しているため、介護保険優先として取り扱われることがありますが、介護保険のグループホームは認知症の人に特化して共同生活を支援するサービスなので、障害特性に対応した障害福祉のグループホームとは内容・機能に違いがあります。したがって、原則ということではなく、個別に今いる環境から新たな環境に移行したほうがよい合理的理由があることが、移行の前提となります。

●介護保険給付が優先されるサービス

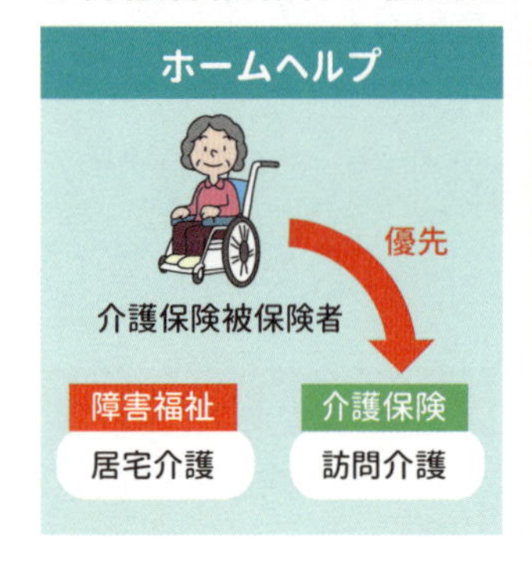

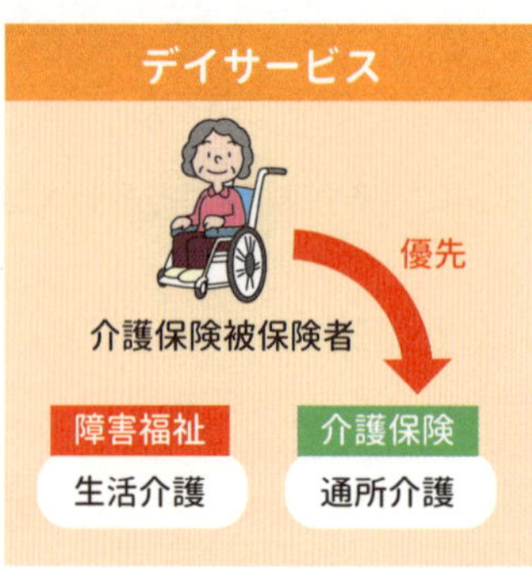

●グループホームの場合の取り扱い

介護保険被保険者

個別に判断

障害福祉	介護保険
共同生活援助 →対象は障害のある方※1	認知症対応型共同生活介護 →対象は認知症の症状がある要介護1以上の認定を受けた方※2

※1 身体障害者の利用は、「65歳未満の人」または「65歳に達する日の前日までに障害福祉サービス等を利用したことがある人」に限られます。

※2 認知症の原因となる疾患が急性（症状が急に現れたり、進行したりすること）の状態にある場合は対象となりません。

②「優先原則」が適用されないサービス

介護保険に存在しないサービス（障害福祉固有のサービス）には、介護保険優先原則は及びません。たとえば、以下のようなサービスは、介護保険被保険者であるか否かにかかわりなく、ニーズに応じて障害福祉から提供されます。

- 同行援護・行動援護
- 自立訓練（生活訓練）
- 就労移行支援
- 就労継続支援

③「優先原則」が適用されない場合

法律では介護保険優先を「原則」と定めていますが、厚生労働省は通知を発して「介護保険被保険者から障害福祉サービスの利用申請があった場合、市町村は本人の利用意向を具体的に聴き取って、本人が必要としている支援内容を介護保険サービスで提供できるか否かを適切に判断すること」と示し、条件に該当するか否かで一律・機械的に振り分けることのないように、市町村へ注意喚起しています。

●障害福祉サービスの提供が可能な3つのパターン

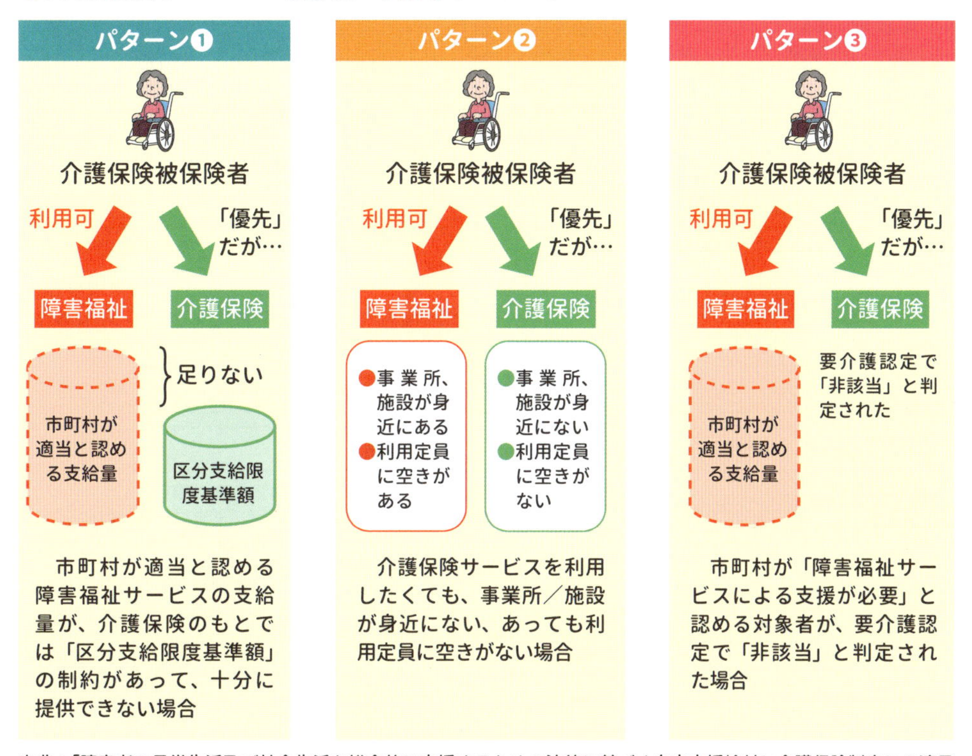

出典：「障害者の日常生活及び社会生活を総合的に支援するための法律に基づく自立支援給付と介護保険制度との適用関係等について（平成19年3月28日　障企発第0328002号・障障発第0328002号）（要約）」を一部改変

2. 自立支援医療

更生医療／育成医療——身体障害に関連する医療

身体障害者（障害児）に対し、障害の軽減や悪化防止のための治療を行う場合に、世帯の所得に応じて医療費を助成する制度です。都道府県によって指定された医療機関で利用できます。

対象となる医療

角膜手術、関節形成手術、外耳形成手術、心臓手術、人工透析療法、腎移植術、唇顎口蓋裂の歯科矯正、抗ＨＩＶ療法など。

給付内容

指定医療機関で受診すると、自己負担は「１割」となり、さらに所得区分・状態像に応じて、以下のような自己負担上限月額が適用されます。患者は、受診をしたすべての指定医療機関における自己負担額（窓口での支払額）を合算し、自己負担上限月額を限度として負担します。なお、**図表**中の「重度かつ継続」とは、「治療に相当期間を要し、継続的に相当額の医療費負担がかかる状態」のことです。「中間所得１」「中間所得２」の人がこれに該当すると、記載の自己負担上限月額が適用されます。「一定所得以上」の人は、自立支援医療の対象外ですが、「重度かつ継続」に該当する場合に限り、自己負担上限月額が適用されます（2024 年 3 月末まで）。

●所得区分ごとの自己負担上限月額

所得区分	世帯の収入状況 （育成医療は「保護者の収入」で判定）		自己負担上限月額	
			「重度かつ継続」に該当しない	「重度かつ継続」に該当
生活保護	生活保護受給世帯	1 割負担	0 円	
低所得 1	住民税非課税世帯（本人収入 80 万円以下）	1 割負担	2,500 円	
低所得 2	住民税非課税世帯（本人収入 80 万円超）	1 割負担	5,000 円	
中間所得 1	住民税課税世帯 （市町村民税 3 万 3000 円未満）	1 割負担	医療保険の高額療養費に同じ（育成医療は 5,000 円※）	5,000 円
中間所得 2	住民税課税世帯 （市町村民税 3 万 3000 円～23 万 5000 円未満）	1 割負担	医療保険の高額療養費に同じ（育成医療は 1 万円※）	1 万円
一定所得以上	住民税課税世帯 （市町村民税 23 万 5000 円以上）	3 割負担	対象外	2 万円※

注１　※の自己負担上限額は 2024 年 3 月末までの経過措置。
注２　「重度かつ継続」…次のいずれかの状態のこと。①腎臓機能障害、小腸機能障害、免疫機能障害、心臓機能障害（心臓移植後の抗免疫療法に限る）、肝臓機能障害（肝臓移植後の抗免疫療法に限る）、②医療保険の多数該当

手続き

❶書類準備

以下の必要な書類をそろえます。
一部の様式は市町村のホームページからダウンロード可能です。

必要な書類

- 自立支援医療費支給認定申請書
- 自立支援医療意見書
- 特定疾病療養受療証の写し（持っている場合）
- 身体障害者手帳
- 被保険者証の写し(同一の保険にかかる全員分)
- 個人番号にかかる調書（本人確認書類）
- 住民税（非）課税証明書などの課税状況を確認できる書類（世帯全員分）

※育成医療の場合は、「世帯調書」が別途必要

❷意見書の作成

▶▶▶ **窓口へ出向いて手続き** ▶▶▶

指定自立支援医療機関（更生医療）で「**自立支援医療（更生医療）意見書**」を作成してもらいます。

❸申請

▶▶▶ **窓口へ出向いて手続き** ▶▶▶

①の書類には必要事項をすべて記入し、②の意見書を添えて**市町村**に申請します。

提出する書類
①②でそろえた書類

❹交付

受領する書類
- 医療受給者証
- 自己負担上限月額管理票

身体障害者更生相談所が審査し、認定されれば「**医療受給者証**」と「**自己負担上限月額管理票**」が交付されます。

❺受診

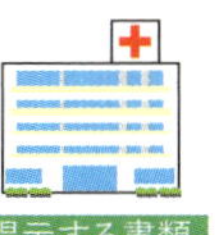

提示する書類
- 医療受給者証
- 自己負担上限月額管理票

以後、**指定自立支援医療機関**に「**医療受給者証**」と「**自己負担上限月額管理票**」を提示して受診します。医療受給者証の有効期間は原則３か月です（治療が長期に及ぶ場合は最長1年）。

精神通院医療

通院による精神医療を続ける必要がある人の通院医療費の自己負担を軽減する制度です。精神通院医療の対象となるか否かの判断は、症例ごとに医学的見地から行われます。

対象となる疾病

気分障害（統合失調症、うつ病、躁うつ病など）、精神作用物質（薬物など）による急性中毒または依存症、ストレス関連障害（PTSDなど）、不安障害（パニック障害など）、知的障害、心理的発達の障害、アルツハイマー型認知症、血管性認知症、てんかんなど。

給付内容

指定医療機関で受診すると、自己負担は「1割」となり、さらに所得区分･状態像に応じて、以下のような自己負担上限月額が適用されます。患者は、受診をしたすべての指定医療機関における自己負担額（窓口での支払額）を合算し、自己負担上限月額を限度として負担します。

なお、図表中の「重度かつ継続」とは、「治療に相当期間を要し、継続的に相当額の医療費負担がかかる状態」のことです。「中間所得1」「中間所得2」の人がこれに該当すると、記載の自己負担上限月額が適用されます。「一定所得以上」の人は、自立支援医療の対象外ですが、「重度かつ継続」に該当する場合に限り、自己負担上限月額が適用されます(2024年3月末まで)。

●所得区分ごとの自己負担上限月額

所得区分	世帯の収入状況 （育成医療は「保護者の収入」で判定）		自己負担上限月額	
			「重度かつ継続」に該当しない	「重度かつ継続」に該当
生活保護	生活保護受給世帯	1割負担	0円	
低所得1	住民税非課税世帯（本人収入80万円以下）	1割負担	2,500円	
低所得2	住民税非課税世帯（本人収入80万円超）	1割負担	5,000円	
中間所得1	住民税課税世帯 （市町村民税3万3000円未満）	1割負担	医療保険の高額療養費に同じ	5,000円
中間所得2	住民税課税世帯 （市町村民税3万3000円～23万5000円未満）	1割負担	医療保険の高額療養費に同じ	1万円
一定所得以上	住民税課税世帯 （市町村民税23万5000円以上）	3割負担	対象外	2万円※

注1　※の自己負担上限額は2024年3月末までの経過措置。

注2　「重度かつ継続」…次のいずれかの状態のこと。①統合失調症、躁うつ病・うつ病、てんかん、認知症等の脳機能障害、薬物関連障害（依存症等）、②精神医療に一定以上の経験を有する医師が判断した場合、③医療保険の多数該当。

❶書類準備

申請者

以下の必要な書類をそろえます。一部の様式は市町村のホームページからダウンロード可能です。

必要な書類

- 自立支援医療費支給認定申請書
- 自立支援医療診断書
  ※精神障害者保健福祉手帳と同時に申請する場合は、手帳用の診断書１枚で申請可
  ※診断書に基づいて交付された精神障害者保健福祉手帳があれば、意見書・診断書によらず手帳の写しで申請可
  ※「高額治療継続者（重度かつ継続）」として申請する場合は、別途、意見書の添付が必要
- 被保険者証の写し（同一の保険にかかる全員分）
- 個人番号に係る調書（本人確認書類）
- 住民税（非）課税証明書などの課税状況を確認できる書類（世帯全員分）

❷意見書の作成

▶▶▶ **窓口へ出向いて手続き** ▶▶▶

指定自立支援医療機関（精神通院医療）で「**自立支援医療診断書**」を作成してもらいます。

❸申請

▶▶▶ **窓口へ出向いて手続き** ▶▶▶

①の書類には必要事項をすべて記入し、②の意見書を添えて**市町村**に申請します。

提出する書類
①②でそろえた書類

❹交付

精神健康福祉センターが審査し、認定されれば「**医療受給者証**」と「**自己負担上限月額管理票**」が交付されます。

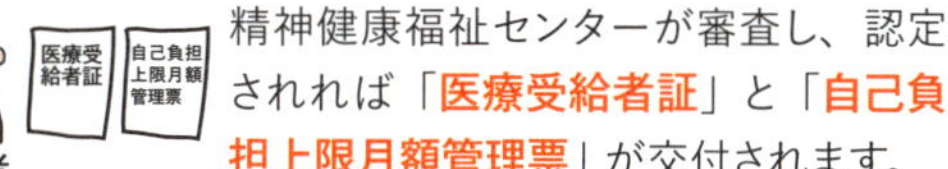

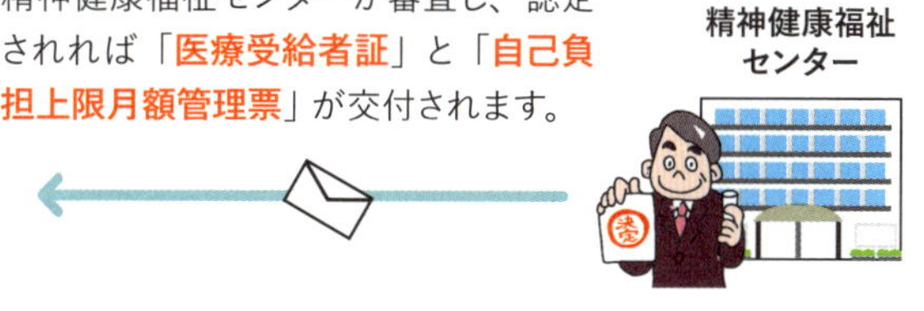

受領する書類
- 医療受給者証
- 自己負担上限月額管理票

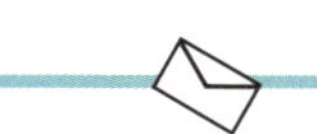

❺受診

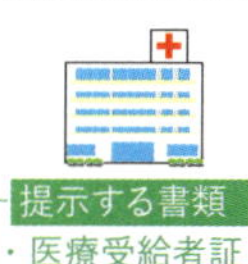

提示する書類
- 医療受給者証
- 自己負担上限月額管理票

以後、**指定自立支援医療機関**に「医療受給者証」と「自己負担上限月額管理票」を提示して受診します。有効期間は**1年**です（1年ごとに更新が必要）。

3. 補装具と日常生活用具

補装具

身体障害者、難病患者の職業や日常生活の能率向上のため、補装具を購入・修理する場合に、市町村がその費用の一部を自立支援給付の一環として支給します。

補装具の品目例（障害の種類別）

障害の区分	補装具の種類
視覚障害	義眼、眼鏡（色めがねを除く）、視覚障害者安全杖
聴覚障害	補聴器（電池交換を除く）、人工内耳（人工内耳用音声信号処理装置の修理のみ）
上肢および言語障害	重度障害者用意思伝達装置
肢体不自由	義手、義足、装具、車いす、歩行器、歩行補助杖（1本杖を除く）、座位保持装置　等

自己負担

障害福祉サービスと同様です（1割負担、所得に応じて1か月あたりの負担上限あり）。

受給までの流れ

①〜⑦は法律で定められた「償還払い方式」の流れです。これとは別途、利用者から制作業者に1割負担のみを支払えばよい「代理受領方式」による流れもあります。

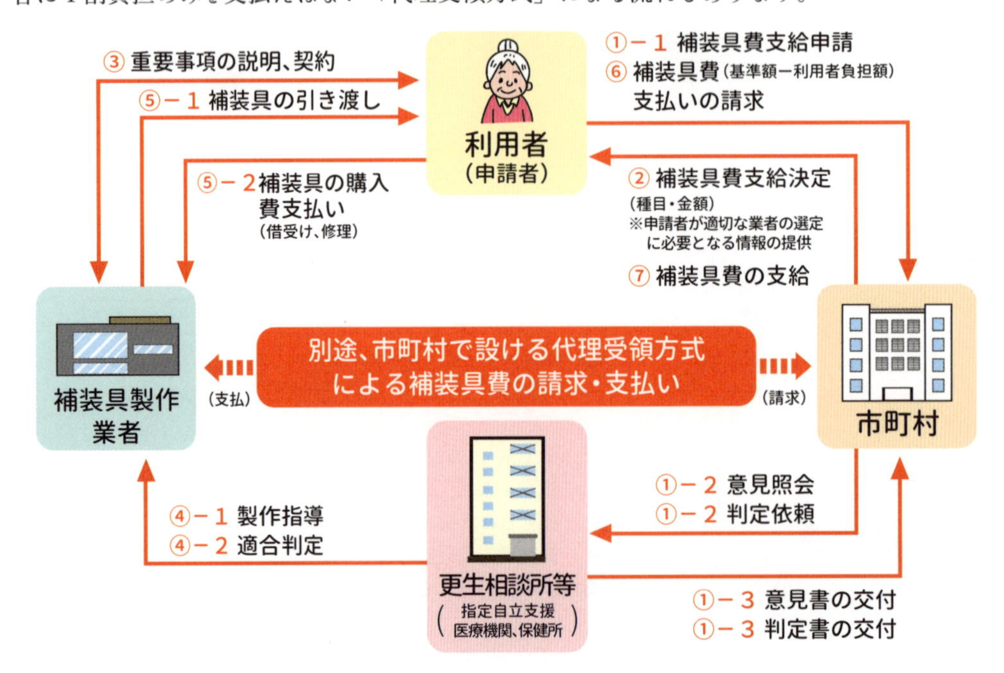

日常生活用具

在宅で生活している障害のある方が、日常生活を容易にするために使用する用具（＝日常生活用具）を購入・レンタルする場合に、市町村がその費用の一部を地域生活支援事業の一環として支給します。修理については対象外です。

日常生活用具の品目例（障害の種類別）

障害の区分	日常生活用具の種類
視覚障害	視覚障害者用ポータブルレコーダー(またはテープレコーダー)、視覚障害者用時計、点字タイプライター、電磁調理器、音声式体温計、音声式体重計、視覚障害者用拡大読書器、歩行時間延長信号機用小型送信機、点字ディスプレイ、視覚障害者用活字文書読み上げ装置、点字器、情報・通信支援用具　等
聴覚障害	聴覚障害者用屋内信号装置、聴覚障害者用通信装置、聴覚障害者用情報受信装置　等
肢体不自由	便器、特殊便器、特殊マット、特殊寝台、訓練いす、特殊尿器、入浴担架、体位変換器、T字、棒状のつえ、携帯用会話補助装置、入浴補助用具、移動用リフト、移動・移乗支援用具、居宅生活動作補助用具(住宅改修)、情報・通信支援用具　等
内部疾患・その他	透析液加温器、酸素ボンベ運搬車、ネブライザー、電気式たん吸引器、火災警報器、自動消火器、頭部保護帽、人工喉頭、紙おむつ(乳幼児期以前に発現した脳原性運動機能障害)、収尿器、ストマ装具　等

自己負担

市町村ごとに定められます。

受給までの流れ

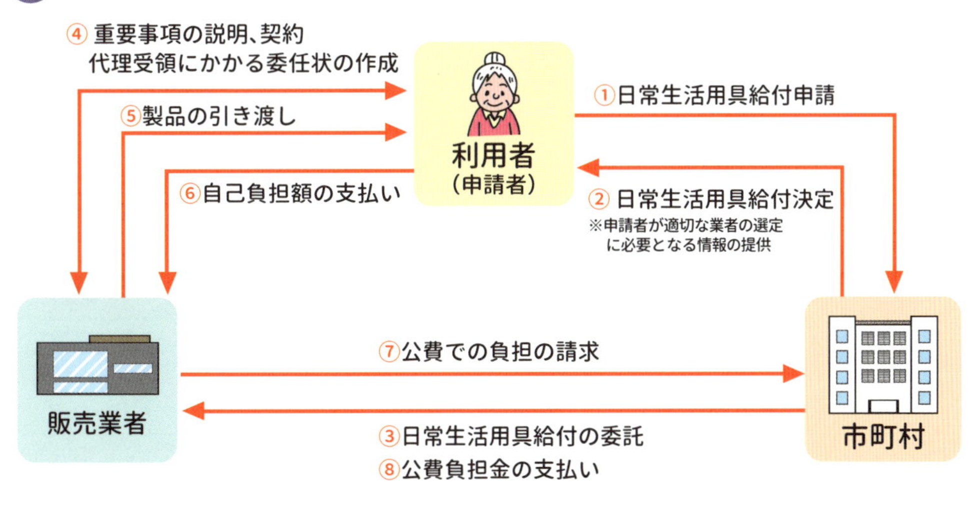

（「代理受領方式」による流れ）

4. 所得保障

社会手当による所得保障

社会手当は、特別の費用の支出が必要となっている世帯に対して現金を支給する制度です。いずれも障害基礎年金と併給できます。

特別障害者手当

著しく重度の成人障害者について、施設入所者と比較して在宅で暮らす場合に生じる特別の費用（介護に必要な日用品、介護者が働きに出られない機会費用など）を保障する趣旨で支給される給付

要件	金額（月額）	支給月
●対象年齢：20 歳以上 ●障害の程度：「特別児童扶養手当法施行令」の基準に該当していること ●拠出要件：なし ●在宅要件：あり。施設入所者は支給対象外	2 万 7300 円	2 月 5 月 8 月 11 月
所得制限		
●あり。受給資格者（本人）の前年の所得が一定の額を超えるとき、またはその配偶者・扶養義務者の前年の所得が一定の額以上の場合は、支給されない		

特別児童扶養手当

障害児について、施設入所者と比較して在宅で暮らす場合に生じる養育にかかる特別の費用を保障する趣旨で支給される給付

要件	金額（月額）	支給月
●対象年齢：20 歳未満 ●障害の程度：「特別児童扶養手当法施行令」の基準に該当していること ●拠出要件：なし ●在宅要件：あり。施設入所者は支給対象外	1 級：5 万 2400 円 2 級：3 万 4900 円	4 月 8 月 12 月
所得制限		
●あり。受給資格者（障害児の父母等）またはその配偶者・扶養義務者の前年の所得が一定の額以上である場合は、支給されない		

障害児福祉手当

重度の障害児について、施設入所者と比較して在宅で暮らす場合に生じる特別の費用を保障する趣旨で支給される給付

要件	金額（月額）	支給月
●対象年齢：20 歳未満 ●障害の程度：「特別児童扶養手当法施行令」の基準に該当していること ●拠出要件：なし ●在宅要件：あり。施設入所者は支給対象外	1 万 4850 円	2 月 5 月 8 月 11 月
所得制限		
●あり。受給資格者（障害児）の前年の所得が一定の額を超えるとき、またはその配偶者・扶養義務者の前年の所得が一定の額以上である場合は支給されない		

手続き（共通）

市町村に以下の書類を添えて申請します。

・身体障害者手帳・療育手帳・精神障害者保健福祉手帳（持っている人）
・医師の診断書（所定の様式の診断書があります）
・所得が証明できるもの
・本人が受給している年金の種類と受給額がわかるもの

社会保険による所得保障

障害基礎年金

在宅で暮らしているか、施設に入所しているかにかかわらず、障害を有することによって稼得能力が低下したことに対する所得保障として支給される給付です。

要件	金額（月額）	支給月
●対象年齢：20歳以上 ●障害の程度：国民年金障害認定基準に該当していること ●拠出要件：保険料滞納が3分の1以上あると支給されない ●在宅要件：なし	1級：8万1020円 2級：6万4816円	2月 4月 6月 8月 10月 12月
所得制限		
●先天性の病気などによって20歳未満から障害のある人については、保険料負担をすることなく、20歳以降に障害基礎年金を受給できますが、この場合は所得制限があります。それ以外に所得制限はありません		

※手続きほか詳細は、第5章「年金」をご覧ください

障害者扶養共済制度

障害のある本人を扶養している保護者（両親、祖父母、兄弟姉妹等）が、毎月一定の掛金を納めておくことによって、自身の身に万一のこと（死亡･重度障害）が起きたとき、それ以後、障害のある子に対して1口2万円または2口4万円の年金が終身支給される公的制度です。都道府県・政令指定都市が実施主体となっています。

5. 障害者手帳

種類と等級

「障害者手帳」は、心身に障害を有していることを示す証明書です。

障害の内容によって、「身体障害者手帳」(身体障害)、「療育手帳」(知的障害)、「精神障害者保健福祉手帳」(精神障害)の３種類があります。それぞれ、障害の程度に応じて等級分けされていて、数字(アルファベット)が若いほど障害が重いことを意味します。

●障害者手帳制度の概要

	身体障害者手帳	療育手帳	精神障害者保健福祉手帳
根拠	身体障害者福祉法第15条	療育手帳制度について(昭和48年9月27日厚生省発児第156号厚生事務次官通知)	精神保健福祉法第45条
申請	福祉事務所、市町村の担当課(申請書、診断書、写真が必要)		
判定機関	身体障害者更生相談所	【18歳未満の場合】 児童相談所 【18歳以上の場合】 知的障害者更生相談所	精神保健福祉センター
等級	重度(1、2級) 中度(3、4級) 軽度(5、6級)	A(重度) B(その他) 自治体によっては、さらに独自に細分化して運用	1級 2級 3級
交付対象	視覚、聴覚、平衡機能、音声・言語機能、そしゃく機能、肢体(上肢、下肢、体幹、脳原性運動機能障害)、心臓機能、じん臓機能、呼吸器機能、ぼうこう・直腸機能、小腸機能、ヒト免疫不全ウイルスによる免疫機能において、一定以上で永続する障害がある者。 (詳細は、身体障害者福祉法施行規則別表第5号「身体障害者障害程度等級表」で定められている)	児童相談所または知的障害者更生相談所で「知的障害」であると判定された者 ○重度(A)の基準 ①知能指数がおおむね35以下であって、次のいずれかに該当する者 ・食事、着脱衣、排便および洗面等日常生活の介助を必要とする。 ・異食、興奮などの問題行動を有する。 ②知能指数がおおむね50以下であって、盲、ろうあ、肢体不自由等を有する者 ○それ以外(B)の基準 重度(A)のもの以外	次の精神障害の状態にあると認められた者 (精神疾患の状態と能力障害の状態の両面から総合的に判断) 【1級】 精神障害であって、日常生活の用を弁ずることを不能ならしめる程度のもの 【2級】 精神障害であって、日常生活が著しく制限を受けるか、または日常生活に著しい制限を加えることを必要とする程度のもの 【3級】 精神障害であって、日常生活もしくは社会生活が制限を受けるか、または日常生活もしくは社会生活に制限を加えることを必要とする程度のもの

※療育手帳は、自治体によっては「愛の手帳」「愛護手帳」「みどりの手帳」などの名称で取り扱われています

障害者手帳によるメリット

障害者手帳は個人の自由意志で取得するものです（義務ではありません）。一方、手帳があると、税金が軽減されたり、各種公共サービスの料金が割引になったりします。民間の施設や会社でも、手帳を見せることで料金を割引したり、利用に困らないよう配慮をしてくれる場合があります。手帳がないと、障害福祉のサービスや制度を利用できない場合があります。

●障害者手帳で利用できるサービス、割引対象となるサービス等

- 福祉機器の購入費補助
- 通所・外出を手助けするサービス
- 医療費の補助
- 75 歳未満の人の後期高齢者医療制度加入
- 障害を事由とした手当
- 税金の軽減
- 公共施設・公共交通利用料金の割引
- 有料道路通行料金の割引
- NHK 放送受信料の減免

など

※それぞれ要件が異なりますので、詳細は国・自治体のホームページ等でご確認ください

手帳取得の流れ

以下の流れで手帳の交付を受けます。申請にあたっては、お住まいの市町村の公式サイトで添付書類等を前もって確認するようにします。

身体障害者手帳

❶手帳取得専用の診断書を用意し、医師に診断書を書いてもらう

↓

❷市町村窓口に申請書と診断書を提出

↓

交付

療育手帳

❶市町村に手帳取得を申請する

↓

❷児童相談所または知的障害者更生相談所で、心理判定員や医師による面接、聞き取り、検査が行われる

↓

交付

精神障害者保健福祉手帳

❶医師に手帳取得専用の診断書を書いてもらう。または障害年金の関連書類を用意する

↓

❷市町村窓口に申請書と診断書（障害年金証書）を提出

↓

交付

「等級」を混同しないこと

障害者手帳の等級は、障害者総合支援法の「障害支援区分」とは異なります。また、障害年金における障害等級とも別物です。

6－1. ひきこもりの支援

「ひきこもり」の理解

ひきこもりとは、「様々な要因の結果として社会的参加（義務教育を含む就学、非常勤職を含む就労、家庭外での交遊など）を回避し、原則的には6か月以上にわたって概ね家庭にとどまり続けている状態（他者と交わらない形での外出をしていてもよい）を指す現象概念」※です。

部屋から一歩も出ずにこもっている状態だけを指すのではなく、近所に買い物に出かける程度の外出を伴う場合も含まれます。

※引用：厚生労働省「ひきこもりの評価・支援に関するガイドライン」

①本人にしかわからない“生きづらさ”

ひきこもりの背景には、特定の精神疾患や発達障害が隠れている場合があります。精神保健福祉センターでのひきこもり相談来談者の調査では、全体の30％弱に発達障害の診断がついたという報告もあります。また、聴覚や嗅覚の感覚過敏や“こだわり”で本人にしかわからない“生きづらさ”に直面していることもあるとされます。

②誰にでも起こり得る、自分の身を守る反応

ひきこもりは、特別な人に、特別に起こることではなく、「誰にでも起こり得る、自分の身を守る反応の一つ」です。その理解に立ち、ひきこもりが原因となって現に本人・家族に生じている生活困難を軽減していくはたらきかけが求められています。

しかし、ひきこもりに対しては、未だに誤った理解・偏見が根強く存在しています。こうした誤解・偏見が、当事者や家族をさらなる自己否定へと追いやり、孤立させ、支援の手から遠ざけSOSを出せなくして、問題をこじれさせる主な要因の一つになっています。

●ひきこもりへの誤解・偏見（例）

本人の甘えではないか
怠けているだけではないか
親の育て方が悪いからだ
何をするかわからない
周りにいてほしくない

③８０５０問題

ひきこもりは青少年のみならず、全世代に起こり得るものです。ひきこもり状態の「子」が中高年、その「親」も要介護リスクの高まる後期高齢世代に達して、さまざまな生活課題が複合的に発現した状況のことを「８０５０問題」といいます。親も含めて世帯として地域から孤立し、保健・福祉専門機関ともつながらず、親の入院や要介護などをきっかけに把握されることが少なくありません。

●「8050世帯」の抱える課題例

●ひきこもり本人の心身の健康状態悪化（加齢による生活習慣病、ひきこもりの長期化に伴う精神疾患）

●低収入・貯蓄枯渇による家計破綻、生活困窮

●「親なき後」の人生への悲観・絶望

●家事を担っていた親の要介護による「ごみ屋敷化」

●親に対する介護放棄、身体的・精神的虐待（場合によっては死体遺棄）

●「親なき後」のさらなる孤立、孤独死

「ひきこもり」に関する相談窓口、支援体制

ひきこもりに関する各種相談は、以下の機関が受け付けています。

ひきこもり地域支援センター

ひきこもり支援に特化した広域の総合相談窓口（全都道府県、指定都市に設置）。ひきこもり支援に携わる人材の養成や、市町村等の後方支援も担っている拠点で、ひきこもり支援コーディネーター（社会福祉士、精神保健福祉士等）や、法律、医療、心理、就労など各分野の専門家で構成される多職種チームが配置されている。

生活困窮者自立相談支援機関

生活困窮者自立支援制度の実施機関（各市、町村の一部及び道府県に設置）。ひきこもり、多重債務、住居喪失、ＤＶ被害等々の複合的な生活課題や、制度に該当しない相談事案も幅広く受け付け、支援につなげている「よろず相談窓口」。窓口の名称は、市町村によって「くらしサポートセンター」「生活あんしんセンター」「市民なやみごと相談窓口」などさまざま。

精神保健福祉センター

都道府県単位で設置されている精神保健福祉の専門機関。「こころの健康センター」という名称のところもある。ひきこもりのほか、精神保健福祉全般にわたる相談を行っており、電話や面接で相談できる。

保健所

地域住民の健康を支える中核施設。ひきこもり相談をはじめ、こころの健康、保健、医療、福祉に関する幅広い相談を受け付けている（電話、面談、訪問）。

①居場所づくり、多様な社会参加、家族への相談・講習会

相談支援の体制は地域ごとに異なりますが、現在のところ、各市町村に設置されている生活困窮者自立支援制度の「自立相談支援機関」が、ひきこもり支援にかかる地域での窓口として位置づけられています。自立相談支援機関には、「アウトリーチ支援員」というスタッフが配置され、このアウトリーチ支援員が中心になって、ひきこもり状態にある人やその家族からの相談受付、自宅訪問による信頼関係構築、関連する相談窓口への同行、関係機関間のネットワーク形成、居場所づくり、就労に限らない多様な社会参加の機会創出、家族向けの講習会開催などが行われます（次ページ図：なお、体制や窓口の呼称は市町村ごとに異なります）。

●自立相談支援機関とアウトリーチ支援員

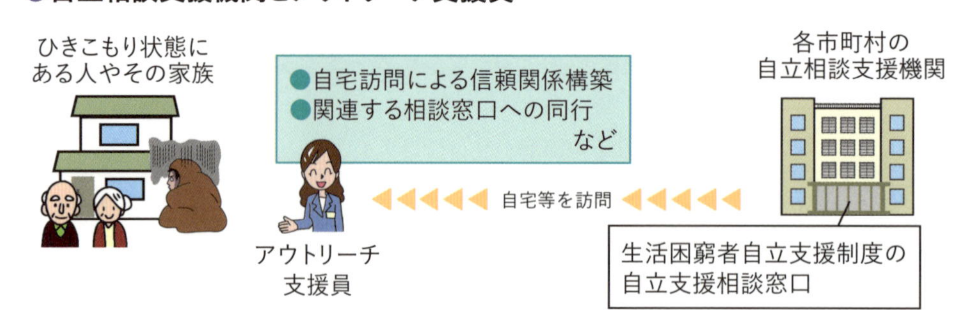

②当事者や経験者が「サポーター」として“支え手”に

ひきこもり経験者や当事者などを対象に、ひきこもり地域支援センターが「養成研修」を実施し、修了者に「ひきこもりサポーター」になってもらう取り組みも広がっています。サポーターは、市町村から依頼を受けて、ひきこもりの人がいる家庭を訪問したり、SNS 等を通じてリモートで相談を受け付けたり、地域で理解を広げる勉強会で講師やアドバイザーを務めたりします。

「当事者会」と「家族会」

ひきこもっている当事者やその家族にとって心強い社会資源が、「当事者会」と「家族会」です。同じような体験をしているメンバーのなかで、偏見の目で見られる心配なしに人と交流する機会をもつことで、悩みや不安を共有して気持ちの立て直しを図ったり、気づきや新たな情報を得たりすることができます。

当事者会	家族会
ひきこもりの当事者・経験者で構成される互助の組織で、思い思いにそこで時間を過ごせる「居場所」を運営したり、オンラインで当事者同士のコミュニケーションを図れるサイトを運営したりしています。	ひきこもりの状態の人の「家族」によって構成される互助の組織で、「ひきこもる本人とのかかわり方」を学習したり、ひきこもり経験者による体験発表を聴いて質疑応答したり、近況報告などを行っています。

●ひきこもり支援施策のイメージ（2022年度現在）

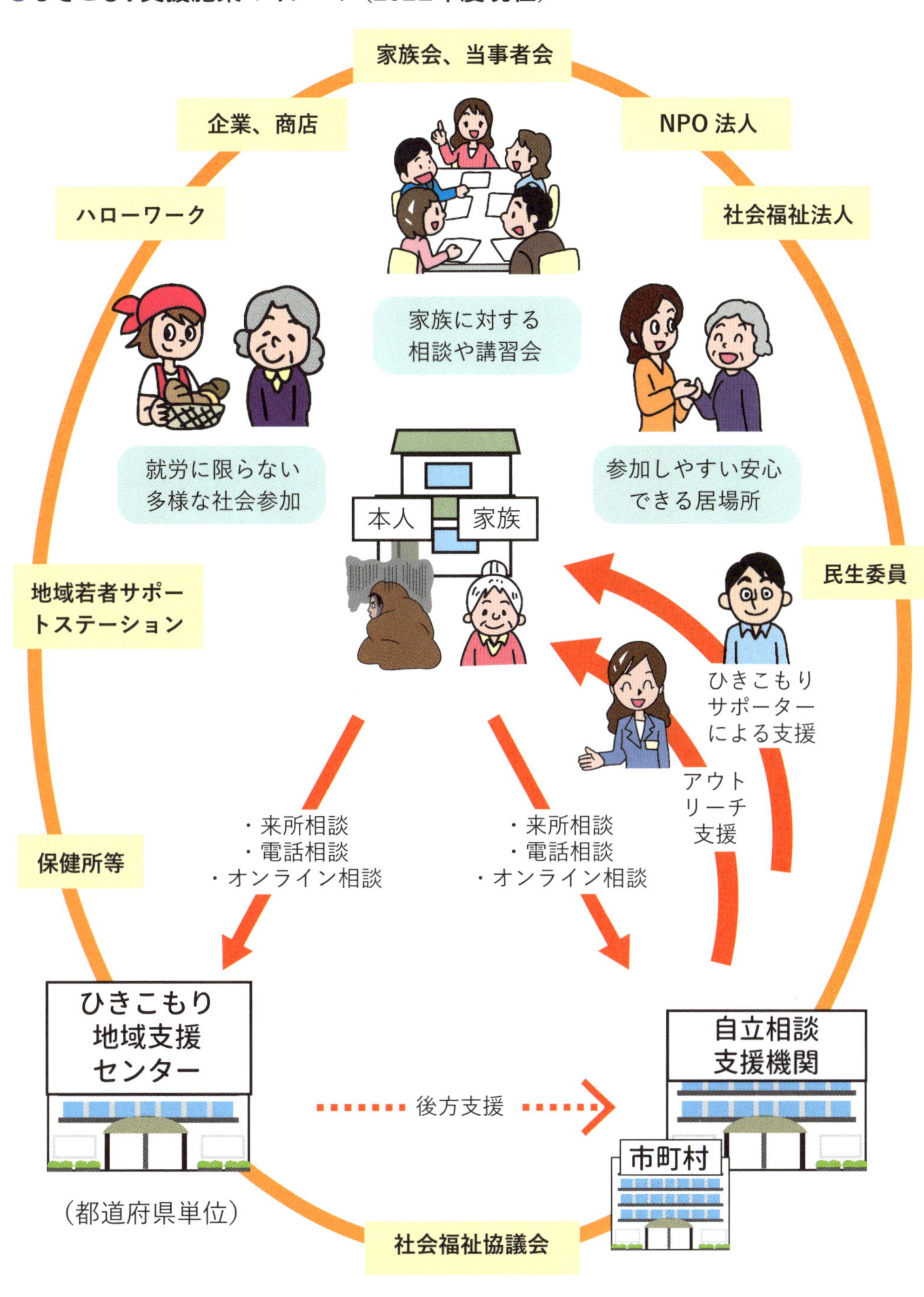

※地域によって、支援体制や支援内容は異なります。
詳細は該当地域の市町村等にお問い合わせください。

6－2. 依存症の支援

依存症の理解の仕方

①依存症──「やめたくても、やめられない」状態

アルコール・薬物・ギャンブルなどが習慣化して、自分で自分の欲求をコントロールできず、「やめたくても、やめられない」状態になることです。毎日の暮らしのなかで、そのこと（アルコール・薬物・ギャンブルなど）を極端に優先して考えるようになってしまい、結果として、心身の健康や人間関係、社会的立場を脅かすまでになってしまいます。それでも、やめることができなくなっている状態が、依存症です。

②"生きづらさ"から逃れる「手続き記憶」

脳は、欲求が満たされるたびに、"心地よさ"をもたらす神経伝達物質（「ドーパミン」や「エンドルフィン」など）を分泌するように、セットされています。このメカニズムを、「報酬系」と称します。これは生きるために必要な営みを促すためのものであり、苦痛を癒す役割も持ち合わせています。お酒を飲んだりギャンブルを嗜んだりして「癒し」や「興奮」が得られるのは、報酬系が刺激されるからです。

通常は、際限なく快楽追求に走ることのないように、安全装置がはたらいています。これにより、健康・人間関係・経済状況・社会的立場等に支障が出ない範囲で気分転換を図ることができるのです。そのかぎりでは、アルコールもギャンブルも、日常のストレスに対する合理的な対処行動といえます。

しかし、なんらかの“生きづらさ”やトラウマを抱えている状態のもとでは、コントロールが効かなくなることがあります。ギャンブルや飲酒が常習化して、それに興じている間は“生きづらさ”を感じずにいられるようになり、その体験が「手続き記憶」として脳に刻み込まれてしまうのです。

社会生活や健康への影響

①脳の回路の変化
もっと摂取したい！という脳の指令（渇望）
やめられない（コントロール障害）
同じ効果を得るのに必要な量や額・回数が増えていく（耐性）

②生活・人間関係への影響
生活の乱れやそれによる周囲との軋轢
不注意や判断ミス
依存物質 / 行為が最優先
※ギャンブルでは、金銭的な問題を抱えることが多い

③体への影響
健康状態が悪い
離脱症状が生じる

④精神的な問題
自分のおかれている状況への焦りなどから
心が安定しない

ほかのことが考えられなくなるほど渇望し、同じ効果を得るのに必要な量や額・回数が増えていきます。健康を損ない、社会的信用を失い、あるいは借金を重ねて、周囲から非難を受けるようになります。現実逃避する手段として、さらに依存が強化されていきます。

③家族に起こること──巻き込まれ、責められ、孤立し、消耗する

「巻き込まれ、責められ、孤立し、消耗する」。多くの家族が陥る状態です。依存症は、家庭内で「自己解決」できるものではありません。むしろ、孤軍奮闘すればするほど、回復のチャンスを遠ざけ、事態をさらに悪化させ、本人も家族も追い込まれてしまいます。

巻き込まれる

問題をなんとかしようと懸命に取り組む（説教、行動監視、失敗の後始末など）

▼

しかし、事態は改善せず、むしろ悪化する

▼

混乱し、本人の一挙一動によって心配、期待、失望、怒りなどの感情に揺さぶられ、四六時中頭から離れなくなる

あちこちから責められる

本人に注意すると、「うるさい！」「放っておいてよ！」などと反発を受ける

▼

親族から「嫁がきつすぎるから…」「親の育て方が…」などと責められたりする

▼

相談窓口等で「あ～、それをやってしまいましたか…」などと対応を批判される

隠す・孤立する

「ご近所に恥ずかしい」「仕事に支障が出るかもしれない」「親戚からあれこれ言われる」などの不安から、事実を隠すようになる。誰にも相談できず、孤立する

▼

家庭内でも隠しごとが増える（例：夫から暴力を振るわれているのに、子どもの前で何もなかったかのように振る舞う）

消耗・衰弱する

依存症に振り回されているうちに、ほかの物事への関心や周囲を見る余裕が失われていく

▼

自分がどれだけ疲れ果てているかということさえ、自覚できなくなっていく

※特定非営利活動法人アスク公式サイト：解説「依存症とは：何が起きるのか？」を参照して作成

④依存症は回復可能な病気。周囲の理解と「適切な対応」がカギ

依存症は、専門的な治療・援助を受けたり、自助グループに参加することで、回復が可能な病気です。ここで重要なのが、家族をはじめ周囲の理解と「適切な対応」です。

すなわち、依存の継続につながる行為を取りやめ、それでいて、できるだけ気持ちのよい関係性がキープできるようコミュニケーションを工夫するということです。言い換えれば、本人が自らの問題と向き合えるように安心・安全な場を用意するということです。

●依存症への「適切な対応」

干渉しない

・小言を言わない
・適切な距離をとる

依存の継続につながる行為をやめる

・世話を焼かない
・尻拭いをしない
（欠勤時の連絡、借金の肩代わり等）

気持ちのよい関係性を築く

・基本的な挨拶は欠かさない

要求・要望は一人称を主語に

・要求・要望は「～してくれると私は助かる」というように、一人称を主語にして伝える

相手の立場や気持ちを尊重する

「そう考えるのも無理はないよね」「私も同じ状況ならそうしていたと思う」というように、相手の立場や気持ちを尊重する一言を会話に組み込む

⑤わからないこと・不安なことは、相談窓口や家族会で聴いてみる

これらは簡単なことではありません。本人の不始末（ひいては家としての不始末）をスルーすることや、言いたいことをぐっとこらえることは、精神的に相当な負担となります。個別に「こういうときはどうしたらよいのか？」と迷う場面も出てくるでしょう。

そこで助けになるのが、相談窓口や家族会です（次ページ参照）。正しい知識・技術を得て、動機づけを維持し、自らの心の健康を保つために、早めにつながっておくことが有効です。

回復は「完治」ではない

依存症治療でいうところの「回復」は、“完治”とは違います。やめられない・止まらない暴走状態を脱したあと、アルコールや薬物やギャンブルと、一定の距離をおけるようになった状態です。条件がそろえば、逆戻りする可能性が常にあります。逆戻りを防ぐために必要なのは、再開できる環境に身を置かない（＝やめ続ける）ことです。そして、何度失敗しても「やめ続けることを再開」することが大切です。

回復に向けた支援の流れ

まずは「精神保健福祉センター」か「保健所」に相談

依存症に関する相談窓口は、精神保健福祉センターまたは保健所です。医師や保健師・精神保健福祉士が対応します。本人からの相談も、家族からの相談も受け付けています。

相談窓口では、個別に困っていること・悩んでいることについて話を聴き、課題を整理して、今後の見通しを伝えたり、専門的見地から対応方法等を助言したり、状況に即した社会資源を紹介したりします。

実際に依存症であるかどうかや、本人にやめたいと思う意思があるかどうかにかかわらず、それによって困っている状況であるならば、できるだけ早く相談することが推奨されます。

●依存症からの回復に向けた支援

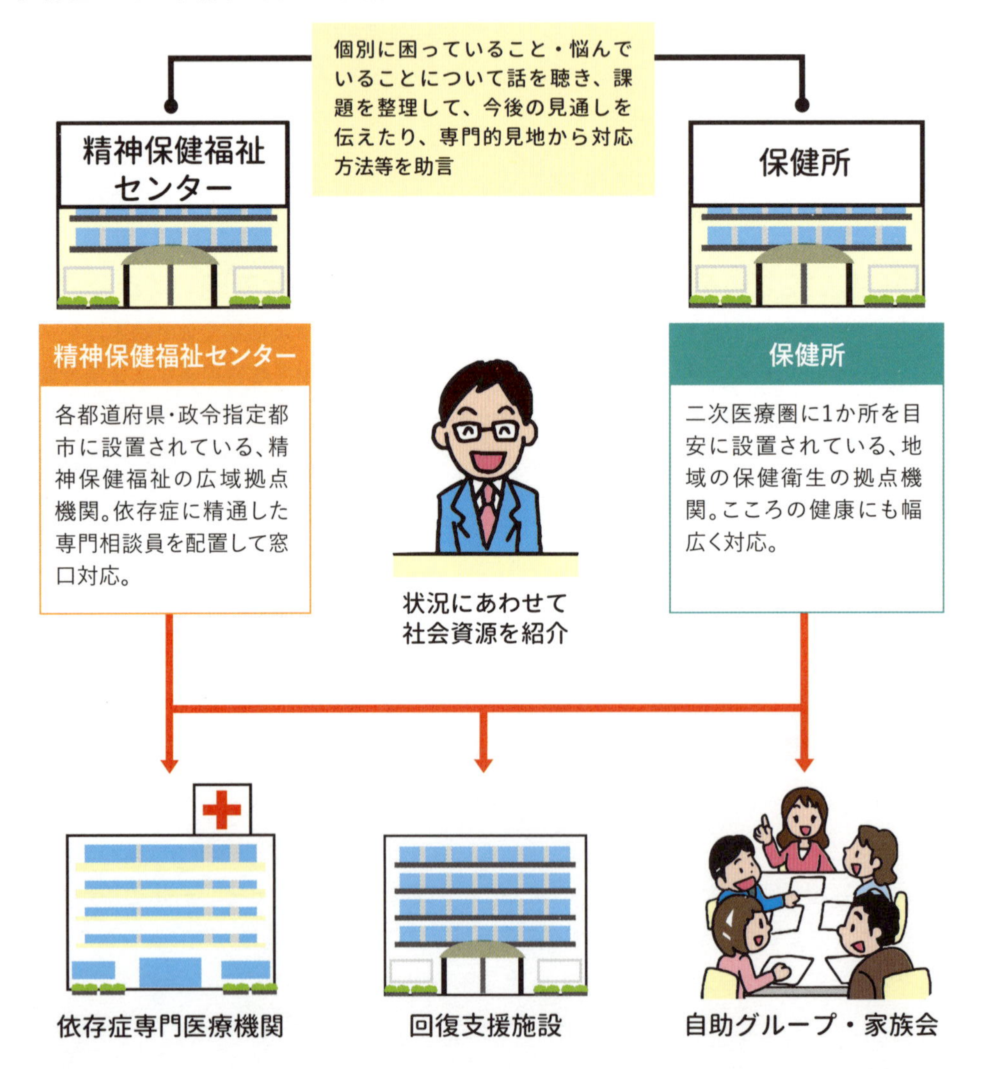

依存症専門医療機関（入院・通院）

「依存症治療」を掲げている医療機関。診断に基づき、離脱症状に対する解毒治療（アルコール依存や薬物依存の入院治療の場合）、身体合併症の治療、再発防止および回復促進の各種治療プログラム※が提供されます。

※例：認知行動療法、マインドフルネス・トレーニング、ソーシャルスキルトレーニング（SST）、薬物療法、心理教育、作業療法、自助グループによるグループミーティングなど）

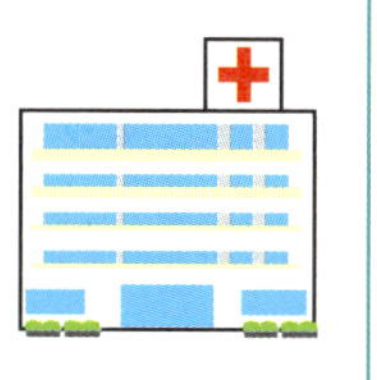

◆専門相談窓口・専門医療機関検索
https://www.ncasa-japan.jp/you-do/treatment/treatment-map/

回復支援施設（入所・通所）

回復した当事者スタッフが中心になって運営している依存症のリハビリテーション施設です。依存対象物がなくても“生きづらさ”に押しつぶされることなく、平穏に毎日を過ごす方法を習得するために、グループミーティング、レクリエーション、自助グループ、自立訓練など幅広いプログラムが提供されています。入所または通所により、医療機関、弁護士、司法書士、行政などとも連携し、依存症にともなう課題について解決していきます。

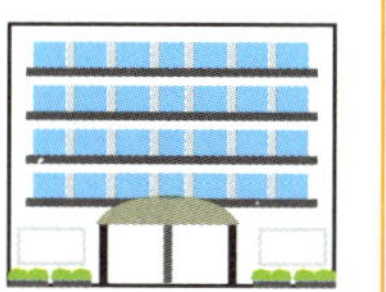

◆全国の依存症回復施設リスト
https://list.kurihama-med.jp/fac/index.html

自助グループ・家族の会（通所）

回復途上にある当事者や、その家族が、自主的に運営するグループです。「批判や詮索はしない」「秘密は守られる」というルールのもと、日頃話せない経験や自分の気持ちを安全・安心な環境で打ち明け、同じ痛みを知る者同士で分かち合い、あるいは新たな気づきを得ることで、「やめ続ける（それを見守る）」毎日を積み重ねるエネルギーを補給します。自助グループは当事者同士のグループ、家族の会は文字どおり回復を支援する家族のためのグループで、どちらも定期的に会合が開かれています。

	自助グループ	対象者			ウェブサイト
		当事者	家族	友人	
アルコール	アルコホーリックス・アノニマス（AA）★	○	*	*	http://aajapan.org/
	全日本断酒連盟（断酒会）★	○	○	○	http://www.dansyu-renmei.or.jp/
	アラノン（Al-Anon）		○	○	http://www.al-anon.or.jp/
	家族の回復ステップ12		○	○	http://frstep12.info/index.html
薬物	ナルコティックス・アノニマス（NA）★	○	*	*	http://najapan.org/
	ナラノン（Nar-Anon）		○	○	http://nar-anon.jp/
ギャンブル	ギャンブラーズ・アノニマス（GA）★	○	*	*	http://www.gajapan.jp/
	ギャマノン（Gam-Anon）		○	○	http://www.gam-anon.jp/

* 当事者以外の人でも参加できる場（オープンミーティング）が用意されていて、そこには参加可能
★ 女性限定のミーティングも開催されている

障害福祉サービス

介護保険の「訪問介護」と障害福祉の「居宅介護」はどこがどう違う？

A サービス内容はおおむね同じですが、障害福祉には「通院等介助」というメニューがあります。報酬の単位設計の違いと併せてご確認ください。

①障害福祉には「通院等介助」がある

訪問介護（介護保険サービス）と居宅介護（障害福祉サービス）は、どちらも利用者の自宅を訪問して「入浴、排泄、食事等の介護その他の日常生活上の世話」を提供するものです。違うのは、居宅介護には「通院等介助」というメニューがあることです（次ページ**下図**）。

この通院等介助は、文字どおり、通院時の移動の介助や受診手続きなどを行うものです。ただ、用途はごく限定的で、下記①～④以外の用途に用いることはできません。

●居宅介護の「通院等介助」の利用が認められている用途

②通院等介助を利用できる場面は限定的

障害福祉サービスでは、外出支援はこと細かに守備範囲が決まっています。「居宅介護」では、外出への同行は基本的に認められていません。「通院等介助」は前述の①～④の場合に利用でき、それ以外の部分は「移動支援」でカバーされているという構図です。視覚障害者の外出をサポートする「同行支援」や、重度障害者のケアを担う「重度訪問介護」に関しては、通勤・営業活動やギャンブル等の用途を除いて、制約なく利用できます（通年かつ長期の外出は利用不可）。

●外出支援にみる「訪問介護」と「居宅介護」の違い

	介護保険法	障害者総合支援法				
	訪問介護	居宅介護		重度訪問介護	同行援護	移動支援
	身体介護	身体介護	通院等介助			
社会的外出（買い物同行等）	○	×	△（官公庁等）	○	○	○
通院	○	×	○	○	○	△
余暇活動	×	×	×	○	○	○
外出準備・帰宅直後支援	○	○	○	○	×	○

自立支援給付（居宅介護～同行援護）　地域生活支援事業（移動支援）

●「訪問介護」と「居宅介護」――報酬の単位設計の違い

訪問介護（介護保険サービス）

身体介護

20分未満	167単位
20分以上30分未満	250単位
30分以上1時間未満	396単位
1時間以上	579単位に30分を増すごとに ＋84単位

生活援助

20分以上45分未満	183単位
45分以上	225単位

通院等乗降介助

――	99単位

居宅介護（障害福祉サービス）

居宅における身体介護

30分未満	255単位
30分以上１時間未満	402単位
１時間以上１時間30分未満	584単位
１時間30分以上２時間未満	666単位
２時間以上２時間30分未満	750単位
２時間30分以上３時間未満	833単位
３時間以上	916単位に30分を増すごとに＋83単位

家事援助

30分未満	105単位
30分以上45分未満	152単位
45分以上１時間未満	196単位
１時間以上１時間15分未満	238単位
１時間15分以上１時間30分未満	274単位
１時間30分以上	309単位に15分を増すごとに＋35単位

通院等介助（身体介護を伴う場合）

30分未満	255単位
30分以上１時間未満	402単位
１時間以上１時間30分未満	584単位
１時間30分以上２時間未満	666単位
２時間以上２時間30分未満	750単位
２時間30分以上３時間未満	833単位
３時間以上	916単位に30分を増すごとに+83単位

通院等介助（身体介護を伴わない場合）

30分未満	105単位
30分以上１時間未満	196単位
１時間以上１時間30分未満	274単位
１時間30分以上	343単位に30分を増すごとに＋69単位

通院等乗降介助

――	101単位

介護保険優先の原則① 65 歳到達時の「移行」

65歳到達に伴う障害福祉サービスから介護保険への移行は、どのような段取りで行われる？

A 65 歳到達の３か月前から介護保険を利用申請しておき、認定結果をもとに、いま利用している障害福祉サービスを本人、家族、障害・高齢の支援者で、振り分けていきます。

①移行のタイミングは「65歳の誕生日の前日」

障害福祉と介護保険の両方に存在しているサービスについては（ホームヘルプ、デイサービス、ショートステイ、グループホーム、施設入所等）、原則として介護保険による給付が“優先”されます。そのため、これまで障害福祉サービスを利用してきた人が 65 歳となるときには、現在利用しているサービスについて、一部あるいは全部が介護保険の給付に置き換わります。

移行のタイミングは、65 歳到達時（誕生日の前日）です。それに間に合うように、準備を進める必要があります。

●介護保険への移行のタイミング

②事前に「移行するもの」「継続利用するもの」を仕分ける

具体的な手続きが動き出すのは、介護保険の「資格取得前の認定手続き」が受付開始となる「65歳到達時3か月前」からです。そのため、現在利用している障害福祉サービスについて、以下のように、事前に整理しておくとよいでしょう。

- 「**介護保険給付に移行できるもの**」と「介護保険給付ではカバーされないので**障害福祉の自立支援給付として受け続けるべきもの**」
- 「介護保険給付に移行してからも**現在利用中の事業所のサービスを継続利用できるもの**」と「**できないもの**」

●利用者本人視点でみた「障害福祉」→「介護保険」移行の流れ

❶移行準備

……65歳到達6か月前くらいから……

- 「自分でできること」「支援が必要なこと」を確認しておきます。
- 相談支援事業所の相談支援専門員等とともに、介護認定の程度を予測し、これまでと同様のサービスを介護保険サービスへ移行後に継続して利用できるのか、また、介護保険での対応が困難なサービスがないか等を確認しておきます。

❷移行実務

……65歳到達3か月前……

- 市町村の介護保険担当窓口に、介護保険の利用申請をします。

　→要介護認定にかかる訪問調査等が行われ、判定結果が出ます。

- 要介護認定の判定結果に基づいて、相談支援事業所の相談支援専門員や地域包括支援センター等のケアマネジャーとともに、以下の振り分けを行います。

（A）介護保険に移行するサービス

（B）継続して障害福祉サービスの利用となるサービス

- Aについて、居宅介護支援事業者と契約してケアプラン作成を依頼します。
- Bについて、障害福祉サービスの継続申請をします。

❸移行完了

……65歳の誕生日の前日（支給決定期間の開始日）……

- A、Bによるサービスが開始されます。

介護保険優先の原則②　グループホームへの継続入居

「65歳になると退居させられる」と心配している障害者がいる。どのような対応が必要か？

A 現在のグループホームでの支援の特性、利用者とサービス従事者間の関係性等を整理し、早めに市町村に相談してみるとよいでしょう。

①国は「個別に検討して決めるように」と通知

国は「個別に申請者のニーズや利用意向を聴き取ったうえで、介護保険のサービスで対応できるかどうかを検討して決めるように」という趣旨の通知を発出しています。つまり、「障害者総合支援法のもとでは提供できていたサービス内容・量が、介護保険のもとでは十分提供できない」というのであれば、市町村は障害福祉サービスとして支給できるのです。

●介護保険優先原則の考え方

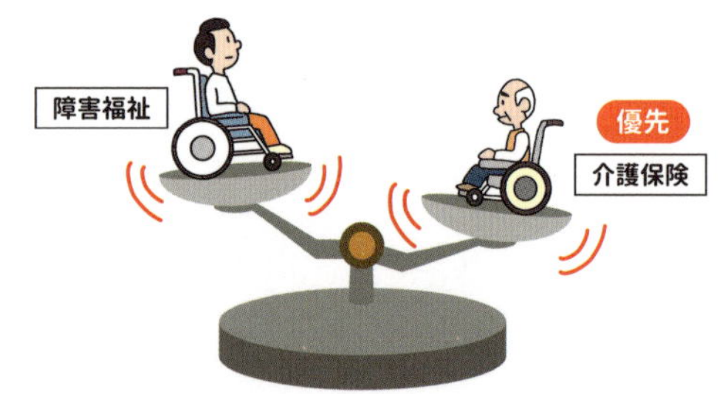

Check Point
介護保険優先は「原則」
→ニーズや利用意向に応じて検討

②代替困難な理由を見出し、早めに市町村に相談を

グループホームは必ずしも「介護保険優先」とは限りません。現在利用中の障害福祉のグループホームによって与えられている支援の特性、これまで培われてきた関係性、介護保険のグルー

プホームでは代替困難であること――等を関係者間で共有し、早めに市町村の介護保険担当部局とも相談してみるとよいでしょう。

●グループホーム比較（障害福祉・介護保険）

	障害福祉		介護保険
	共同生活援助	日中サービス支援型共同生活援助	認知症対応型共同生活介護
支援内容	主として夜間や休日に、相談、入浴、排せつまたは食事の介護その他の日常生活上の援助を提供	24時間、相談、入浴、排せつまたは食事の介護その他の日常生活上の援助を提供	家庭的な環境と地域住民との交流のもと、入浴・排せつ・食事等の介護などの日常生活上の世話と機能訓練を提供
対象	身体障害者、知的障害者、精神障害者、難病患者等 ※身体障害者は、「65歳未満の者」または「65歳に達する日の前日までに障害福祉サービス等を利用したことがある者」に限る ※日中支援型は「常時介護が必要な者」に限る		認知症（急性を除く）の高齢者

「終の棲家」ともなり得る障害福祉のグループホームも

「グループホーム」は介護保険と障害福祉の双方に存在しますが、対象や支援内容はずいぶん異なります。介護保険のグループホームでは終日支援を行うのに対して、障害福祉のグループホームでのケアは主として夜間の日常生活支援として行われます。

障害福祉のグループホームは、もともと、①ある程度自立生活の可能な人を対象に共同生活の場を提供する「共同生活援助」（グループホーム：シェアハウスのイメージ）と、②介護の必要な人の入居を受け付けて夜間の介護を提供する「共同生活介護」（ケアホーム）の2種類があり、それらが2014年4月に一元化されたものです。

入居者の高齢化に対応した新類型

近年、入居者の高齢化が進み、加齢に伴う機能低下や疾病への対応が困難となって、障害者支援施設や高齢者介護施設に転居せざるを得ない例が増えていました。そこで2018年4月に重度対応型の「日中サービス支援型共同生活援助」という類型が新設されました。

このように、障害福祉のグループホームは、「終の棲家」としても機能できるように“変化”しています。そして、さらに現在、グループホームを出て一人暮らしやパートナーとの同居を始めたいと望んでいる入居者を支援するための、機能強化を図るための「新類型」創設を含めた検討が、2024年に施行が予定されている次期障害者総合支援法改正に向けて進められています。

介護保険優先の原則③　視覚障害者向けの外出介助

65歳を過ぎてから視覚障害を負った場合、障害者総合支援法による外出介助のサービスを利用できる?

A できます。介護保険に存在しないサービスに「介護保険優先原則」は及びません。

①介護保険給付で満たせないニーズは、障害福祉から受けられる

「介護保険優先原則」は、サービス内容や機能からみて障害福祉サービスに相当する介護保険サービスがなければ、適用されません。たとえば、視覚障害者の外出を支援するサービス（同行援護や移動支援等）は、介護保険には存在しない障害福祉固有のサービスなので、たとえ介護保険被保険者であっても、障害福祉サービスの利用要件（次ページ**表**）を満たしていれば利用できます。市町村の障害福祉担当課につないで、利用申請を支援するとよいでしょう。

●「介護保険優先原則」について

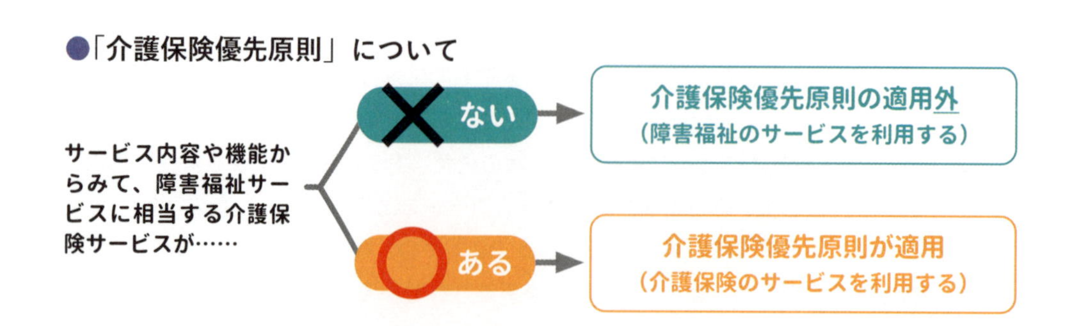

②介護保険による「外出介助」

介護保険でも、外出を介助する行為が「身体介護」の一環として位置づけられています。ただし、その外出の用途が「日常生活上の必要性が認められる通院や日用品の買い物等のため」である場合に限定されていて、病院に着いてからの介助は原則として給付対象外となっています。厳密にいえば、「病院等のスタッフで対応できない場合」に限って、訪問介護員による院内介助が認められてはいますが、その場合はケアマネジャーが事前に病院に問い合わせて可否を確認し、その内容を居宅サービス計画に記録しなければなりません。これでは、視覚障害者の通院にかかるニーズは満たせません。さらに、余暇活動等の社会参加のための外出にかかる介助は、原則的に介護保険の給付では認められていません。したがって、これらのサービスについては、障害福祉から受けることができると解されます。

以上のことは、65歳になって以後に初めて障害者手帳を取得した人についても、同じです。失明の原因などが問われることもありません。

●訪問系・通院・移動系サービスの種類と対象者

<table>
<tr><th colspan="3" rowspan="2"></th><th colspan="4">18歳以上</th><th>18歳未満</th></tr>
<tr><th>身体障害</th><th>難病</th><th>知的障害</th><th>精神障害</th><th>障害児（難病含む）</th></tr>
<tr><td rowspan="7">自立支援給付</td><td rowspan="4">居宅介護</td><td>身体介護</td><td colspan="4" rowspan="4">障害支援区分１以上</td><td rowspan="4">障害児であることが書類等で確認できる（身体障害は３級以上）</td></tr>
<tr><td>家事援助</td></tr>
<tr><td>通院等介助</td></tr>
<tr><td>通院等乗降介助</td></tr>
<tr><td colspan="2">重度訪問介護</td><td colspan="4">障害支援区分４以上（その他要件あり）</td><td></td></tr>
<tr><td colspan="2">同行援護※1</td><td colspan="2">視覚、視野障害、夜盲の障害者（アセスメント票該当者）</td><td></td><td></td><td>要件は18歳以上と同じ</td></tr>
<tr><td colspan="2">行動援護※2</td><td></td><td></td><td colspan="2">障害支援区分３以上の行動上著しい困難を有する者（その他要件あり）</td><td>要件は18歳以上と同じ</td></tr>
<tr><td>地域生活支援事業</td><td colspan="2">移動支援※3</td><td colspan="5">障害者等であって、市町村が外出時に移動の支援が必要と認めた者</td></tr>
</table>

※1　移動中に必要な視覚的支援（代筆・代読を含む）、移動の援護や排泄および食事等の必要な介助
※2　対象者が行動する際に生じ得る危険を回避するために必要な援護、外出時における移動中の介護、排泄および食事等の介護
※3　社会生活上必要不可欠な外出および余暇活動等の社会参加のための外出の際の移動を支援

介護保険優先の原則④　65 歳以後の補装具支給

65歳を過ぎると、車いすなどの福祉用具の購入費補助を受けられなくなる？

A 原則は介護保険の給付が優先され、車いすは「福祉用具レンタル」で対応されることになります。ただし、更生相談所が「オーダーメイドが必要」と判定した場合は、補助の対象となります。

①65歳以後でも医師が認めれば購入費補助も

車いす、電動車いす（付属品を含む）、歩行器、歩行補助つえについては、障害者総合支援法による購入費補助（補装具費支給制度）よりも、介護保険法における「福祉用具貸与」のほうが優先されます。言い換えれば、介護保険の福祉用具レンタルで調達できる品目であれば、障害福祉サービスを使って補助を受けることはできません。

ただし、医師や更生相談所等により、「障害者の身体状況に個別に対応することが必要である」と判断された場合に限って、介護保険のレンタルサービスと重複する品目であっても、障害福祉サービスから支給を受けることができます。

●65歳以後の補装具支給と介護保険優先原則

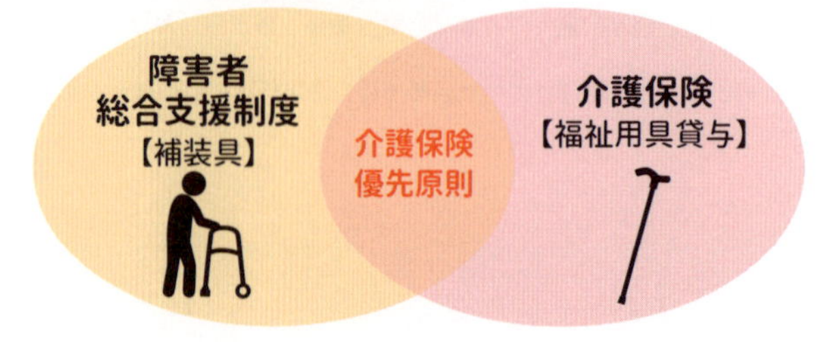

②現在使っている車いすの修理が必要になったら？

介護保険法による貸与の対象者となる前から補装具費の支給を受けていて、利用中の補装具の修理や再支給が必要になった場合はどうしたらよいのでしょう。

これについても流れは同じです。個々の状況により、介護保険法の福祉用具で対応できるか否か、オーダーメイド等での対応が必要と考えられるか否かで判断されます。

●高齢の障害者が福祉用具貸与・補装具費支給を受けるまでのプロセス

① 身体等の状況を勘案し、**介護保険の貸与品目**にある福祉用具で対応が可能かどうかを検討

→ **可能** → 【障害者総合支援法対象外】・介護保険の福祉用具貸与の利用へ

↓ **不可能＆オーダーメイド等での対応が必要**

② 障害者総合支援法における「**補装具費支給**」を申請
（申請先：市町村の障害福祉担当部局）

③ **更正相談所**による判定

④ **市町村**が支給の可否を決定

→ **不支給** → 【障害者総合支援法対象外】・介護保険の福祉用具貸与の利用を再検討？

↓ **支給決定**

⑤ 本人と補装具業者で契約

⑥ 補装具の購入（代金支払い）

⑦ 市町村に補装具費支払い請求

⑧ 補装具費支払い

■…本人関与の事項

※上記は、代金をいったん全額支払ったあとで市町村に請求して給付を受ける「償還払い方式」の流れですが、これとは別に、１割負担だけを支払って手続きが完了する「代理受領方式」による流れもあります。

障害者の親亡き後の支援

知的障害の息子の今後を心配している。どのような支援ができる？

A 親亡き後の障害児・者の生活を、地域全体で支える取り組みがあります。まずは「地域生活支援拠点」につなぎましょう。

①親が果たしている支援と、それを引き継ぐサービス

自宅で障害のあるお子さんを世話している親御さんは、当たり前のように多方面にわたる包括的な“支援”を日々行っています。親御さんが要介護になったり、入院・入所したり、あるいは亡くなったりすると（以後、「親亡き後等」と表記します）、これらの機能の一部またはすべてを別途補う必要が生じます。

次ページの**表**は代替する制度やサービスを対置させてみたものですが、いずれも事前の準備・手配・引き継ぎがなければ、円滑に代替できません。たとえば、生命保険や障害者扶養共済制度は、加入して掛金を払い込んでおくことが前提となります。

●障害のある子をもつ老親の気がかり

●「親亡き後」に対応する制度、サービス

障害のある子に対する親の支援	「親亡き後」に子への支援機能を代替するサービス、制度	実施主体、窓口
相談、ニーズのワンストップ、コーディネート 見守り（緊急時対応含む）	地域生活支援拠点による相談機能、緊急時の受け入れ・対応機能	地域生活支援拠点 基幹相談支援センター （なければ市町村の障害者福祉部局）
各種契約、公的手続き、財産管理	成年後見制度	市町村の成年後見センター
生活費その他支出に見合う稼得および貯蓄	障害年金	年金事務所、市町村の年金担当部局
	障害者扶養共済制度	都道府県・指定都市担当部局
	生命保険	各生命保険会社
	特定贈与信託	各信託銀行
	障害者自立支援法の自立支援給付による就労系の支援	相談支援事業者
住居、居場所の確保	（同じ場所に住み続けられない場合） 居住サポート事業	市町村の障害者福祉部局
	共同生活援助（グループホーム）	相談支援事業者
	障害者支援施設	相談支援事業者
身の回りの世話 （食事・被服の確保、整容・移動・排泄の支援等）	障害者自立支援法の自立支援給付、地域生活支援事業	相談支援事業者
	介護保険制度の介護給付、予防給付、総合事業	居宅介護支援事業者 地域包括支援センター
学習、趣味、社会参加の機会確保	障害者自立支援法の地域活動支援センター機能強化事業（地域生活支援事業）、インフォーマルサービス	市町村の障害者福祉部局

※上記以外にも、親は子に対して、「情緒的サポート」（慰め、支持、応援等）、「体験の共有と蓄積」（思い出づくり）などを“提供”している

②親が元気なうちから寄り添い型支援につなげておく

「親亡き後等」の支援で司令塔の役を担うのが、市町村の「地域生活支援拠点」です。

そこに所属する「相談支援専門員」は、本人の立場に立って各制度やサービスをコーディネートします。随時の見守りや緊急時の対応も行う、いわば“寄り添い”型の支援ですが、これは本人のことをよく知ってこそ、正しく機能する支援です。だからこそ、親が元気なうちからこの地域生活支援拠点とつながって、親子ともども関係性をもっておくことが大事です。

ひきこもり支援

Q7 利用者宅にひきこもりの「子」が同居していることがわかった。どのような対応が求められるか？

地域の専門機関と連携させてほしいと申し出、同意を得てつなぎます。
ケアマネジャーは「よき相談相手」でいてください。

①所得、就労、医療、介護…多岐にわたる課題の可能性

ひきこもりは、「傷つくリスク」を回避するために社会的関係を自ら「断つ」行動です。それが長期化することで、「ひきこもっている」ということ自体が劣等感や孤立感を膨らませる要因になるとされています。親も含めて世帯として地域から孤立し、保健・福祉専門機関ともつながらず、親の入院や要介護などをきっかけに把握されることが少なくありません。そのときには、所得、就労、医療、介護など多岐にわたる課題が折り重なっているものです。

ひきこもりの人のいる「8050 世帯」が抱える課題例

- ひきこもり本人の心身の健康状態悪化
- 家事を担っていた親の要介護による「ごみ屋敷化」
- 親に対する介護放棄、身体的・精神的虐待（場合によっては死体遺棄）
- 低収入・貯蓄枯渇による家計破綻、生活困窮
- 「親なき後」の人生への悲観・絶望

②受容し、包括につなぐ

どこまで踏み込むべきかは、判断が難しいところですが、まずは利用者（親）に対して、それまでの苦悩の日々に「ねぎらい」の言葉をかけます。そのうえで、リスクへ効果的に対応できるように「地域の専門機関と連携させてほしい」と申し出て、同意を得たうえで、それぞれの地域でひきこもり支援をワンストップで受け付けている機関につなぐようにします。なお、市町村によって窓口が異なりますので、不明な場合は市町村に問い合わせるか、地域包括支援センターに相談するとよいでしょう。なお、地域共生社会の取り組みに着手している市町村では、「断らない相談支援窓口」（通称）で一元的に受け付けてもらえます。

●地域の専門機関と連携して対応する

親の苦悩を受容

リスクに対応できるよう
「関係機関との連携」を打診

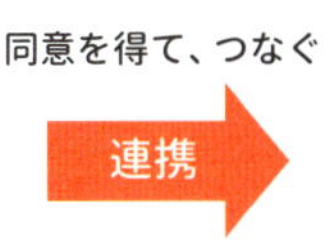

地域の専門機関

③ニーズに応じて重層的に支援。ケアマネジャーも見守りの継続を

その後は、下表のような機関が連携して重層的に対応が図られることとなります。ケアマネジャーも、利用者に最も身近な専門職として、利用者の話によく耳を傾け、変わったところがないか見守り、ヘルパーらからも情報収集し、適宜情報共有を図ることが求められます。

●ひきこもり世帯での主たるニーズ例と、対応する支援・窓口

ニーズ	支援	窓口・機関
ワンストップ	相談受付、連携・調整	「断らない相談支援窓口」（通称）／地域包括支援センター 市町村（生活困窮者自立支援窓口）
ひきこもり全般	一次的な相談窓口 養成研修、後方支援	ひきこもり地域支援センター（都道府県、指定市）
親の要介護	介護サービス	市町村（介護保険）／地域包括支援センター／居宅介護支援事業所／介護サービス事業者、介護施設
ひきこもりの人の健康	医療	医療機関（精神科含む）
	精神保健	精神保健福祉センター／保健所／市町村（保健センター）
ひきこもりの人の福祉	障害福祉サービス	市町村（障害者福祉担当）／相談支援事業者／障害福祉サービス事業者
生活困窮	生活困窮者自立支援	市町村（生活困窮者自立支援窓口）
	生活保護	福祉事務所
経済的自立	就労支援	市町村（生活困窮者自立支援窓口）
社会的孤立	電話相談、Twitter	よりそいホットライン（24時間365日対応） 📞0120-279-338

8050問題と地域づくり

地域の潜在的な「8050問題」への対応として、どのような取り組みが必要？

A ひきこもっていることを責めない人、安心できる場所を、地域のなかで少しでも増やすことが必要です。

①長期化によるリスクの重複発生、共倒れのおそれも

内閣府の調査では、40 ～ 64 歳の中高年世代が 1000 人いれば、そのうち 14.5 人がひきこもり（予備群も含めて）であるとされています（生活状況に関する調査：平成 30 年度）。

ひきこもりが長期化すると、親の退職による収入減と貯蓄の目減り、親の病気や要介護、家事遂行者が不在になることによる衛生状態や健康状態の悪化──といったリスクにさらされることとなります。地域のなかで孤立した世帯では、ネグレクトによる衰弱死や共倒れのおそれがあります。

●ひきこもりの長期化が招くリスク

ひきこもりの長期化

さまざまなリスクに直面

ネグレクトによる衰弱死、共倒れのおそれも

・親の退職による収入減
・親の病気、介護
・本人の健康状態の悪化　など

②当事者が声をあげられるように、地域を変える

しかし、８０５０世帯に支援を届けることは容易なことではありません。ひきこもっている本人のみならず、親も「知られたくない」との思いで子の存在を隠してしまったり、あるいは過去に相談したときのトラウマ（面と向かって非難された、堂々巡りの“たらい回し”の目に遭わされた等）であきらめてしまったり、不信感で支援を受け付けなくなっているからです。

打開策は、環境のほうを変えることです。当事者が自ら「私（私たち）はここにいます！助けを必要としています！」と声をあげられるように、地域を変えていけばよいのです。

具体的には、以下のとおりです。

①隠さなくていいように、「ひきこもりは誰にでも起こりうる」ことを啓発する
②好奇や嘲笑、非難の眼差しにさらされることのない「安全な居場所」を増やす

③啓発と居場所づくりで、社会的孤立を解きほぐす

折しも、政府決定の「就職氷河期世代支援プログラム」（2019年6月）および「就職氷河期世代支援に関する行動計画2020」（2020年12月）ならびに「就職氷河期世代支援に関する行動計画2021」（2021年12月）に基づき、以下のような取り組みに予算がついてます。

- 中高年が参加しやすい**居場所づくり**
- 就労に限らない多様な**社会参加**
- 家族に対する**相談**や**講習会**等の開催
- **調査研究**や**広報**の実施

こうした“流れ”を追い風に、相談支援職の立場からも、以下のような行動を起こすことが求められています。地域のなかの「生きづらさ」を少しでもなくし、社会的孤立を解きほぐす営みは、誰にとっても安心して暮らせる明日を築くための営みでもあるといえます。

「啓発」にかかる行動例

- 専門職同士で、ひきこもりに関して学習会や研修の機会を持つ
- 学んだ内容を咀嚼して、相談支援の場で利用者世帯に話題提供する
- 一般向けに、ひきこもりに関する講演会やシンポジウムを企画・開催する
- 利用者世帯に「どうぞお気軽にご参加ください。周りで気になる人がおられたら、お声かけをお願いします」などと呼びかける

「居場所づくり」にかかる行動例

- ひきこもり当事者などが交流・仲間づくりを行えるコミュニティカフェを開設したり、開設されるように行政等にはたらきかける
- ひきこもり当事者が気軽に時間を過ごすことのできるフリースペースを開設したり、開設されるように行政等にはたらきかける
- 「居場所」に関する情報を利用者世帯に周知する

精神障害が疑われる家族への対応

Q9 利用者の同居家族から「私は盗聴・監視されている！」と訴えられたのだが、どうしたらよいか？

A 訴えの内容を掘り下げて聴いたうえで、当該同居家族の同意をとって地域包括支援センターにつなぎましょう。「本人の困っていること」に焦点を当てることが大事です。

①まずは、地域包括支援センターと情報共有

「盗聴」「監視」というワードだけで決めつけてはいけませんが、この同居家族は統合失調症等の精神疾患が進んでいるかもしれない――とも考えられます（もちろん、訴えが事実である可能性もあります）。訴えの内容を掘り下げて聴き、ここ最近変わったことはなかったか等、同居家族自身や利用者に尋ねたうえで、「担当部署に報告しますがよろしいですか」と同意をとり、地域包括支援センターと情報共有しましょう。

●「盗聴」等の訴えがあった場合の対応

②ケアマネジャーに求められる役割――聴く・見守る・つなぐ

基本的には地域包括支援センターがメインとなり、医療機関や行政の精神保健福祉部門などと連携を図る事案です。しかし、家族の精神疾患は本人の介護にも影響が及ぶことがありますので、ケアマネジャーも協働して役割を担っていくことが期待されます。具体的には以下のような役割です。

①話を聴く

訪問した際に、同居家族にも「気になることはないか」「具合はどうか」「苦労していることはないか」等を尋ねます。話を聴き、そのなかから新たに生じている課題やＳＯＳを読み取り、解決への糸口を探すようにします。

②サービスを通じて見守り

訪問介護等のサービスを実施しているなら、何か気づいたことがあったら連絡してもらえるように見守りを依頼し、情報共有の体制を築きます。

③地域で見守り

民生委員とも情報共有して見守りを依頼します。こうした「クレーム」を周囲にも語っているようだと、近隣トラブルにも発展しかねません。何かあった場合の対処策という意味でも、協力をお願いしておくとよいでしょう。

④医療につなぐ

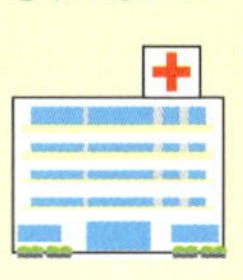

医療につなぐ際の基本は、「本人の困っていることに焦点を当てる」ことです。話を聴いて、その困っていることを地域包括支援センター等と共有し、受診勧奨に役立ててもらいます（すでに精神科にかかっているなら、主治医と情報共有します）。

●精神保健福祉に関する連携先

保健所

こころの健康・保健・医療・福祉に関する相談、未治療・医療中断の方の受診相談、思春期問題、ひきこもり相談、アルコール・薬物依存症の家族相談など幅広い相談を受け付けています。相談は電話や面談により受け付けます。

市町村（保健センター）

保健、医療、福祉について、身近で利用頻度の高い相談に対応しています。障害福祉サービスなどの申請受付や相談、保健師による訪問等の支援を行っています。

精神保健福祉センター

こころの健康についての相談、精神科医療についての相談、社会復帰についての相談、アルコール・薬物依存症の家族の相談、ひきこもりなど思春期・青年期問題の相談、認知症にかかる相談など精神保健福祉全般にわたる相談を受け付けています。電話や面接で相談できます。

医療機関

以下のような診療科のある医療機関
- 精神科、精神神経科
- 心療内科
- 神経内科

ピアサポート

「ピアサポート」には具体的にどのようなメリットや効果があるの？

A 同じようなつらい経験をもつ仲間として、利用者と「対等な関係」を築けること。当事者の経験と視点によるアセスメントやアドボケートで、支援の質を底上げできること。存在自体がロールモデルであること――などです。

①苦悩・葛藤の経験を有した仲間
――専門職支援者と大きく異なる

ピアサポートとは、「なんらかの課題を有する人が、自らの体験に基づいて、似たような境遇にある人の相談相手となったり、同じ仲間として社会参加や地域での交流、問題の解決等を支援したりする活動のこと」です。

「ピア」は英語のpeerで、仲間、対等、同輩を意味します。たとえば、障害を有する人同士、がんや難病などの患者同士（闘病経験者含む）、ひきこもりの子をもつ親同士というような、「ピア」の関係性で行われる支援が「ピアサポート」で、ピアサポートを行う人を「ピアサポーター」といいます。

ピアサポーターは、同じような苦悩や葛藤の経験を有しているがゆえに、共感的態度に深みと説得力が備わっています。また、自らを引き合いに、「誰でもリカバリーできる。あなたもきっと大丈夫」と鼓舞できることも、専門職支援者と大きく違う点です。

②「対等の仲間」であり、「ロールモデル」でもある

従来の専門職支援者による支援は､「支える側→支えられる側」という一方向の関係性ですが、ピアサポーターの場合は“対等”です。同じようなつらい経験をしてきた仲間であり、本音で話せる関係性です。アドボケートや専門職・家族との「橋渡し」の役割を担えます。

また、利用者本人にとってピアサポーターは、自分が回復（退院、地域移行、就労等）した将来の姿と重なり合う「ロールモデル」でもあり、今後自分はどうなりたいか、そのために何をしたらよいのかを検討するきっかけ・動機づけを与える存在です。

その他、障害者支援の現場で発揮されるピアサポートには、以下のようなものがあります。

●障害者支援の現場で発揮されるピアサポート

- 外出同行の場面などで自身の実体験（失敗談含む）を開陳し、質問に答え、利用者の不安を軽減・解消
- 利用者からのサービス選択に関する相談・問い合わせに、ユーザー目線で助言
- 経験者として、居宅生活のうえでの留意事項、症状発生時の対処、関係職種との付き合い方等を利用者に助言

- 相談に対して、自身の経験から自然に湧き出る共感的態度をもって受容
- 経験しているからこその、わかりやすい制度説明や利用方法の助言
- 当事者としての経験に照らして、利用者に対する支援内容について意見を表明
- 当事者の視点で、利用者とのかかわり方について、同僚の専門職や家族に助言

「ピアサポート体制加算」「ピアサポート支援加算」が誕生

以上のような効果が評価されて、2021 年度の障害福祉サービス等報酬改定で、新たに「ピアサポート体制加算」「ピアサポート支援加算」（100 単位／月）が導入されました。名実ともに、ピアサポートは事業者の収益に寄与します。同時に、働くピアサポーター自身にとっても自己肯定感を高く保てる「一石三鳥」の支援方法です。

ただし、ピアサポーターの持てる力が発揮されるよう、相応の環境が必要です。受け入れる事業所は、ピアサポーターの状況や利用者との関係性をフォローして、いつでも相談にのれる体制を整えておく必要があります。また、「就業・生活支援センター」や地域の自助グループなど、相談できる場所を外部に確保しておくことも望まれます。

障害者の地域移行

Q11 障害者施設入所中（または精神科病院に入院中）の利用者の「地域移行」って、どう進めるの？

A 施設・病院と相談支援事業所とで連携をとって「動機づけ」を図り、不安を一つひとつ解消して、課題を解決する段取りをつけます。

①まずは「退所後・退院後の生活のイメージづくり」から

施設・病院での暮らしが長期化した患者・入所者にとっては、現在の環境こそが現実であって、外で流れる日常は「非現実的」な世界です。だからこそ、「退所後・退院後の生活のイメージづくり」が大事になります。

まずは、さまざまな課題があっても地域生活が可能であることを知ってもらえるように、施設・病院において情報提供に努めます。たとえば、既に同じような体験を経て地域で暮らしている「ピアサポーター」と交流する茶話会を開催するなどの方法があります。

②希望と不安を受け止めて計画作成、申請手続き

地域移行の希望を示した利用者を相談支援事業所につなぎます。地域移行を担う相談支援専門員が、「暮らしたいところ」「してみたいこと」などの希望と、いま感じている不安等を、本人が答えやすいように丁寧に聴き取り、支援内容を検討して「地域移行支援計画」に落とし込みます。施設・病院の側でも「退所（退院）支援計画」を作成し、両者をすり合わせます。

障害福祉サービスの利用申請は、この段階で行います。対象者が介護保険の被保険者である場合は、「介護保険優先原則」と絡んできますので、介護保険担当課とも相談しておきます。

③地域で暮らすための具体的段取り

障害福祉サービスの事業所を本人と一緒に見学してみたり、グループホームや宿泊型自立訓練施設などで体験宿泊を実施します。一人暮らしを希望している場合は、不動産事業者に同行して一緒に物件探しを行います。このほか行政手続きや関係機関との調整その他を行います。

同時に院内でも、ＳＯＳの出し方や相談手順の習得、服薬の自己管理の習慣化など、セルフケア能力を高めるプログラムを実施します。退所・退院後の緊急時に備えて、「クライシスプラン」（本人の「病状悪化のサイン」とその対処方法を一覧にした計画表）を作成しておきます。

あわせて、退院後のサービス利用の手配を行います。退院後の地域生活を支えるサービス等利用計画（案）を作成し、支給決定～サービス開始まで調整に当たります。

●地域生活への移行に向けた支援の流れ（イメージ）

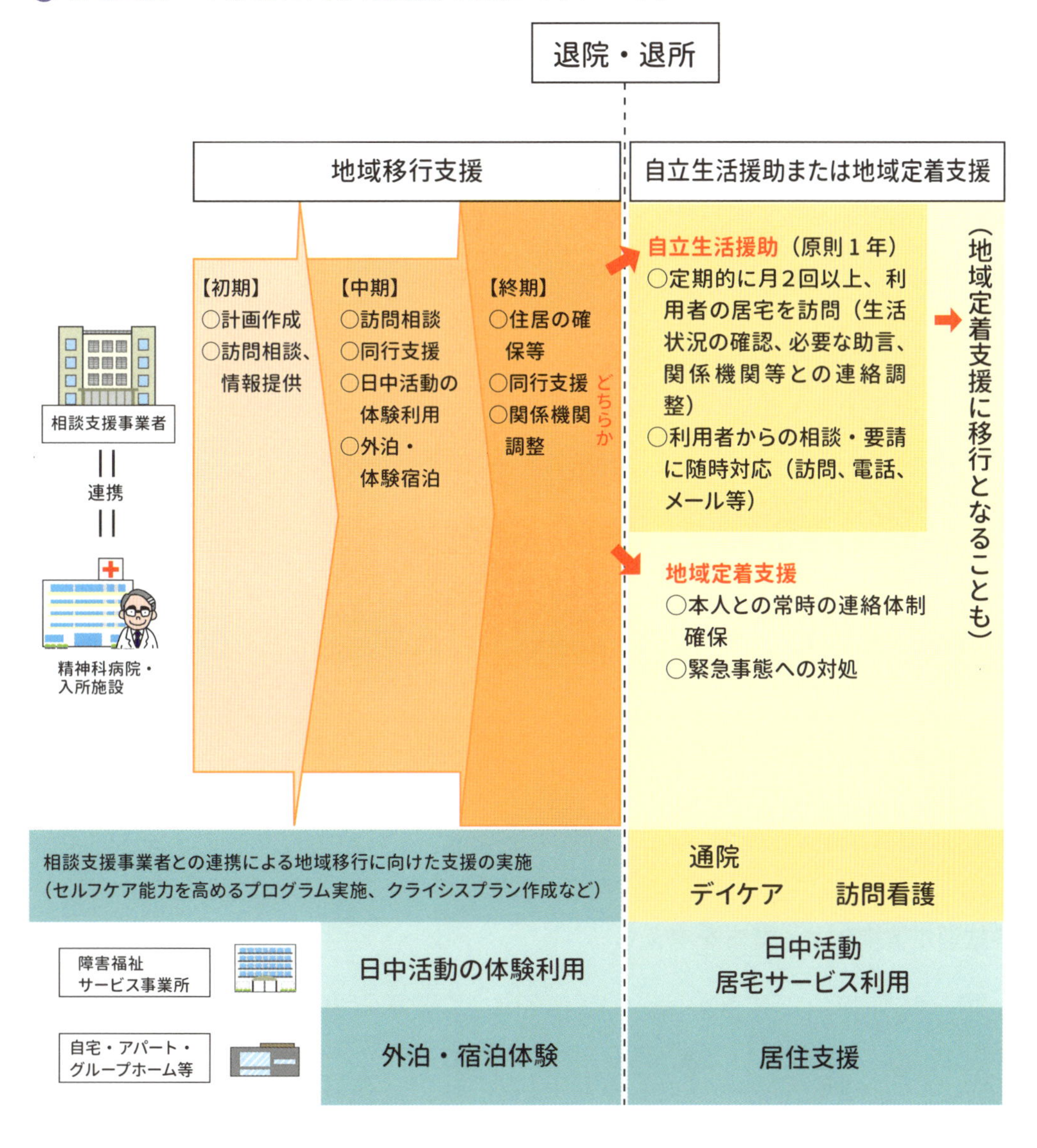

高齢のアルコール依存症者への支援

最近、朝から飲酒するようになった利用者がいる。どう対応したらよい？

A 非審判的態度で、アルコールに頼らざるを得ない“生きづらさ”をほぐし、「このままじゃいけないかな…」という“思い直し”を促します。

①依存症に対する治療・支援の検討が必要

要支援ではあるものの、身の回りのことは自分でこなすことのできる独居の80代男性で、最近、奥さんを亡くされてから塞ぎこむようになり、飲酒量が目に余るほどに増えてきたという事例です。近隣に住む娘が心配して、節制するよう注意を繰り返すも、無視。「ほかに楽しみもないし、仕方がないか…」と半ばあきらめつつ、酩酊による転倒やタバコの火の不始末が心配で、受け入れてくれる施設はどこかないか尋ねられたという事案です。

原則論からいえば、まずはアルコール依存症に対する治療や支援の検討が必要です。施設入居を第一選択にするとしても、一通りの治療・支援を通じて依存症がおさまっていないと、施設探しは難航を余儀なくされるでしょう。

●飲酒が習慣化する背景を考える

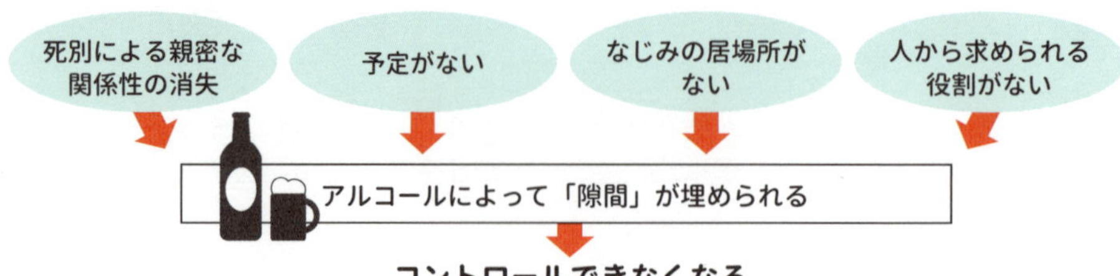

②高齢者特有の難しさ

とはいえ、治療・支援に結びつけること自体が、高いハードルとなります。

健康上のリスクを説明したり、周囲の心配や後始末の負担を説明しても、「だからどうした。酒で死ねるなら本望だ」「頼んだ覚えはない。放っておいてくれ」といった拒絶を招くだけかもしれません。あるいは、火に油を注ぐように、さらに飲酒に拍車がかかることもありえます。

独居の高齢者の場合、「朝から飲んでも“ 支障のない”」状況が生じやすい点に留意が必要です。現役世代であれば、職場や家庭や地域など、いくつもの居場所・役割があって、そのなかでＴＰＯ（時間・場所・機会）をわきまえた行動をとらなければならないという暗黙の了解があります。そうした制約が「ない」ぶん、高齢者は依存症に陥りやすいということです。

③非審判的態度を貫きつつ、“思い直し”を促す

対応のポイントは以下のとおりです。

- 一貫して相手に関心を抱いている態度を示して、共感しながら話を聴く
- 違和感を感じる点があれば、目に見えるように驚きの表情を示して（視覚化）、「そこは私には想像がつきません」「もう少し詳しく教えてください」などと掘り下げていく
- 相当苦しい状況かもしれないが、乗り越えられると信じているし、乗り越えてほしい／できれば一緒にこれからのことを考えていきたい──などと意思を伝える

本人が支援を受ける意向を示したら、精神保健福祉センターまたは保健所につなぎます。

なお、高齢期における依存症を減らすには、地域に高齢者の「居場所」と「役割」を創出することが、何より大事であると考えられます。

「専門職であるがゆえのイネイブリング」に注意

依存症の人の世話を焼いたり、尻拭いをしたりすることによって、結果的に、依存を続けやすい環境をつくってしてしまうことを「イネイブリング」といいます。たとえば、本人がギャンブルでつくった借金の肩代わりをしたり、出社できないほど泥酔した本人に代わって会社に謝罪の電話を入れたりするような行動が、これに当たります。相談援助職も、知らず知らずのうちにイネイブリングに陥ってしまうことがあります。知識や経験が豊富であるがゆえ、“先” が見えてしまったり、譲れない一線にこだわってしまって、ついつい世話を焼いてしまいがちなのです。

定期的に自ら「振り返り」を行うとともに、職場や職能団体等でスーパービジョンを受けるなど、対策を講じる必要があります。

ギャンブル依存と経済的虐待

息子が老親の貯金を勝手に引き出して、パチンコにつぎ込んでいるようだ。どう対応したらよい？

A 経済的虐待の原因である「依存症」の支援につながるようはたらきかけます。介護負担や孤立が依存の要因となっていなかったかも検討します。

①依存症の理解──「否認の病気」であるということ

介護サービス利用料の支払いが滞った利用者（親）に、担当ケアマネジャーが事情を尋ねて発覚した事例です。息子（60代、無職独身）に勧められるままに通帳を預け、管理を任せていたら、1年も経たぬうちに300万円以上あった貯金が尽きて、口座から引き落としできなくなっていた。何に使ったかを尋ねても、息子は言を左右に答えようとしない。たまたまヘルパーが、パチンコ屋から出てきた息子を目撃した。「そういえば外出から帰ってくると、最近いつもタバコ臭かった」──という状況証拠から、ギャンブル依存が強く疑われる（実際そうだった）、という事案です。

依存症は、「否認の病気」といわれるように、それを続けるためなら不都合なことを隠したり、嘘をついてごまかすことも厭わない病気です。そして責められれば責められるほど、現実逃避の衝動にかられ、依存が強化されてしまいます。

②全体像をとらえ、課題を整理する

もちろん、勝手に財産を費消したという時点で「経済的虐待」です。着服された金額は返還されるべきですし、被害がこれ以上拡大しないように手を打たなければなりません。同時に、問題の「元」となっているギャンブル依存が落ち着くように、治療・支援につなげる必要があ

ります（そうしないと、新たな借金や違法な手段で「軍資金」を調達するようになる）。
　かといって、この息子が親の主たる介護者であることにかわりはなく、不在となったら在宅介護が回らなくなります。対応にあたっては、こうした全体像をふまえる必要があります。

●本事例における対応のポイント

①全体像を整理する

息子の状況

ギャンブル依存症当事者

要介護者の家族（主たる介護者）

親の状況

②課題を整理する

(1) 生活費の枯渇への対応
(2) 通帳等の管理のあり方の見直し（場合によっては親の身の安全の確保も必要）
(3) 借金の有無の確認
(4) ギャンブル依存症当事者の家族としての、親のストレスへの対応
(5) ギャンブル依存症に関する専門窓口や社会資源の紹介とフォロー。入院・入所する場合は、その間の親への介護サービス等の調整
(6) 息子にかかっている介護負担や生活状況の確認、支援内容の見直し

③改善を促す

対応のポイント

- ☑ 非審判的態度で接する
- ☑ 経済的虐待による支障を具体的に伝える
- ☑ 以下のことを説明し、「回復への取り組みを応援したい」という意思を伝える
- ☑ 本人の意向に応じて精神保険福祉センターまたは保健所につなぐ

説明すべきポイント

- ☑ 依存症は誰でもなりうる病気であること
- ☑ 歯止めがきかなくなるのは「脳の機能異常」によるものであること
- ☑ 依存症は回復可能な病気であって、回復に必要な手段もあること
- ☑ 債務整理や生活の立て直しに関する支援を得ることもできること

COLUMN

障害支援区分と要介護度の違い

――障害支援区分は「標準的な支援の度合い」を示す

介護保険制度における「要介護度」は、「いまの環境で自立した日常生活を送るうえで足りない部分・程度を測定する指標」です。その足りない部分に、外部からサービスを手配して、尊厳ある生活を保持できるように支援することを目的としています。

一方、障害者総合支援制度における「障害支援区分」は、認定調査や主治医意見書から導き出された「必要とされる標準的な支援の度合い」です。つまり、これを標準として、「個別の障害のある人が自らの生き方・暮らし方を選択して実現する」うえで必要なサービス等を検討することを目的とした指標です。

●障害支援区分と要介護度

	障害支援区分	要介護度
制度の趣旨	障害者総合支援制度 基本的人権を享有する個人としての尊厳にふさわしい日常生活または社会生活を営むことができるよう（自らの生き方、暮らし方を選択し、実現できるよう）支援するしくみ	介護保険制度 要介護状態等となった者について、尊厳を保持し、その有する能力に応じ自立した日常生活を営むことができるよう支援するしくみ
区分	区分１～６	要支援１～２、要介護１～５
区分が示すもの	障害の多様な特性その他の心身の状態に応じて必要とされる標準的な支援の総合的な度合い	介護の手間（介護の時間）の総量
認定調査の考え方	「できたりできなかったりする場合」は、「できない状況」に基づき評価	「できたりできなかったりする場合」は、「より頻回な状況」に基づき評価
	普段過ごしている環境ではなく、「自宅・単身」を想定して評価	生活環境や本人のおかれている状態等も含めて評価
審査会の考え方	対象者に必要とされる支援の度合いが一次判定結果に相当するか検討	通常に比べ、介護の手間がより「かかるか」「かからないか」を検討

医療保険

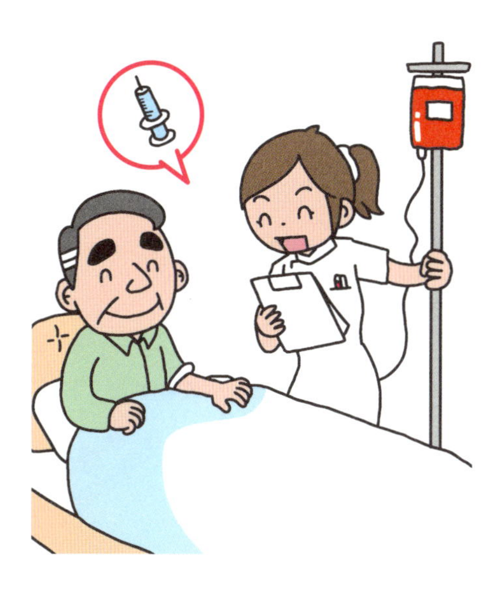

❶「医療保険制度」をザックリ押さえよう!

必要な医療を受けられるしくみ

わが国では、国民はみな公的医療保険制度に加入して、保険料を納めることが義務づけられています。そうして、万一病気を患ったり、けがを負ったりしたときに、一定の費用負担のもとで必要な診療を受けられるようになっています（医療費の大部分が保険から給付されます)。

保険診療のもとでは、個々の診療行為の「値段」は、すべて厚生労働大臣の告示する「診療報酬点数表」で定められています。医薬品や医療材料も全国一律の公定価格となっています。点数は1点10円として診療報酬額が計算され、そのうちの一定割合を「一部負担金」として患者が負担することになります。残りは医療保険から支払われます。

「高額療養費」による負担軽減も

「一部負担金」の負担割合は、年齢によって異なります。

①小学校就学前までの乳幼児は2割負担
②小学校就学後～69歳は3割負担
③70～74歳は2割負担（現役並みの所得のある人とその家族は3割負担)
④75歳以上は1割負担※（同上)

この一部負担金が高額になって家計が破綻することのないように、「高額療養費制度」という負担軽減のしくみがあります。

※現在1割負担で受診している75歳以上の人のうち、年収200万円以上（75際以上の人が複数人いる世帯では320万円以上）の人について、2022年10月から、負担割合が「2割」に引き上げられます。

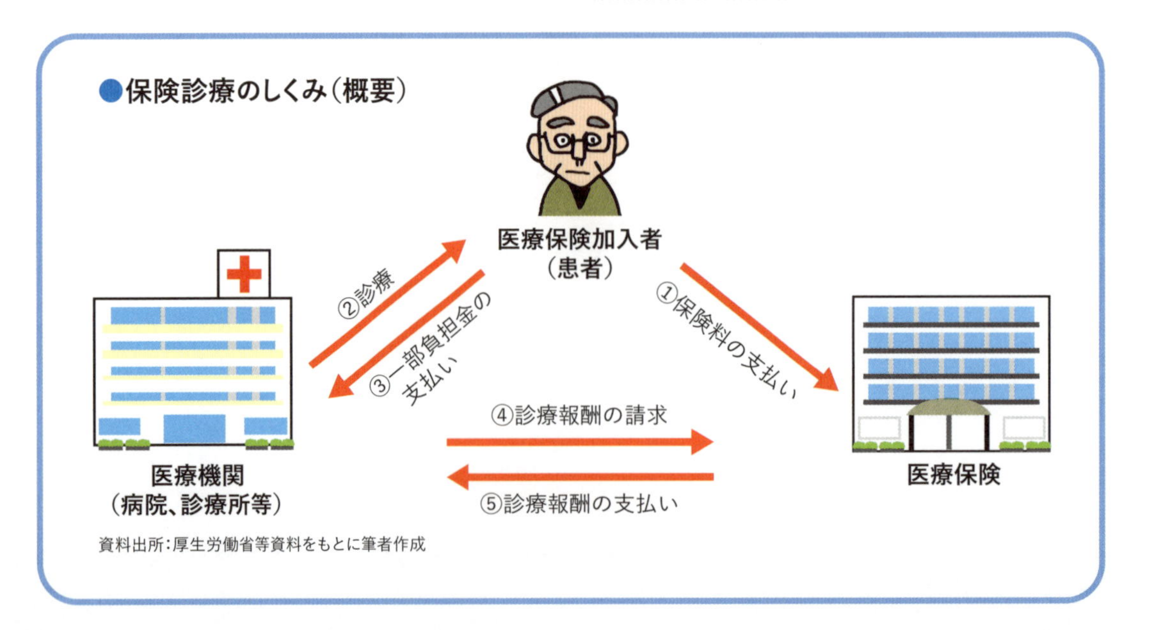

窓口で請求される諸費用

一部負担金以外にも、以下のような負担があります。なお、これらは高額療養費の対象とはなりません。

入院時の食事代等（入院した場合）

入院にあたっては、提供される食事に対して1食単位で460円（指定難病患者は260円。住民税非課税世帯は210円で、過去1年間の入院日数が90日超だと160円。70歳以上で所得が一定以下だと100円）の自己負担が発生します。これを「食事療養標準負担額」といいます。65歳以上の人が療養病床に入院した場合は、光熱水費に相当する居住費負担（370円）が加わり、「生活療養標準負担額」という名称で徴収されます。

保険外の"自費負担"（利用した場合）

個室に入院したり、紹介状なしに大病院を受診したりするなど、患者自身の希望で特別なサービスを利用した場合は、その分の"特別料金"がかかります。また、保険外の先進的な医療（厚生労働大臣が定めたものに限る）を受診した場合は、保険外部分を全額負担する必要があります。

利用に応じた実費負担

診断書などの文書の発行費、理髪料など日常生活上のサービス費用、在宅医療のための交通費など、医療機関の設定した料金について、利用に応じて実費負担します。

年齢や職業で加入先が変わる

医療保険は年齢や職業によって加入先が異なります。サラリーマンは勤め先の健康保険、自営業者や無職者は国民健康保険（国保）、75歳以上は後期高齢者医療制度という具合です。健康保険にある「被扶養者」の概念が国保や後期高齢者医療制度にはないなど、注意を要する点がいくつかあります。

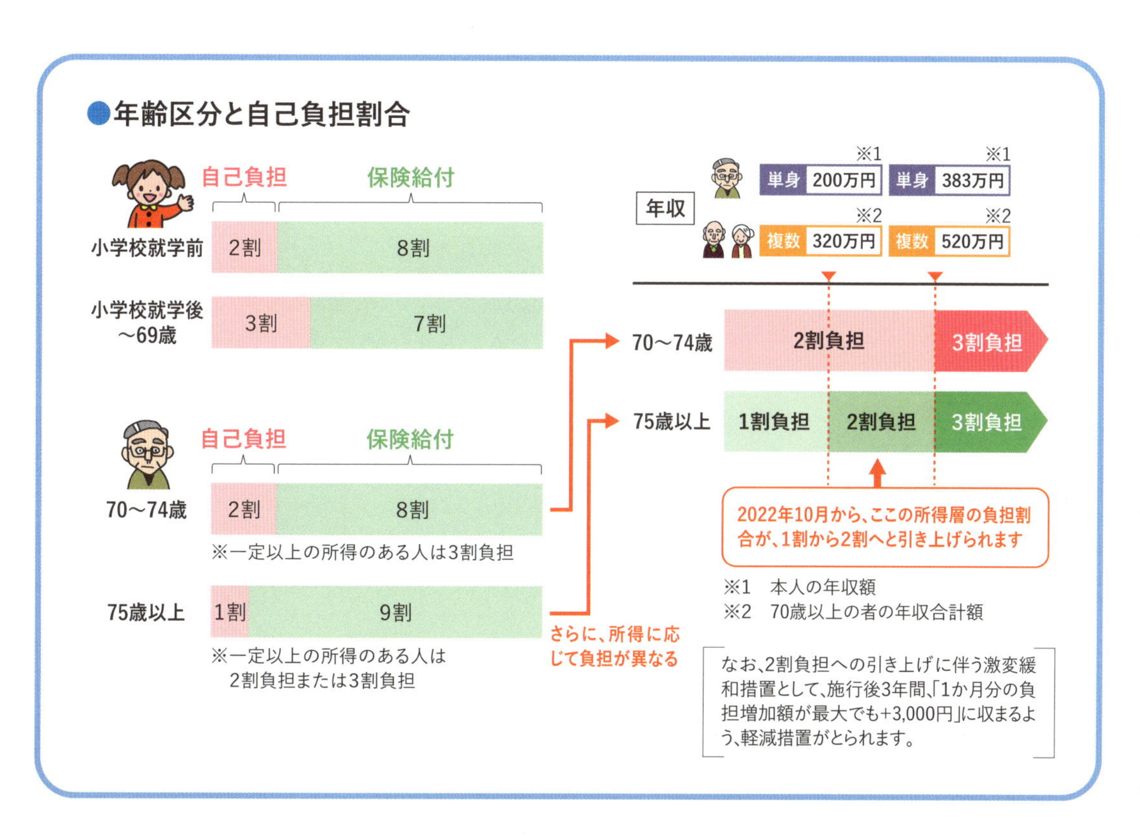

❷ 活用までの流れとポイント

私たちは皆が公的な医療保険に加入しています。これによって、誰もが適時に必要な医療を受けられ、高額な医療費で家計が破綻することのないようになっています。ただし、制度体系や手続きに一部複雑なところがあって、時として、本来受け取れる給付が受け取られていないことや、本来は必要のない負担をしていることがあります。こうした点を中心に解説します。

1. 保険制度の体系と加入・保険料

加入する制度

どのように生計を立てているか、75歳以上か未満かで、加入する制度が異なります。75歳以上の人は、誰もが「後期高齢者医療制度」の適用となります。74歳未満の人は、生計の立て方によって「健康保険」か「国保」に加入します。

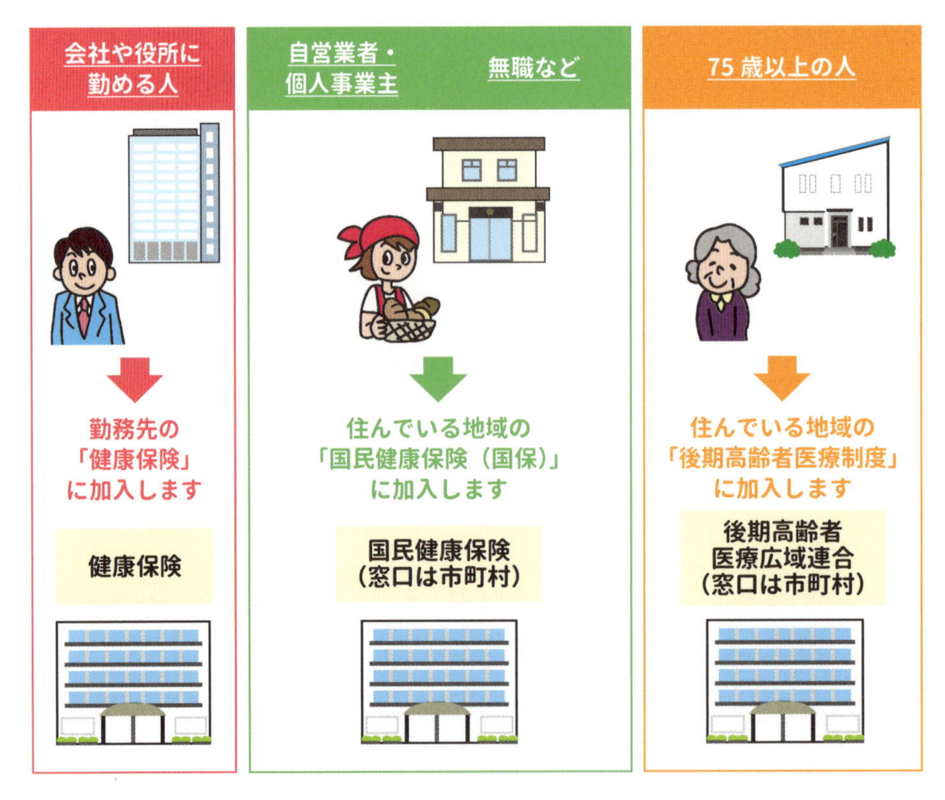

※民間の会社に勤める人は「健康保険」に加入し、公務員や私立学校に勤める人は「共済組合」に加入します。両者をあわせて、行政では「被用者保険」という用語が使われますが、本書では直感的なわかりやすさを優先して、「健康保険」と表記します。

加入の単位、保険料、扶養家族の位置づけ

制度ごとに、加入の単位、保険料の決まり方、扶養家族の位置づけが異なります。健康保険と国民健康保険は加入が「世帯単位」ですが、後期高齢者医療制度は「個人単位」となっています。

	健康保険	国民健康保険	後期高齢者医療制度
加入	被保険者の勤務先の健康保険に世帯単位で加入します。	世帯主の住所地の国民健康保険に世帯単位で加入します。	一人ひとりが住所地の後期高齢者医療制度に個人単位で加入します。
保険料	［給料・賞与×保険料率］で算出された額を、事業主と折半して納付します。保険料は、給料等から源泉徴収されます。	世帯内の被保険者数、被保険者全員の所得等に応じて算出された額を納付します。保険料は、口座引き落としや納付書による振込等で支払います。	所得等に応じて算出された額を納付します。保険料は主として年金からの天引きで徴収されます。
扶養家族	扶養家族は、「被扶養者」という位置づけです。被扶養者が何人いても保険料はかかりません。	扶養家族は、「被保険者」という位置づけです。被保険者の人数と所得額が保険料に反映されます。	「個人単位」の制度なので、扶養家族を取り扱うしくみはありません。仮に扶養家族がいる場合は、別途に保険加入が必要です。
イメージ	世帯単位で加入 被扶養者 保険料はかからない 被保険者 保険料 事業主負担 健康保険	世帯単位で加入 被保険者 人数と所得額に応じた保険料 世帯主 保険料 国保	個人単位で加入 被保険者 被保険者 保険料 後期高齢者医療広域連合

＊健康保険に被扶養者としての加入が認められるのは、被保険者と生計維持関係にあり、かつ、日本国内に住所のある3親等以内の親族に限られます。年間収入の見通しが130万円（60歳以上または障害厚生年金を受けられる程度の障害者の場合は180万円）未満で、かつ、扶養者の収入の2分の1未満（別居の場合は扶養者からの仕送り額未満）であるなどの要件を満たす必要があります。

2－1. 保険給付のポイント①― 高額療養費制度

制度の基本ルール

受診後に窓口で支払う３割または２割もしくは１割の一部負担金が著しく高額にならないように、「自己負担限度額」を超えた分については保険給付が受けられるしくみです。

ルール① 金額の決まり方

- 右記が､「高額療養費」として支払われます。自己負担限度額は、年齢や所得区分ごとに異なります（150 ページ参照）。

【窓口で支払った３割負担】－【自己負担限度額】

ルール② 事前手続きと窓口での支払額

- 「限度額適用認定証」を窓口に出せば、月に限度額以上は請求されません。それ以外の場合は、窓口で３割負担をいったん支払った後、手続きして還付を受けることになります。

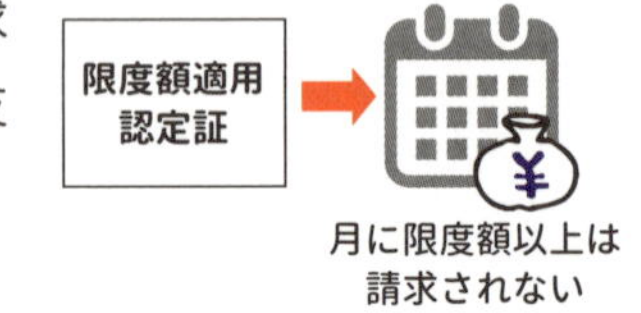

ルール③ 暦月単位、同一医療機関で

- 高額療養費の対象となるのは、「診療のあった月の月始めから月末までの１か月間に、同一医療機関に支払った一部負担金が自己負担限度額を超えた場合」です。
- 入院と外来、医科と歯科は、同じ医療機関であっても別々に扱われます。

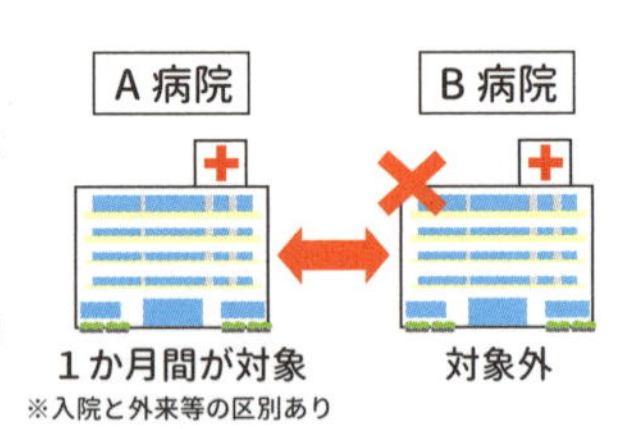

ルール④ 室料や食事代は高額療養費の対象外

- 高額療養費の対象となるのは「一部負担金」のみであって、入院時の食事にかかる標準負担額や差額ベッドなど保険外の負担は高額療養費の支給対象ではありません。

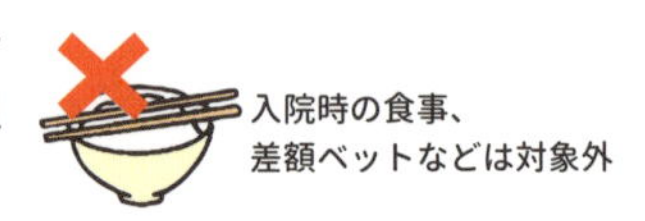

●高額療養費の自己負担限度額

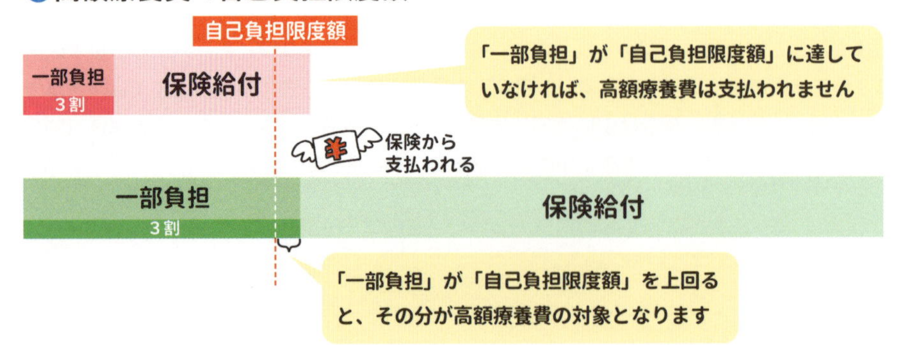

申請の流れ

「限度額適用認定証」を医療機関の窓口に出せば、その医療機関で当月に支払う一部負担は自己負担限度額までとなります（外来・入院別、医科・歯科別）。高額な医療費支払いが必要になるとの見通しが立つ場合は、事前に手続きをしておくことで、当面用立てておくべき現金をより少なくすることができます。既に受診していて、後で限度額適用認定証を提示するのでも大丈夫です。

●限度額適用認定証を「使う場合」と「使わなかった場合」の申請

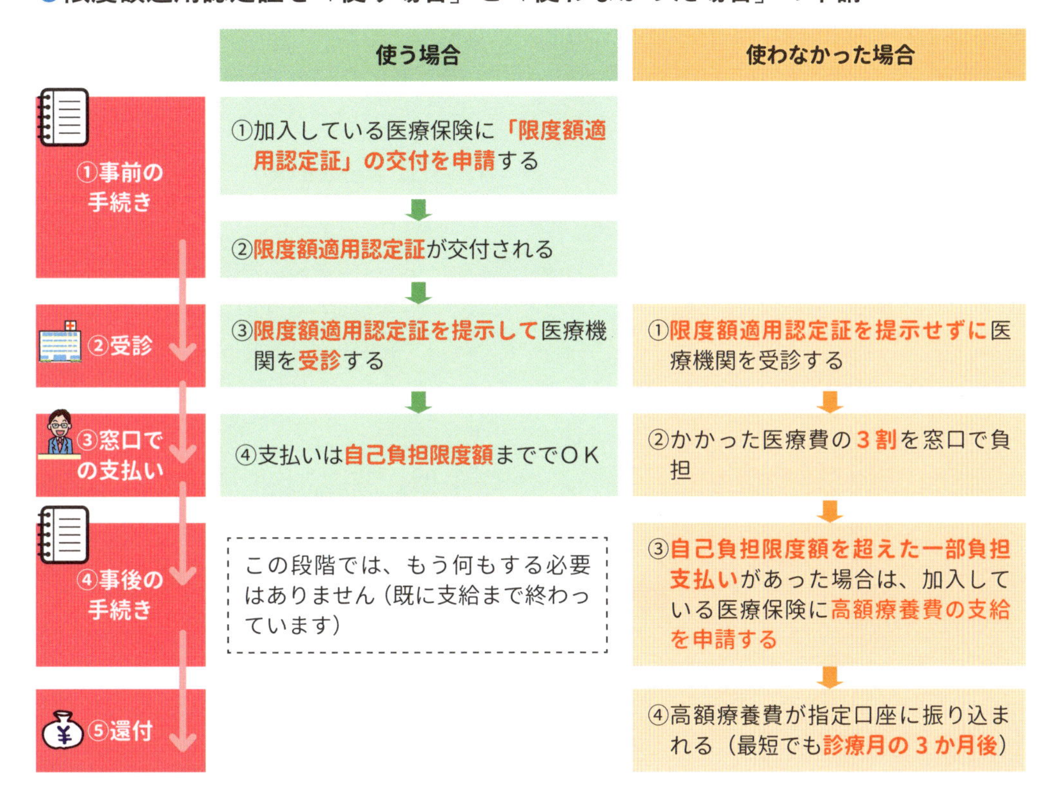

限度額適用認定証、今後は不要に

2021年10月以後、マイナンバーカードを被保険者証の代わりに提示して受診できるようになってきています（準備の整った医療機関から順次可能となります）。マイナンバーカードで受診した場合は、「事前に医療保険から限度額適用認定証の交付を受け、医療機関の窓口に提示する」という手続きは不要です。

自己負担限度額

●70歳未満の場合の自己負担限度額

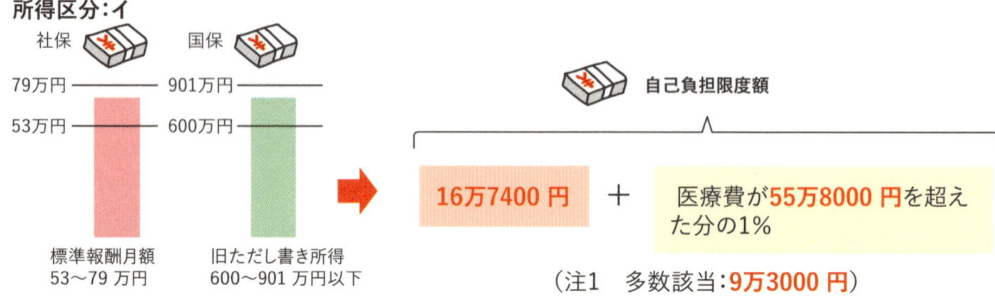

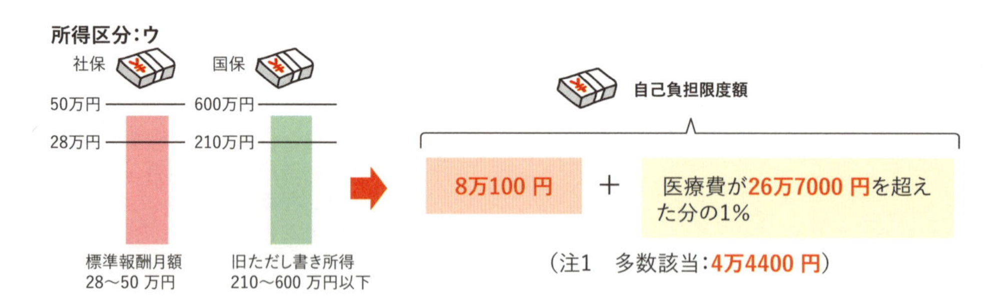

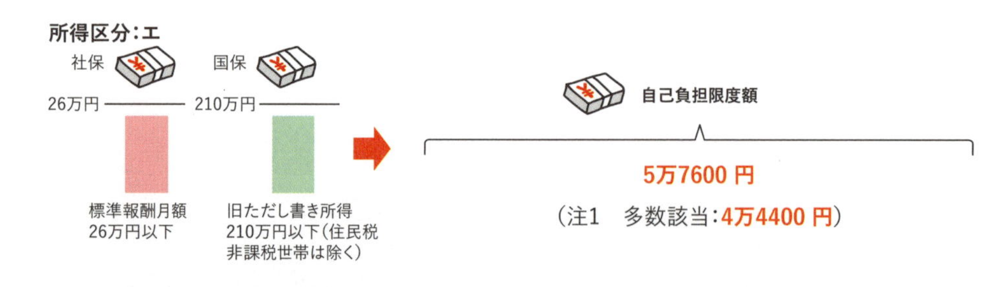

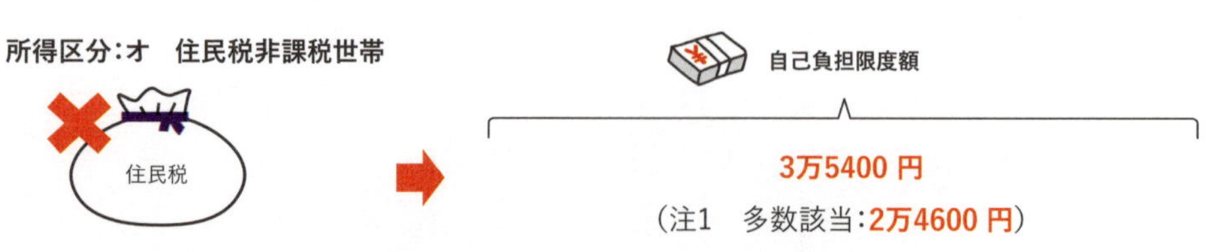

注1 「多数該当」とあるのは、過去12か月間に4回以上高額療養費に該当した場合の、4回目以降の自己負担限度額のことです。

●70歳以上の場合の自己負担限度額

所得区分：現役並みIII

83万円　690万円

標準報酬月額
83万円以上

課税所得
690万円以上

自己負担限度額

25万2600円 ＋ 医療費が84万2000円を超えた分の1%

（注1　多数該当：14万100円）

所得区分：現役並みII

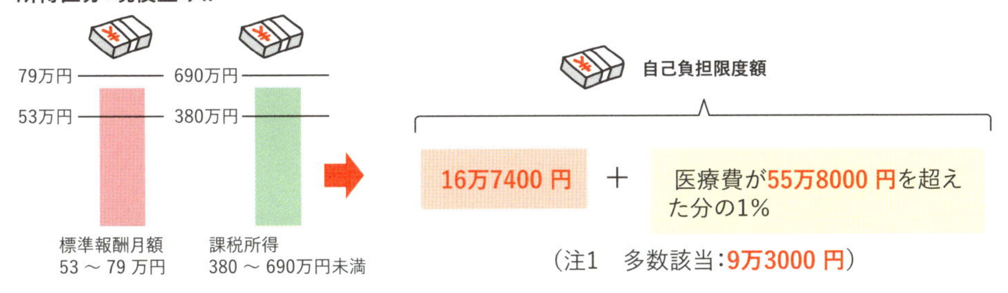

所得区分：現役並みI

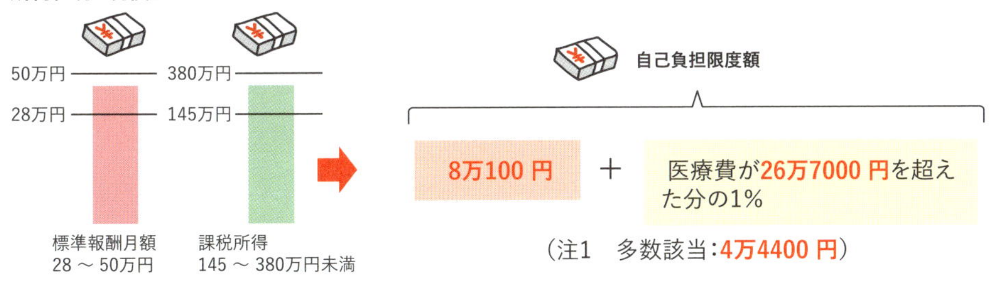

所得区分：一般

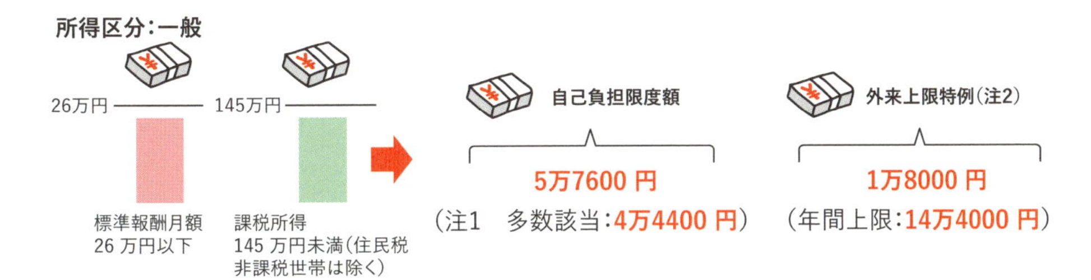

所得区分：住民税非課税世帯

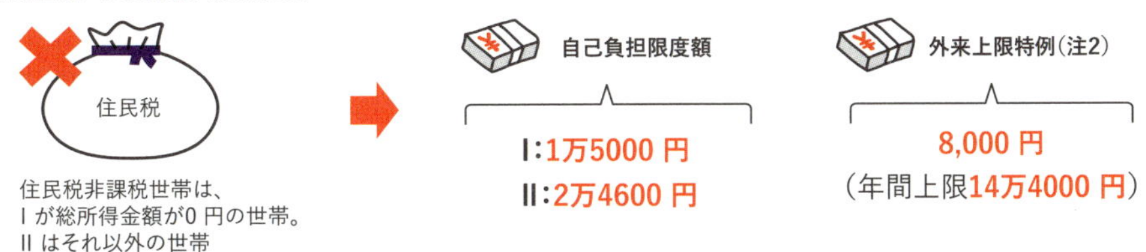

注1　「多数該当」とあるのは、過去12か月間に4回以上高額療養費に該当した場合の、4回目以降の自己負担限度額のことです。

注2　70歳以上の所得区分「一般」「住民非課税世帯」で、「外来上限特例」とあるのは、記載されている所得区分の人に限って、外来診療にかかる医療費負担を軽減するために、特例的に別途設定されている外来限定の自己負担限度額（月）です。さらに、8月1日～翌7月31日の1年間における外来診療の医療費の合計が14万4000円を超えた場合に、申請により超過分を払い戻すしくみがあります。

2－2. 保険給付のポイント②－保険外併用療養費制度

選定療養

個室に入院したり、紹介状なしに大病院を受診したり、制限回数を超えた治療を追加で受けたりというように、通常の診療の過程で厚生労働省の定める「特別なサービス」を患者本人の希望によって利用した場合は、その分の特別料金を医療機関に支払う必要があります。

- 特別の療養環境（個室等のいわゆる差額ベッド）
- 大病院の初診
  （他院からの紹介状を持たずに受診した場合）
- 大病院の再診
  （他院紹介の申し出を断って受診を続けた場合）
- 制限回数を超える医療行為

- 前歯部の材料差額
- 金属床総義歯
- 小児う蝕治療後の継続管理
- 180 日を超える入院
- 予約診療
- 時間外診療

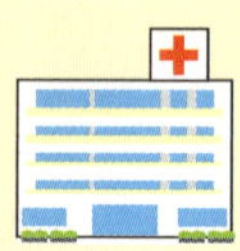

評価療養

保険適用されていない新しい医療技術で、一定の有効性および安全性が認められるとして厚生労働大臣が定めた先進医療を受けたり、医薬品･医療機器の治験を受けたりする場合などは、その保険外にあたる部分のすべてを“自費”によって負担する必要があります。

- 先進医療
- 治験にかかる診療
- 薬機法承認後で保険収載前の使用
（医薬品、医療機器、再生医療等製品）

- 薬価基準収載医薬品の適応外使用
- 保険適用医療機器、再生医療等製品の
  適応外使用

患者申出療養

評価療養の対象となっていない国内未承認の医薬品等を、より早く使用できるようにするしくみです。指定の専門病院を通じて患者が国に申請し、承認されれば受けることができます。治験や先進医療の対象患者から外れてしまった場合も、このしくみで受領を申請できます。

保険外併用療養の料金と事前説明

選定療養、評価療養、患者申出療養の料金は、実施する医療機関が自らの裁量で個別に設定しています（公定価格ではありません）。利用にあたっては、その内容や負担額について、患者が事前に医療機関から説明を受け、納得・同意することが前提となります。

本来は併用できない「保険診療と保険外診療」

選定療養、評価療養、患者申出療養に限っては、保険外の治療（自由診療）と保険診療を一緒に受けることが例外的に認められていますが、それ以外の併用は一切禁止されています（「混合診療禁止の原則」といいます）。

●混合診療禁止の原則

（保険給付分＝７割）
診察・投薬・入院料
などの基礎費用
（患者負担分＝３割）

＋

保険外の治療
（全額患者負担）

↓

すべて患者の負担に

診察・投薬・入院料
などの基礎費用
（自由診療として
全額患者負担）

保険外の治療
（全額患者負担）

●保険外併用療養

（保険給付分＝７割）
診察・投薬・入院料
などの基礎費用
（患者負担分＝３割）

＋

選定療養、評価療養、
患者申出療養
（全額患者負担）

保険給付

（保険給付分＝７割）
診察・投薬・入院料
などの基礎費用

患者の負担

（患者負担分＝３割）
選定療養、評価療養、
患者申出療養
（全額患者負担）

3. 医療保険と介護保険にまたがるサービス

訪問看護

訪問看護は、介護保険からサービスを利用可能な人については、介護保険からの給付が優先します。介護保険と医療保険の双方から訪問看護を受けることはできません。一定の重症者については医療保険からの給付に切り換えられ、頻回の訪問が可能になります。

●訪問看護の保険給付

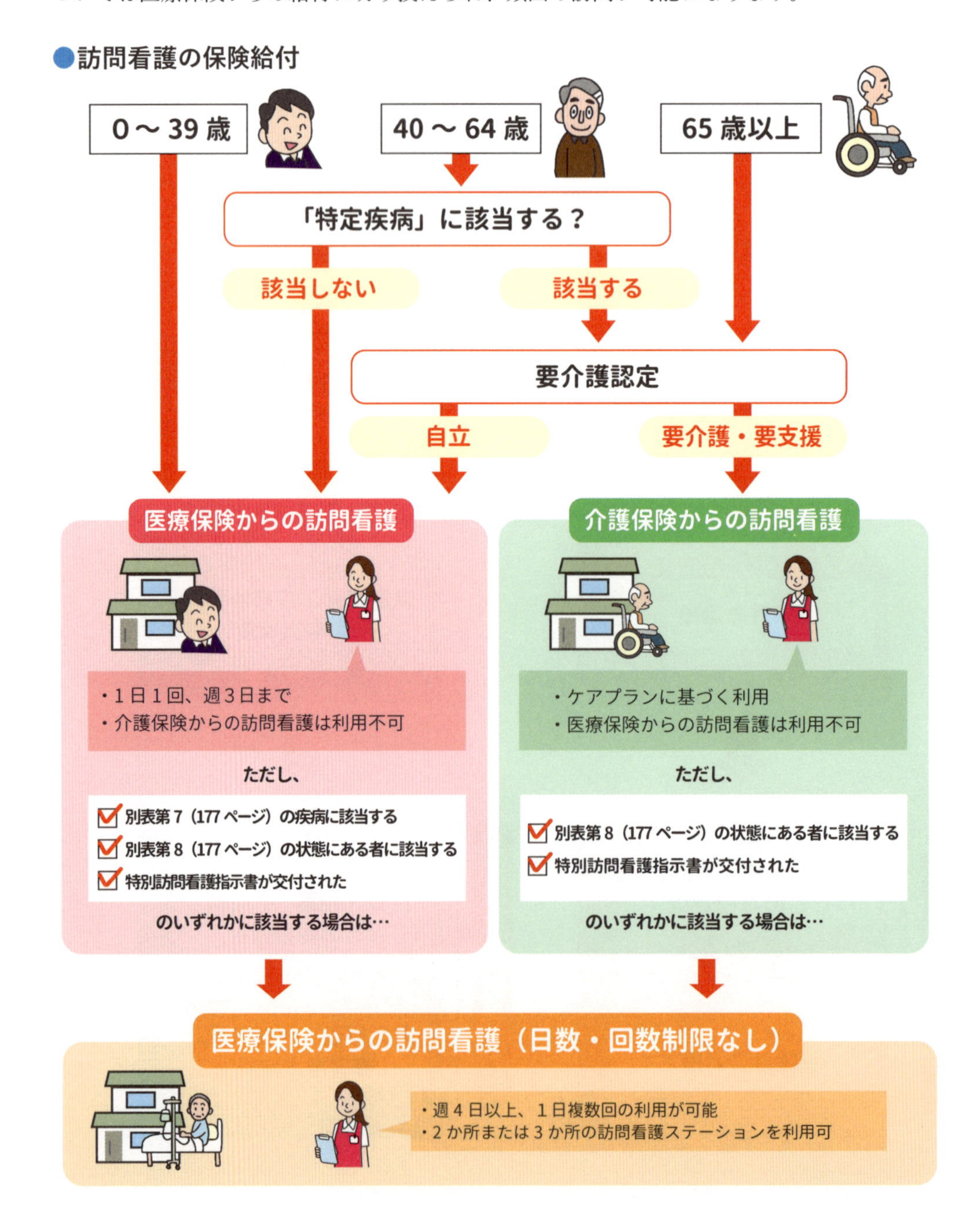

リハビリテーション

病期とリハビリテーションの展開

リハビリテーションは、下図のように①急性期、②回復期、③維持期・生活期の３段階で展開されます。「急性期」と「回復期」には、治療と並行して短期集中型のリハビリが行われ、医療保険から給付されます。「維持期・生活期」には、それでもなお残る障害に対応するための生活機能維持やQOL改善を目的としたリハビリが行われ、介護保険から給付されます。

●リハビリテーションの役割分担

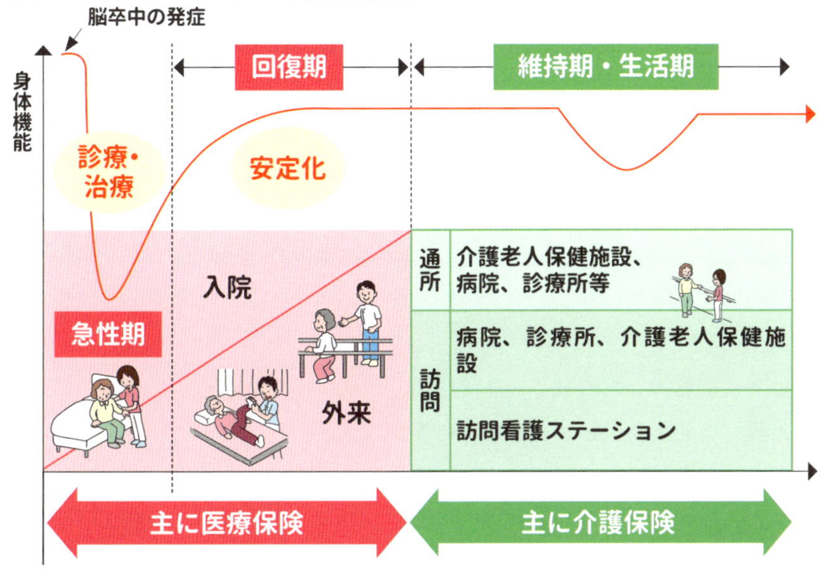

「標準的算定日数」を超えると時間・回数に制限

医療保険から実施されるリハビリには、疾患類型ごとに「標準的算定日数」という目安の日数が定められていて、疾患が発症した日（治療開始日、手術日、急性増悪のあった日など）から、その標準的算定日数の範囲内で終了することを目指して計画的に実施されます。この標準的算定日数を越えると、原則として受けられるリハビリの時間･回数に制限がかかり、要介護･要支援の認定を受けている患者は介護保険による給付に差し替えられます。

標準的算定日数の例：
脳血管疾患のリハビリ…発症、手術もしくは急性増悪または最初に診断された日から 180 日以内
廃用症候群のリハビリ…廃用症候群の診断または急性増悪から 120 日以内

例外が認められる場合

失語症、高次脳機能障害、重度頚髄損傷の患者、回復期リハビリテーション病棟に入院している患者、退院後３か月未満の患者等であって、治療継続によって状態の改善が期待できると医学的に判断される場合は、標準的算定日数を越えても医療保険でリハビリを継続できます。

4. 公費による医療費助成制度

受診時の自己負担（一部負担金）は、①75歳以上は1割負担、②70～74歳と小学校就学前は2割負担、③それ以外は3割負担となっていますが※、病気の種類やその原因によっては、国や地方自治体が医療費の全額または一部を公費で負担する「医療費助成制度」の対象となります。また、乳幼児や児童の医療費を軽減する助成措置が、地方自治体の独自施策として各地で実施されています。

※70～74歳と75歳以上で、住民税課税所得が145万円以上ある人は、「3割負担」

指定難病医療費助成制度

国の定める「指定難病※」にかかり、日常生活に支障を及ぼす程度の重い症状が生じていると診断された場合、治療に要する医療費について、都道府県等から助成が受けられます。

※指定難病…原因不明かつ治療方法が確立していない希少な疾病であり、長期にわたり療養を必要とすることとなるものについて、基準に基づいて厚生労働大臣が指定した疾患。現在338疾患。（2021年11月1日～）

助成の内容

①窓口での**自己負担は「2割負担」**に軽減されます（指定難病の治療費のみ）。

②**自己負担上限額（月額）を超えた自己負担支払いは不要**です。

上限額は、所得区分・状態像によって以下のように定められています。

●医療費助成における自己負担上限額（月額）

（単位：円）

階層区分	階層区分の基準（（ ）内の数字は、夫婦2人世帯の場合における年収の目安）		自己負担上限額（外来＋入院）（患者負担割合：2割）		
			一般	高額かつ長期※	人工呼吸器等装着者
生活保護	――		0	0	0
低所得I	市町村民税非課税（世帯）	本人年収～80万円	2,500円	2,500円	1,000円
低所得II		本人年収80万円超～	5,000円	5,000円	
一般所得I	市町村民税課税以上7.1万円未満（約160万円～約370万円）		1万円	5,000円	
一般所得II	市町村民税7.1万円以上25.1万円未満（約370万円～約810万円）		2万円	1万円	
上位所得	市町村民税25.1万円以上（約810万円以上）		3万円	2万円	
入院時の食事			全額自己負担		

※「高額かつ長期」とは、月ごとの医療費総額が5万円を超える月が年間6回以上ある者（たとえば、医療保険の2割負担の場合、医療費の自己負担が1万円を超える月が年間6回以上）

難病指定医の診断を受け、診断書を作成してもらい、住民票、住民税課税証明書、保険証の写しなどの必要書類をそろえて**都道府県窓口に申請**します。

都道府県から「**指定難病医療受給者証**」と「**自己負担上限額管理票**」が交付されます。

指定医療機関に②を提示して受診します。

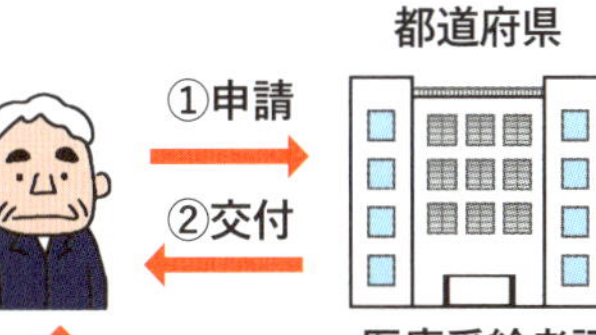

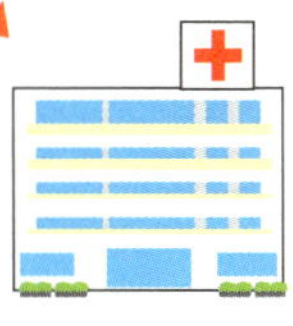

その他の医療費助成制度

福祉や社会防疫の観点から、主として以下のような医療費助成制度があります。戦傷病者、原爆被爆者、公害健康被害者に対する医療についても公費負担で行われます。

自立支援医療（更生医療・育成医療）

●対象：障害の除去・軽減に資する治療を受ける身体障害児・者
●内容：１割負担。ただし、自己負担上限額を超えた自己負担支払いは不要

96 ページ参照

自立支援医療（精神通院医療）

●対象：通院治療を要すると認められた精神疾患患者
●内容：１割負担。ただし、自己負担上限額を超えた自己負担支払いは不要

98 ページ参照

精神科措置入院

●対象：自傷他害のおそれがあって精神科病院に措置入院となった患者
●内容：自己負担なし※

医療観察法による医療

●対象：心神喪失者等医療観察法に基づき、「医療及び観察」の決定を受けた者
●内容：自己負担なし

結核医療

●対象：結核患者
●内容：0.5 割負担。勧告等による入院については自己負担なし※

感染症法の勧告による入院、宿泊療養

●対象：感染症法に基づき勧告等により入院、宿泊療養、自宅療養となった者
●内容：自己負担なし※

※世帯員全員の住民税所得割額の合計が 56 万 4000 円を超える場合は月額 2 万円を限度に自己負担が徴収される

5. 感染症法と医療費負担

リスクに応じた対人・対物の措置

現行の感染症法には、患者の生命・安全の確保と蔓延防止のために、政府や地方公共団体がとるべき措置が定められています。具体的には、症状の重さや病原体の感染力などから、対応を要する既知の感染症を１類〜５類に分け（１類が最もリスクが高い）、さらに今後新たに発生（再興）するかもしれない事態への対応として「新型インフルエンザ等感染症」「新感染症」を定め、あわせてほかの既知の疾病で急激に脅威が高まったものを当てはめる「指定感染症」の８分類で、対人・対物の措置が規定されています（次ページ表）。

なお、新型コロナウイルス感染症の位置づけは、従前は「指定感染症」でしたが、感染症法改正により、2021年2月13日からは「新型インフルエンザ等感染症」の分類へと改められています。

勧告・措置による入院は、原則無償

１類感染症、２類感染症、新型インフルエンザ等感染症等については、罹患した患者に対して都道府県知事が「入院勧告」を発し、従わない患者に対しては強制力を伴う「入院措置」をとることができるようになっています。この際の入院費用は、医療保険適用後の患者負担分（３割、２割または１割分）が原則として全額公費で賄われることになっています。入院中に提供される食事にかかる負担額（通常１食460円）も、公費で賄われます。

この入院は、蔓延防止のための「隔離」という意味合いも持ち合わせているので、医療費の支払い余力にかかわらず確実に一定期間の入院治療が完遂されなければならないという趣旨で、公衆衛生のための経費として患者負担が肩代わりされているのです。

ただし、世帯員全員の住民税所得割額の合計額（年額）が56万4000円を超える場合は、月額２万円を限度に自己負担が徴収されます。

●勧告・措置による入院費用の負担のイメージ

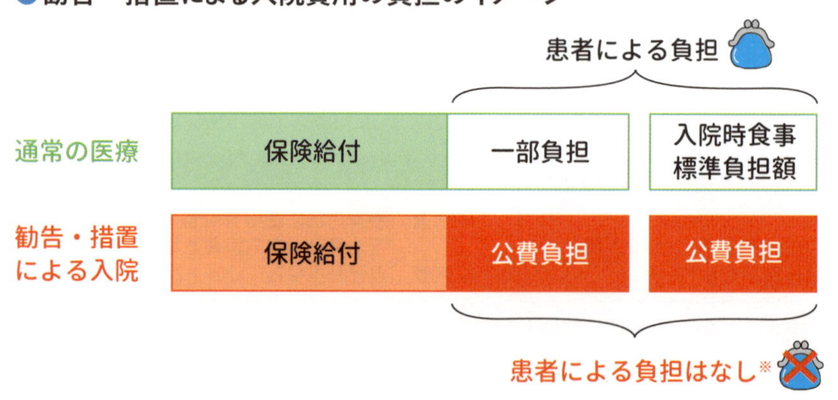

※世帯員全員の住民税所得割額の合計額（年額）が56万4000円を超える場合は、月額２万円を限度に自己負担が徴収される

●感染症類型ごとの対応・医療費負担

感染症類型		主な対応	医療費負担
●1類感染症	エボラ出血熱、クリミア・コンゴ出血熱、痘そう、南米出血熱、ペスト、マールブルグ病、ラッサ熱	・対人：入院（都道府県知事が必要と認めるとき）等 ・対物：消毒等の措置 ・建物の立入制限・封鎖、交通の制限が可能	●医療保険適用 ●入院については自己負担なし（ただし、所得によっては2万円を限度に自己負担が徴収される。以下同じ）
●2類感染症	急性灰白髄炎、結核、ジフテリア、SARS、MERS、鳥インフルエンザ（H5N1）、鳥インフルエンザ（H7N9）	・対人：入院（都道府県知事が必要と認めるとき）等 ・対物：消毒等の措置	
●3類感染症	コレラ、細菌性赤痢、腸管出血性大腸菌感染症、腸チフス、パラチフス	・対人：就業制限（都道府県知事が必要と認めるとき）等 ・対物：消毒等の措置	●医療保険適用 （通常の保険診療と同様の自己負担あり）
●4類感染症	E型肝炎、A型肝炎、黄熱、Q熱、狂犬病、炭疽、鳥インフルエンザ（H5N1及びH7N9を除く）、ボツリヌス症、マラリア等	・対物：消毒等の措置	
●5類感染症	インフルエンザ（鳥インフルエンザおよび新型インフルエンザ等感染症を除く）、ウイルス性肝炎（E型・A型除く）、クリプトスポリジウム症、後天性免疫不全症候群、性器クラミジア感染症、梅毒、麻しん、メチシリン耐性黄色ブドウ球菌感染症等	・発生動向の情報収集・把握 ・国民や医療関係者等に対する情報提供	
●新型インフルエンザ等感染症	新型コロナウイルス感染症	・対人：入院、宿泊療養・自宅療養（都道府県知事が必要と認めるとき）等 ・対物：消毒等の措置 ・感染したおそれのある者に対する健康状態報告要請、外出自粛要請等	●医療保険適用 ●入院については自己負担なし ●宿泊療養については食費および滞在費を支給。自宅療養には配食を実施（新型コロナウイルス感染症の場合）
●指定感染症		1〜3類感染症に準じた措置	1〜3類感染症に準じた措置
●新感染症		・発生当初は、厚生労働大臣が都道府県知事に対して、対応を個別に指導・助言。 ・症例が蓄積され、病原体の特定等が進んだ時点で、政令で1類感染症に指定し、感染症法の準用する規定を定める。	●発生当初は全額公費 ●1類感染症に指定後は、1類感染症に同じ

※1類感染症、2類感染症、新型インフルエンザ等感染症、指定感染症、新感染症で入院措置を受けながら、入院先から逃げたり正当な理由なく入院措置に応じない場合は、50万円以下の過料が課せられる（2021年2月13日施行）。

保険料滞納で 10 割負担となった場合の対応

Q1 国民健康保険の保険料を滞納して通院できずにいる利用者。何か対応は必要？

A 保険料を納められない場合、要件を満たせば減免対象になります。そのことを情報提供して手続きを勧め、地域包括支援センターか市町村の生活困窮者自立支援相談窓口につなぎましょう。

①一刻も早く、必要な医療や介護サービスが受けられるように

国民健康保険や後期高齢者医療制度で保険料を納めず、督促の通知がきても放置していると、有効期間の短い保険証（短期被保険者証）に切り換えられます。それでも滞納を続けると、次は短期被保険者証を返還させられて、そのかわりに「資格証明書」という証書が交付されます。これは医療機関の窓口に提示するための証書ですが、医療費をいったん全額負担しなければなりません。

しかし、収入がなくて保険料に充てられる経済的余裕がない場合は、要件を満たせば保険料の減免措置を受けることができますし、生活保護の要件を満たしていることも考えられます。手立てはあるので、一刻も早く事態が改善されるよう動く必要があります。

●保険料を納めない場合の対応

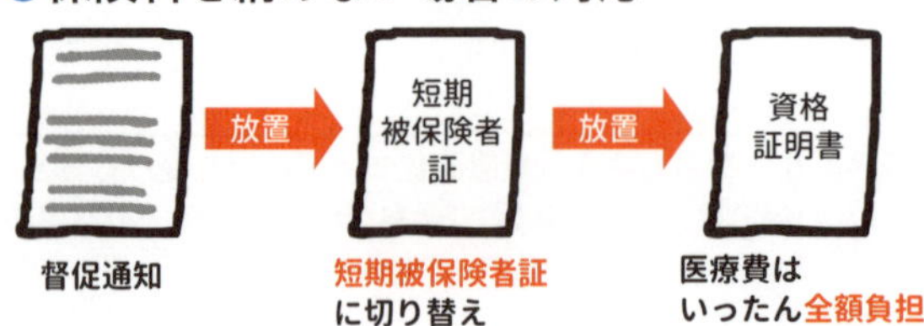

●被保険者証の代わりに交付される「資格証明書」

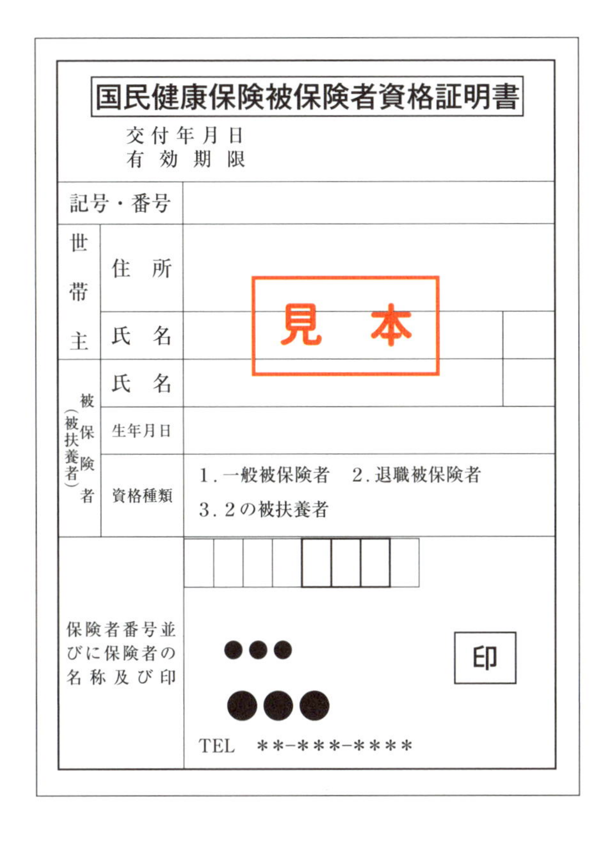

国民健康保険被保険者資格証明書

交付年月日
有効期限

記号・番号		
世帯主	住所	
	氏名	見本
被保険者（被扶養者）	氏名	
	生年月日	
	資格種類	1. 一般被保険者　2. 退職被保険者 3. 2の被扶養者
保険者番号並びに保険者の名称及び印		●●● ●●● TEL　**-***-****　印

②1人で抱え込ませず、相談・手続きへつなぐ

――まず市町村の国民健康保険担当課へ

既に滞納してしまった保険料についても、すぐに納めることができないにせよ、市町村の国保担当課に現在の状態を率直に打ち明けて相談すれば、その後の納付の仕方等で柔軟な対応がなされることもあります。こういうときこそ、制度を利用するために役所とかかわる必要があるのです。1人で抱え込まないように心を解きほぐして、相談・手続きへとつなぎましょう。

●滞納に関する相談窓口と必要書類

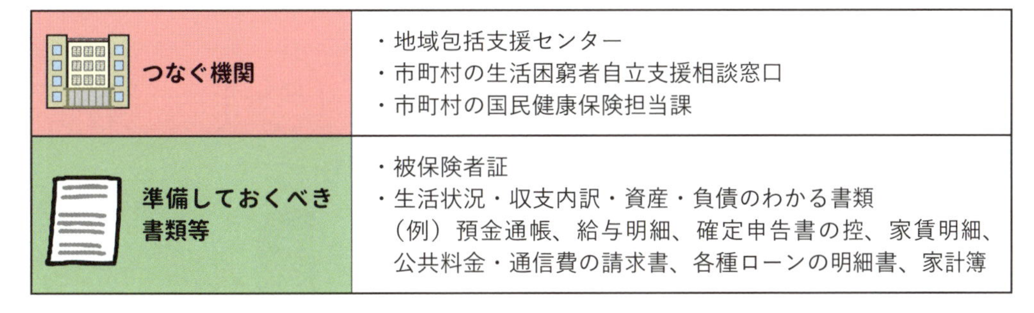

つなぐ機関	・地域包括支援センター ・市町村の生活困窮者自立支援相談窓口 ・市町村の国民健康保険担当課
準備しておくべき書類等	・被保険者証 ・生活状況・収支内訳・資産・負債のわかる書類 （例）預金通帳、給与明細、確定申告書の控、家賃明細、公共料金・通信費の請求書、各種ローンの明細書、家計簿

無料低額診療

保険料滞納で「受診控え」している人が体調悪化。お金の心配なしに受診できる病院はない？

A 無保険であっても、無料または低額で医療を受けられる「無料低額診療」という事業があります。近くで実施している医療機関がないか、探してみてください。

①緊急避難的な手段としての「無料低額診療」

お金がなくて「医療を受けたくても受けられない」という人に対し、緊急避難的に無料または低額で診療を行う「無料低額診療」という事業が、一部の医療機関で実施されています。医療機関による“審査”で認められれば、医療費が一定期間減免されます。ただし、処方箋を渡されて院外の調剤薬局で処方を受ける場合の医薬品費は、減免の対象外です。

●無料低額診療の範囲

●無料低額診療のしくみ

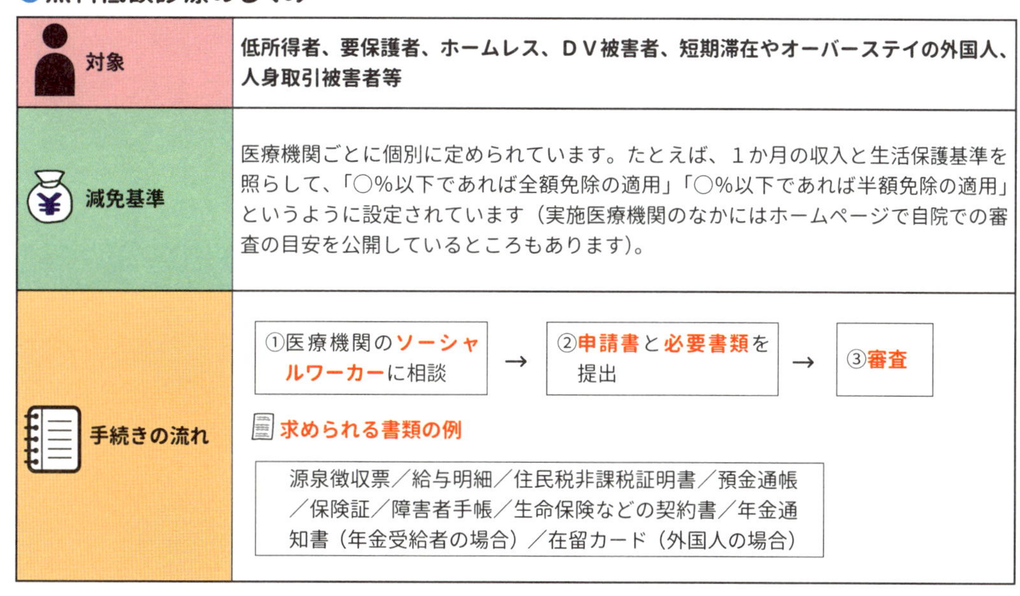

対象	低所得者、要保護者、ホームレス、ＤＶ被害者、短期滞在やオーバーステイの外国人、人身取引被害者等
減免基準	医療機関ごとに個別に定められています。たとえば、１か月の収入と生活保護基準を照らして、「○%以下であれば全額免除の適用」「○%以下であれば半額免除の適用」というように設定されています（実施医療機関のなかにはホームページで自院での審査の目安を公開しているところもあります）。
手続きの流れ	①医療機関の**ソーシャルワーカー**に相談 → ②**申請書**と**必要書類**を提出 → ③**審査** **求められる書類の例** 源泉徴収票／給与明細／住民税非課税証明書／預金通帳／保険証／障害者手帳／生命保険などの契約書／年金通知書（年金受給者の場合）／在留カード（外国人の場合）

②無料で実施している医療機関はごく一部

――全国でわずか723か所

無料低額診療事業は、社会福祉法に基づく第２種社会福祉事業であり、あらかじめ都道府県（政令市、中核市）に届け出てこれを実施している医療機関が、患者の収入などを審査したうえで医療費の減免を行うものです。

実施している医療機関名は、都道府県のホームページに掲載されています。2019年度現在で実施医療機関は、全国に723か所。全医療機関のわずか0.4%ですので、必ずしも各地で活用できる社会資源というわけではありません。

●「無料低額診療事業」の概要

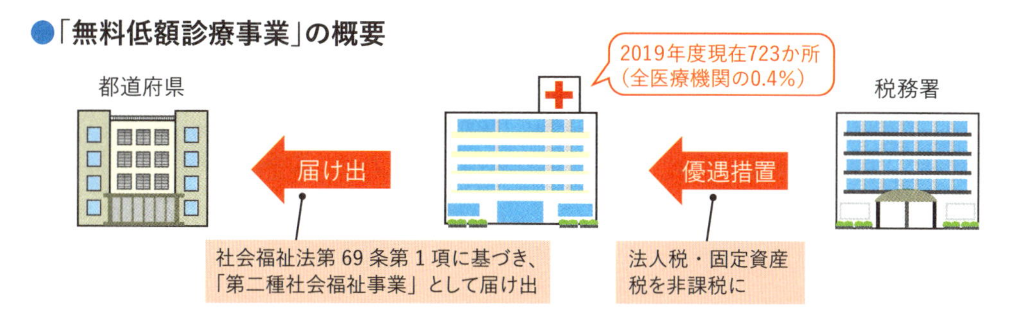

無料低額診療事業の基準

1. 診療費の減免方法を定めて明示していること
2. 生活保護受給中の患者と、無料低額診療事業対象患者の合計が、総延患者数の10%以上
3. 医療ソーシャルワーカーを配置し、相談室を設置していること　　ほか

保険料負担を節約する方法

保険料負担を少しでも軽くする方法があったら知りたい。

A 利用者世帯のなかには、本来なら受けられる保険料軽減措置を受けていない世帯があるかもしれません。右ページのチェック表で「可能性あり」なら、所得申告の手続きを勧めてみましょう。

①申告しないと「保険料軽減措置」は受けられない

公的医療保険は、「負担能力に応じて保険料を納め、必要に応じて給付を受ける」という建前になっています。その前提で、保険料額は基本的に「所得」と連動しています。さらに、国民健康保険（以下、国保）や後期高齢者医療制度では、低所得の世帯について、申請なしで自動的に保険料を軽減するしくみがあります。

ただし、前年の所得を申告していないと、この軽減措置を受けられず、保険料が本来よりも高くなってしまうことがあります。保険料軽減を受けるためには、確定申告の必要にかかわらず、申告（「国民健康保険所得申告書」または「後期高齢者医療所得申告書」による申告、市町村によっては「市民税・県民税申告書」による申告）が必要です。

保険料を自動的に軽減

⚠軽減措置の対象外！

②低所得世帯向けの軽減措置が適用されているかを確認

「保険料負担が重過ぎる」というのは、主観的な感想かもしれませんが、この軽減措置の対象でありながら、軽減を受けられていないということも考えられます。それは、国保や後期高齢者医療広域連合から送られてくる「保険料納付書」によって確認できますので、納付書の書類のなかに保険料軽減の記載がないかどうか、確認してみましょう（手元に保険料納付書がなければ、市町村に問い合わせて確認できます）。

次に、保険料軽減対象世帯の「可能性チェック表」で、自己点検してみます。これによって、軽減対象世帯である可能性が出てきた場合は、市町村から所得申告の用紙を受け取って、必要事項を記入のうえ、提出するようにします（添付書類の有無等は窓口で確認し、一式揃えて所得申告書とともに提出する）。ただし、申告しても、結果的に軽減措置に該当しないことも考えられます。

●軽減措置を受けるための流れ

●軽減対象世帯でありながら軽減を受けていない可能性チェック表

以下のいずれかに該当する
□ 遺族年金または障害年金を受給している
□ 所得がまったくなかった家族がいる

以下のどちらにも該当する
□ 確定申告していない家族がいる
□ 「国民健康保険所得申告書」または「後期高齢者医療所得申告書」を提出していない（市町村によっては「市民税・県民税申告書」）

●保険料が軽減される所得基準

前年の世帯の総所得金額	軽減割合
43 万円＋ 10 万円×（給与所得者等の数－１）	均等割の７割
43 万円＋(28.5 万円×被保険者数）＋ 10 万円×（給与所得者等の数－１）以下	均等割の５割
43 万円＋(52 万円×被保険者数）＋ 10 万円×（給与所得者等の数－１）以下	均等割の２割

※国保の保険料は「均等割」以外に、「所得割」「平等割」「資産割」によって構成されます。平等割と資産割のない市町村もあります。

保険料減免の手続き

Q4 国民健康保険の保険料を払えなくなったらどうする？

A 事業廃止、病気、災害、倒産、解雇など、特別な事情があって保険料納付が難しい人については、「保険料減免措置」がとられます。

特別な事情による「所得激減」には、保険料減免・徴収猶予も

公的医療保険の保険料額は、基本的に「所得」と連動しています。ただし、「前年の所得」をもとに保険料が計算されるため、その「時間のずれ」によって、負担能力と見合わない水準の保険料が請求されてしまうことがあります。たとえば、病気、災害、倒産、解雇などに遭遇して、所得が激減した場合などです。こうした事態に対応するため、国民健康保険や後期高齢者医療制度には、以下のような保険料減免・徴収猶予の制度が設けられています。

●所得減少に対する減免

概要	事業廃止、病気などで収入が激減し、**生活が著しく困難となった世帯**を対象に、保険料の徴収を猶予したり、減額または免除する制度
手続きの流れ	①世帯主が**市町村の国民健康保険担当課**または**後期高齢者医療担当課**に申請 ↓ ②世帯の生活状況等を調査したうえで決定されます ※原則として、減免対象となる保険料は申請した月以降のもの
準備しておくべき書類等	・生活状況・収支内訳・資産・負債のわかる書類 （例）預金通帳、給与明細、確定申告書の控え、家賃明細、公共料金・通信費の請求書、各種ローンの明細書、家計簿　等

●被災に対する減免

概要	震災、風水害、火災等の災害により、**住宅や家財等に著しい損害を受けた世帯**を対象に、被災の程度に応じて保険料を減額または免除
手続きの流れ	①世帯主が**市町村の国民健康保険担当課**または**後期高齢者医療担当課**に申請 ↓ ②要件に該当していることが確認されると、被災月以後の保険料が減免される
準備しておくべき書類等	・罹災証明書

●非自発的離職に対する減免

概要	倒産・解雇・雇い止め等で**離職して国保に加入した人**を対象に、保険料計算の基となる給与所得を「30/100」で計算し、保険料を軽減
手続きの流れ	①世帯主または失業した本人が、**市町村の国民健康保険担当課**または**後期高齢者医療担当課**に申請 ↓ ②要件に該当していることが確認されると、離職の翌日から翌年度末までの間、保険料が軽減される ※届け出が遅れても、遡及して軽減を受けることができる
準備しておくべき書類等	・雇用保険受給資格者証（ハローワークで発行） ・マイナンバー（個人番号）が確認できる書類

※いずれの場合も、手続きには被保険者証の提示が必要です
※所得減少に対する減免は、申請した月以後が対象

コロナによる減収と保険料減免

以下は2021年度に実施された減免措置です。2022年度における取り扱いは6月頃に各市町村のホームページ等で案内されますので、確認してみてください。

コロナ禍で収入の落ち込みに直面している人は、要件を満たしていれば、国民健康保険や後期高齢者医療制度の保険料減免を受けられます。申請先は市町村窓口。事業帳簿や給与明細書など、前年および当年の収入額が確認できる書類が必要となります。

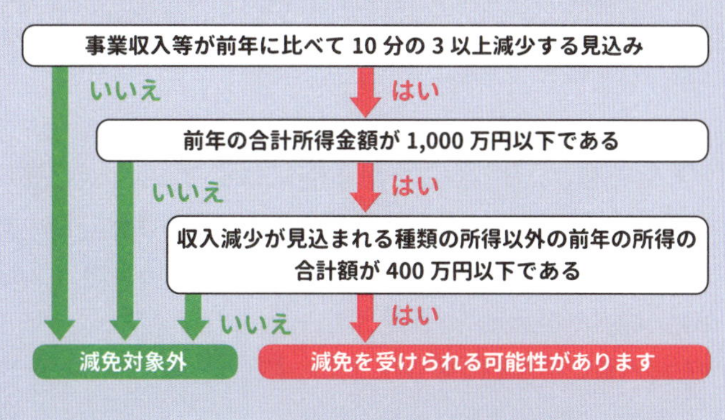

医療費を節約する4つの方法

医療費を少しでも節約できる方法があったら知りたい。

A 大きく分けて4つあります。①医療のかかり方を「賢く」する、②ジェネリック医薬品を利用する、③自己負担割合の低い保険制度に移行する、④給付の申請漏れをなくす。

①医療のかかり方を「賢く」する

1　入院は月をまたがないように病院側と相談する

入院の時期・期間をあらかじめ決められるのであれば、同一月内で入院→退院できるように、病院と相談して調整してもらうとよいでしょう。

というのは、高額療養費制度は月単位で計算されるので、どんなに医療費が高額になっても、同一月内であれば「自己負担限度額」までで収まります。しかし、月をまたいでしまうと、さらに翌月分の自己負担も発生してしまうのです（次ページ図参照）。特に月末からの入院は、最も自己負担が高額になりやすいパターンです。

2　かかりつけ医をもち、専門医にかかる前には必ず紹介状を書いてもらう

紹介状なしに大病院にかかると、それだけで「初診時選定療養費」という特別料金が別途発生します。平均すると約4,000円、病院によっては1万円以上の金額を設定しているところもあります。通いやすい範囲でかかりつけ医をもち、何かあればまずそのかかりつけ医を受診し、必要に応じて適切な専門医につないでもらうようにすれば、医療費を節減できます（紹介状を持って受診すれば、初診時選定療養費はかかりません）。

3 時間外の受診は控える

休日や夜間に受診すると、医療費が「割増」になります。

たとえば深夜22時～早朝6時の間に受診すると、1割負担の人で初診480円／再診420円、3割負担の人で初診1,440円／再診1,260円の割増料金を別途支払う必要があります。

日曜・祝日・年末年始についても、1割負担の人で初診250円／再診190円、3割負担の人で初診750円／再診570円の割増料金を別途支払わなければなりません。

やむを得ない場合を除いて、時間外受診は控えたほうが得策です。

●入退院のタイミングだけでこれだけ違う医療費自己負担

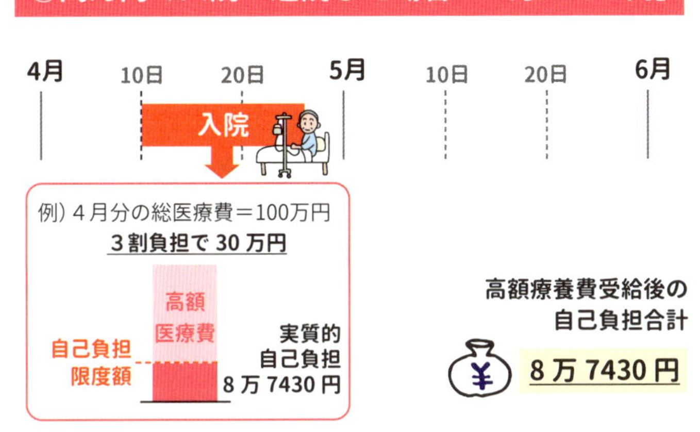

高額療養費受給後の自己負担合計 8万7430円

左図は、トータルの医療費が100万円かかる入院医療を、
①同月内に受けるか
②月をまたいで受けるか
によって、高額療養費給付後の自己負担額がどれほど変わるかを比較してみたものです。
①は8万7430円
②は14万5430円で、
両者で5万8000円違います。7割増しぐらいで余計に医療費がかかっている計算です。

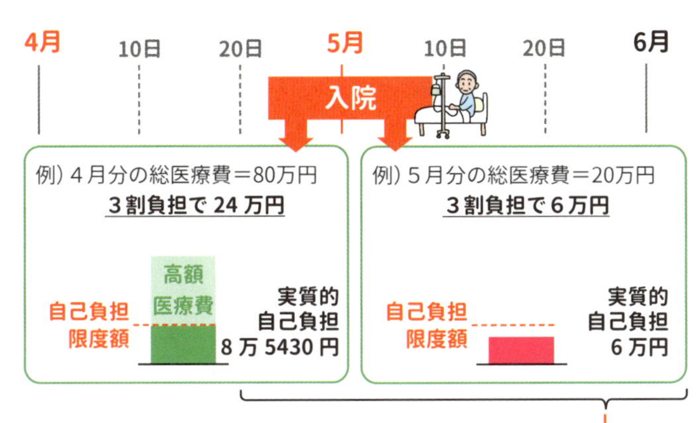

高額療養費受給後の自己負担合計

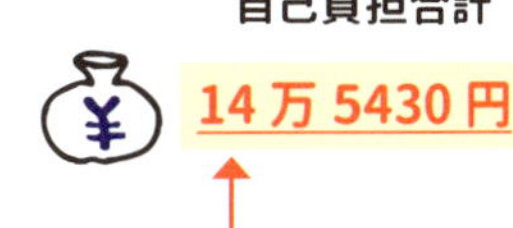

②ジェネリック医薬品を利用する

ジェネリック医薬品とは、中身や効き目が元の新薬とほぼ同じでありながら、値段が割安になっている後発薬のことです。安全性のテストをクリアして、厚生労働省の承認を得て製造・販売されているので、安心して利用できます。いま服用している薬が、新薬メーカーのブランド品である人は、ジェネリック医薬品に置き換えることで、３～７割程度薬代を節約することが可能です。

●ジェネリック医薬品を利用するための準備など

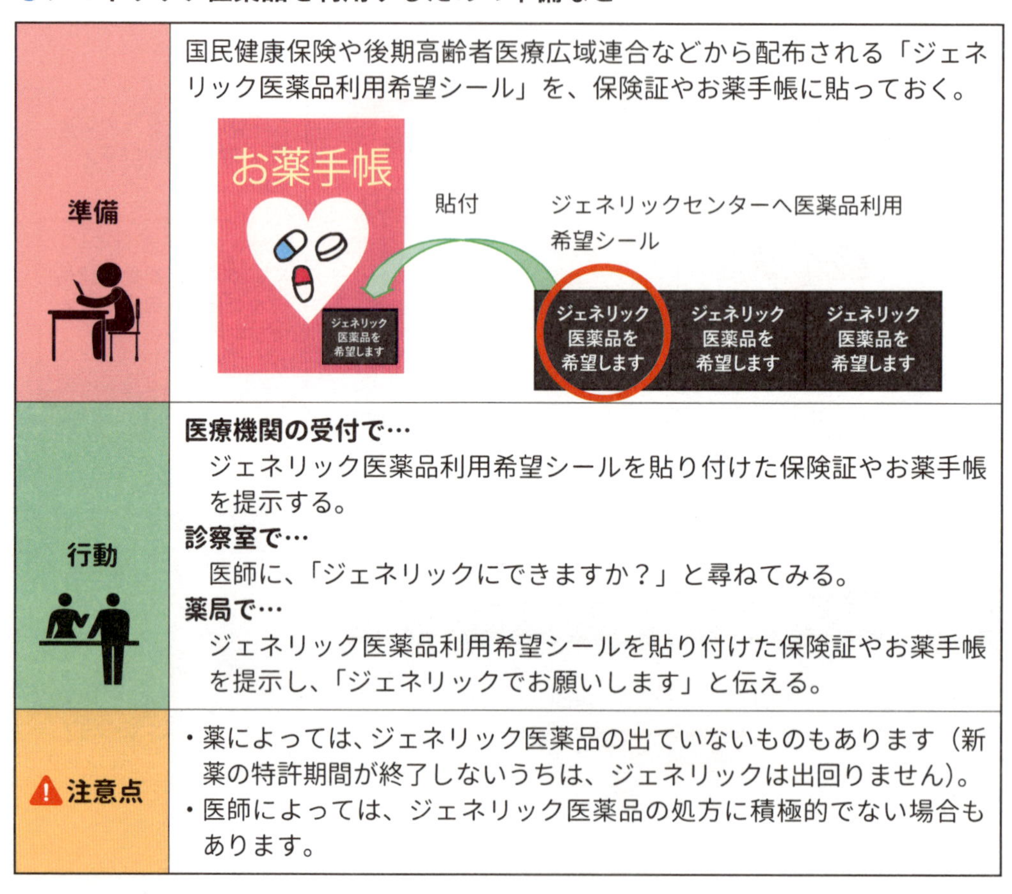

準備	国民健康保険や後期高齢者医療広域連合などから配布される「ジェネリック医薬品利用希望シール」を、保険証やお薬手帳に貼っておく。 お薬手帳 ジェネリック医薬品を希望します 貼付 ジェネリックセンターへ医薬品利用希望シール ジェネリック医薬品を希望します ジェネリック医薬品を希望します ジェネリック医薬品を希望します
行動	**医療機関の受付で…** ジェネリック医薬品利用希望シールを貼り付けた保険証やお薬手帳を提示する。 **診察室で…** 医師に、「ジェネリックにできますか？」と尋ねてみる。 **薬局で…** ジェネリック医薬品利用希望シールを貼り付けた保険証やお薬手帳を提示し、「ジェネリックでお願いします」と伝える。
注意点	・薬によっては、ジェネリック医薬品の出ていないものもあります（新薬の特許期間が終了しないうちは、ジェネリックは出回りません）。 ・医師によっては、ジェネリック医薬品の処方に積極的でない場合もあります。

③自己負担割合の低い保険制度に移行する

65～74歳で以下のような一定の障害がある人は、現在加入している国民健康保険または健康保険を脱退して、本来は75歳からである「後期高齢者医療制度」に任意加入することができます。

後期高齢者医療制度の自己負担割合は「1割」なので、医療費自己負担を節減できます。

- 国民年金法等障害年金：1・2級
- 身体障害者手帳：1・2・3級および4級の一部
- 精神障害者手帳：1・2級
- 療育手帳：A

●医療費自己負担の節減

国保にとどまった場合の自己負担	→	後期高齢者医療制度に移行した場合の自己負担
70歳未満の人 …3割負担 70～74歳の人…2割負担		1割負担

※いずれも、一定以上の所得のある人は3割負担となります

申請・相談先

市町村の国民健康保険担当課が窓口となっています。

収入や世帯の状況によっては、後期高齢者医療制度に移行することで保険料負担が増えることもあります。移行手続きに先立って、まずは市町村の国民健康保険担当課に相談してみることをお勧めします。

④給付の申請漏れをなくす

国民健康保険では、まだまだ多くの自治体で、被保険者からの受給申請がなければ高額療養費が支給されません。一方、後期高齢者医療制度では、医療保険の側で計算し、受給要件に該当する患者に対して指定口座に自動的に還付するという流れになっているのですが、初回のみ口座登録等のための申請手続きが必要です。

また、支給申請しないまま2年間が経ってしまうと、時効により受給できなくなってしまいます。受け取れる高額療養費は、速やかに漏れなく申請することが大切です。

●高額療養費の支給申請期限

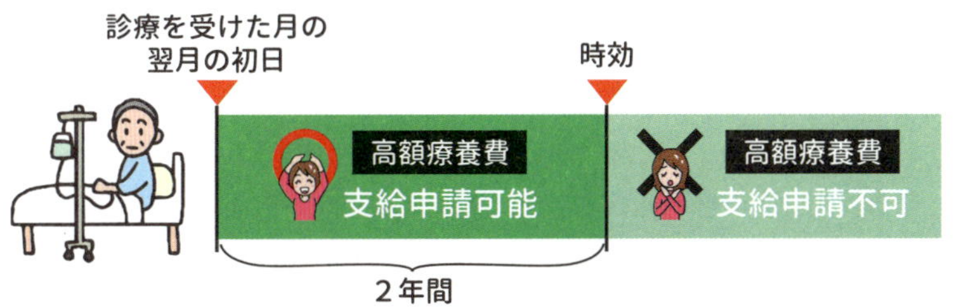

1章 生活保護
2章 障害者福祉
3章 医療保険
4章 権利擁護
5章 年金
6章 子ども家庭福祉

個室への入院で請求される特別料金

救急搬送先で個室しか空きがなかった場合も、「差額ベッド代」を払わなくてはいけない？

A 厚生労働省の通知に「満床を理由に個室等を利用させた場合、料金を求めてはならない」と明記されています。病院の対応に納得がいかなければ、都道府県の医療保険担当課等に相談してみるとよいでしょう。

①差額ベッドの価格は病院が自由に設定できる

保険診療は全国一律の診療報酬が定められていますが、個室等をはじめとして、通常の診療の過程で厚生労働省の定める「特別なサービス」を患者本人の希望によって利用した場合は、患者はその分の特別料金を医療機関に支払う必要があります。価格は、医療機関側が自由に設定できます。厚生労働省の推計によれば、個室の1日あたり平均額は「8,221円」（2020年7月現在）とのことです。

②「満床」は差額ベッド代徴収の理由にならない

厚生労働省は課長通知を通じて、「こういうときには差額ベッド代を徴収してはいけない」という例を列挙しています。そのなかで、本事案の「個室以外の病床に空きがない」というケースも、まさに徴収してはいけない例として挙げられています。

このほか、治療上の必要により特別療養環境室へ入院させる場合についても差額ベッド代を徴収してはいけないとして、次ページのような例が掲げられています。

- 免疫力が低下し、感染症に罹患するおそれのある患者
- 救急患者、術後患者等であって、病状が重篤なため安静を必要とする患者
- 救急患者、術後患者等であって、常時監視を要し、適時適切な看護および介助を必要とする患者
- 集中治療の実施、著しい身体的・精神的苦痛を緩和する必要のある終末期の患者
- 後天性免疫不全症候群の病原体に感染している患者

●差額ベッド代に関するルール（厚生労働省課長通知）

個室以外の病床に空きがないため、やむをえず個室に入院することとなった

治療上の必要性があって、特別の療養環境の整った個室に入院することとなった

差額ベッド代を徴収してはいけない

③同意書にサインしていたら「全面衝突」になることも

ただし、以上のことはあくまで「通知」による“指導”であって、法律による強制力をもって禁止しているものではありません。突き詰めると、それに従うかどうかは病院側に委ねられます。しかも、入院時に「同意書」にサインをしていると、それは病院側が「契約はすでに成立している」と主張する根拠となり、正面からぶつかりあう展開にもなりかねません。

こういうときは、行政に相談してみるとよいでしょう。窓口となるのは、都道府県の医療保険担当課です。このほか、都道府県単位で設置されている「医療安全支援センター」でも医療に関する苦情相談を受け付けています。

「個室等を希望しない」との意思を明示する

こうしたトラブルを回避するためには、満室を理由に個室等利用を勧められた段階で、「満床の場合、特別料金は徴収されないのではないですか？」と確認を求めることが有効です。

もちろん、救急搬送されたときなどで、一刻も早く治療を始めなければいけないときに「揉めたくない」という心理状況にもなるでしょう。対策としては、たとえば、あらかじめ「わたしは特別料金を必要とする病室への入院を希望しません（氏名）」などと一筆入れた紙やカードを提示する方法などが考えられます。

大病院受診で請求される特別料金

「初診時選定療養費」をとる病院ととらない病院の違いは何？

徴収が認められているのはベッド数200床以上の病院です。

①徴収できる病院と、徴収しなければならない病院

「初診時選定療養費」は、紹介状を持たずに200床以上の病院を直接受診した場合に、支払いを求められる特別料金のことです。199床以下の病院から請求されることはありません。

200床以上の病院において料金を徴収するかどうか、徴収する場合いくらにするかは、各病院の裁量に委ねられています。ただし、大学病院や地域の中核病院は、法律によって、5,000円以上（歯科の場合は3,000円以上）の徴収が義務づけられています（10月から一部改正。下記参照）。

●初診時選定療養費に関する整理

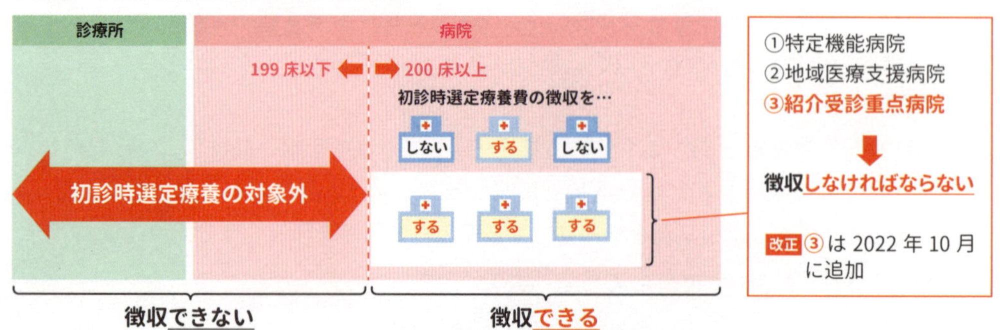

改正 2022年10月から徴収金額が引き上げ
2022年10月から、初診時選定療養費の徴収金額が医科7,000円（歯科5,000円）以上に引き上げられます。また、紹介患者を中心に外来を受け付ける病院（紹介受診重点病院＝2022年度から導入）についても、徴収義務づけの対象となります。

②「緊急その他やむを得ない事情」がある場合は徴収されない

以下の患者については、徴収してはならない決まりになっています。

- 救急の患者（ただし、医師が「緊急」に該当すると判断した患者）
- 国の公費負担医療の受給対象者（自立支援医療、難病医療費助成制度、医療扶助、結核等）
- 地方単独の公費負担医療の受給対象者（特定の障害、特定の疾病等に着目しているもの）
- 無料低額診療事業を実施している病院に来院した対象患者
- エイズ拠点病院に来院したHIV感染者

③再診時選定療養費

──受診のたびに徴収される

病状が安定したものと大病院の医師が判断し、患者にとって身近な地域の診療所や小規模の病院を紹介する申し出をしたにもかかわらず、患者が自身の判断で大病院への通院を続けた場合も、特別料金徴収の対象となります。これを「再診時選定療養費」といいます。料金を徴収するかどうか、徴収する場合いくらにするかは、各病院の裁量に委ねられています。

大学病院や地域の中核病院については、法律によって2,500円以上（歯科の場合は1,500円以上）の徴収が義務づけられています（10月から一部改正。下記参照）。

改正 2022年10月から徴収金額が引き上げ
2022年10月から、再診時選定療養費の徴収金額が医科3,000円（歯科1,900円）以上に引き上げられます。また、紹介患者を中心に外来を受け付ける病院（紹介受診重点病院＝2022年度から導入）についても、徴収義務づけの対象となります。

かかりつけ医と大病院

初診時選定療養費制度は、大病院への患者集中を防ぎつつ、医療の機能分担を進めるために導入されたものです。通常は身近な「かかりつけ医」で診療を受け、必要に応じて紹介状を書いてもらうほうが、安心かつ効率的で、余計な出費を抑えられます。

かかりつけ医
日常的な診療

紹介　専門的な治療や入院が必要な時
逆紹介　症状が安定した時

大きな病院
急性期の入院
（手術・放射線治療など）
節目の治療や検査

医療保険と介護保険の訪問看護

訪問看護について、医療保険適用の場合と介護保険適用の場合とで、どう違う？

A 利用者負担、週あたり利用可能日数、１日あたり利用可能回数、「支給限度額」という“枠”の有無などで、違いがあります。

①医療保険の訪問看護は、“平時”に制限がある

医療保険でも、介護保険でもサービス内容に違いはありません。ただし、利用者負担と利用にあたっての制約という点で、右ページ表のような違いがあります。医療保険からの訪問看護は、介護保険からの訪問看護に比べて、さまざまな制限がついています。

②介護保険の訪問看護は「支給限度額」と「ケアプラン」が“重石”

要介護または要支援の認定を受けた人に対しては、介護保険の訪問看護が優先し、ケアプランに基づいて提供されることとなります。利用可能日数や利用可能回数といった制限は、介護保険の訪問看護にはありませんが、そのかわりに「支給限度額」や「ケアプラン」が一種の制約になっています。

●医療保険・介護保険における訪問看護の制限

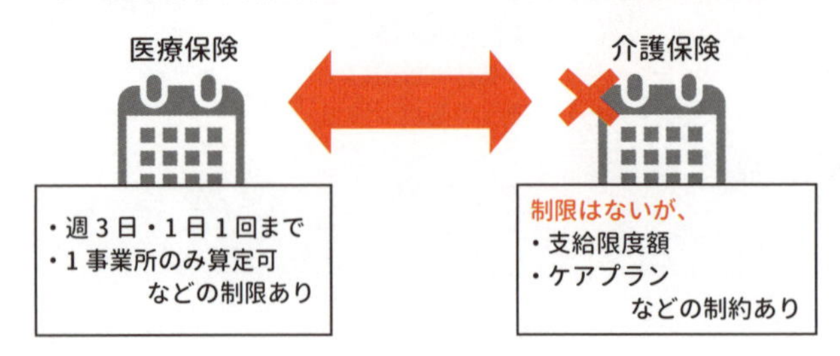

●医療保険と介護保険における訪問看護の違い

	医療保険の訪問看護	介護保険の訪問看護
利用者負担	①小学校就学後～69歳：3割 ②0歳～小学校就学前、70～74歳：2割 ③75歳以上：1割 （②③で一定以上の所得のある人は3割）	1割 （一定以上の所得のある人は2割または3割）
週あたり利用可能日数	週3回まで （別表第7、別表第8に該当する場合や特別訪問看護指示書が交付された場合は制限なし）	制限なし （ただし、ケアプランでほかのサービスとの競合あり）
1日あたり利用可能回数	1日1回まで （別表第7、別表第8に該当する場合や特別訪問看護指示書が交付された場合は制限なし）	制限なし （ただし、ケアプランでほかのサービスとの競合あり）
利用可能事業所数	1か所のみ	制限なし
支給限度額	なし	あり （要介護度ごとに支給限度額が定められている）
利用条件	①医師による訪問看護指示書が出ていること ②患者と訪問看護事業所で契約を交わしていること	①医師による訪問看護指示書が出ていること ②患者と訪問看護事業所で契約を交わしていること ③ケアプランに位置づけられていること

③「重症化して頻回の訪問が必要な状態」の場合

重症化して頻回の訪問が必要な状態になると事情が異なります。介護保険優先の原則は適用されなくなり、医療保険の給付として訪問看護を受けることになります。しかも、この場合は「利用可能日数」や「利用可能回数」、「利用可能な事業所数」といった制限は取り払われます。なお、この、「重症化して頻回の訪問が必要な状態」とは、以下のいずれかの状態を指します。

①急性増悪、終末期、退院直後などで集中的に訪問看護が必要であるとして、主治医から「特別訪問看護指示書」が交付されている
②厚生労働大臣告示「特掲診療料の施設基準等」の「別表第７」に掲げられた疾病に該当
③厚生労働大臣告示「特掲診療料の施設基準等」の「別表第８」に掲げられた状態に該当

●「特掲診療料の施設基準等」に掲げられた疾病・状態

別表第7

●多発性硬化症 ●重症筋無力症
●筋萎縮性側索硬化症 ●脊髄小脳変性症
●ハンチントン病 ●パーキンソン病関連疾患
●多系統委縮症 ●プリオン病
●亜急性硬化性全脳炎 ●ライソゾーム病
●副腎白質ジストロフィー
●脊髄性筋萎縮症 ●球脊髄性筋萎縮症
●慢性炎症性脱髄性多発神経炎 ●スモン
●末期の悪性腫瘍 ●進行性筋ジストロフィー症
●ＡＩＤＳ（後天性免疫不全症候群）●頸椎損傷
●人工呼吸器を使用している状態

別表第8

①在宅悪性腫瘍患者指導もしくは在宅気管切開患者指導管理を受けている状態にある者又は気管カニューレもしくは留置カテーテルを使用している状態
②在宅自己腹膜灌流指導管理、在宅血液透析指導管理、在宅酸素療法指導管理、在宅中心静脈栄養法指導管理、在宅成分栄養経管栄養法指導管理、在宅自己導尿指導管理、在宅人工呼吸指導管理、在宅持続陽圧呼吸療法指導管理、在宅自己疼痛管理又は在宅肺高血圧症患者指導管理を受けている状態
③人工肛門又は人工膀胱を設置している状態
④真皮を越える褥瘡の状態
⑤在宅患者訪問点滴注射管理指導料を算定している

入院・入所時の身元保証

入院することとなった利用者の「身元保証人」を病院から求められた。どうしたらよい？

A 「身元保証の責任は負いかねますが、相談ならお伺いします」と立場を明確にして、情報提供等を通じて連携・協力するよう努めましょう。地域を挙げて、身元保証がなくとも必要な医療が受けられる体制づくりが必要です。

①「身元保証人がいないと入院不可」は医師法違反

前提として、身元保証人等がいないことのみを理由に入院を拒否することは、医師法第 19 条第 1 項に抵触します。身元保証人がいないことと、その人の心身の状態および医療ニーズの内容は無関係です。国民皆保険のわが国で、必要な医療を受けられない状況があってはなりません。このことは、厚生労働省が 2018 年 4 月に、医事課長通知で注意喚起しています。

とはいえ、病院側の求めも理のないことではありません。高齢化や単身世帯・老々世帯の増加で、かつて家族や親戚が担っていた以下のような役割が宙に浮いてしまっているからです。

●身元保証人の役割・機能

・緊急時の連絡受付

・入院計画書への同意

・必要な物品の準備・購入

・入院費等の支払保証

・退院時の居室明け渡しや退院先の確保

・死亡時の遺体・遺品の引き取りや葬儀の手配等

②ケアマネには医療同意を行う権限はない

ただ、だからといって、身元保証を押しつけるような対応が仮にあるとしたら、それは問題です。そもそも、ケアマネジャー等には医療同意を行う権限も義務もありませんし、医療費の支払保証は利用者との利益相反行為に当たり、認められるものではありません。

ケアマネジャーとしてできることは、本人との間に入って情報を整理したり、あるいは本人が応答できる状況になければ、ケアマネジャーとして把握している情報を病院と共有したりすることです（本人の同意が前提）。たとえば、世帯構成や交流の状況、連絡先、保険証の種類や保険料納付状況、クレジットカード所有状況などは、病院にとって有用な情報です。

●ケアマネジャーに求められる役割

③関係機関でリスクに先回りすれば身元保証人は不要

厚生労働省研究班の調査研究によると、関係する機関であらかじめ役割分担のうえ情報を共有し、適宜リスクに先回りした段取りをつけていれば、実は身元保証人を立てる必要のないことが明らかになっています。その具体的な方法は、ガイドラインにまとめられていますので、地域ケア会議等で議題に上げたり、連携先の病院と情報交換するなどして、「身元保証がなくとも必要な医療が受けられる」地域づくりを進めてみてはいかがでしょうか。

●緊急連絡先の確認の流れ

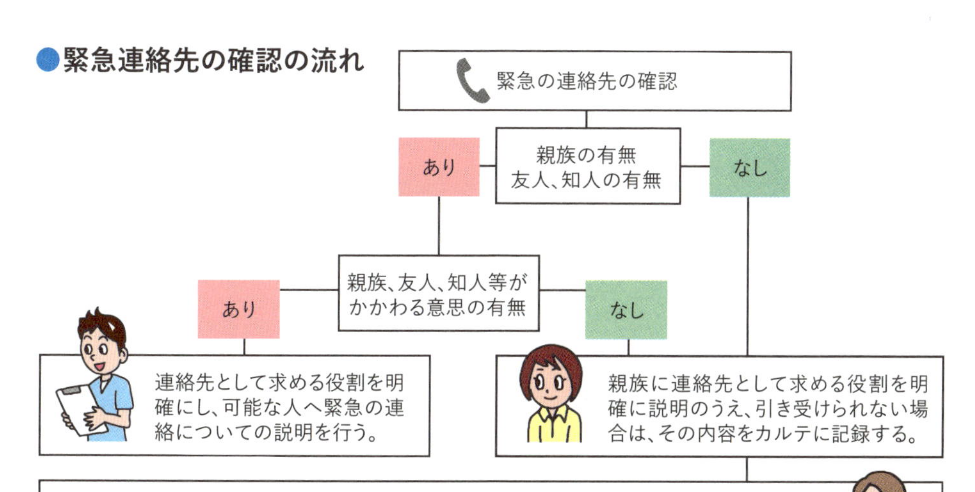

出典：「3. 医療機関における身寄りがない人への具体的対応」『身寄りがない人の入院及び医療に係る意思に決定が困難な人への支援に関するガイドライン』2019、19ページを一部改変

オンライン診療

オンライン診療は、希望すれば誰でも利用できるの？

A 医師が「オンライン診療が可能」と判断した場合は、初診から受けることができます。ただし、対面診療とは違って、診断に「限界」があることに留意が必要です。状態によっては対面診療を促されることもあります。

①新型コロナを契機に各種制約が撤廃

オンライン診療は、2018年度から正式に保険適用されましたが、対象は生活習慣病や難病、メンタルヘルス等の患者に限られ、定期的に対面診療を継続している場合にのみ認められていました。その後、2020年春からの新型コロナウイルス感染症の感染拡大を受け、事態が収束するまでの時限的な特例措置として、医師が「オンライン診療による診断・処方が医学的に可能」と判断した場合に、疾患の限定なしに初診から受けられることになりました。

2022年4月の診療報酬改定では、この取り扱いが恒久化され、ルールが明確化されました。これにより、初診からのオンライン診療は「かかりつけの医師」から受けることを原則としつつ、それ以外の場合でも、診療に先立って実施されるオンラインの「診療前相談」で、医師により「オンライン診療可」と判断されれば、受診できることとなりました。

●オンライン診療が可能なケース

かかりつけの医師に受診する場合 → 初診からオンライン診療可能

かかりつけの医師に準ずる一定の情報を持つ医師に受診する場合
（医師がカルテ、お薬手帳、健康診断結果等を参照して患者の状態が把握できる場合） → 初診からオンライン診療可能

上記以外　オンラインの「診療前相談」（医師－患者間で行われる映像付きリアルタイムのやりとり）で医師がオンライン診療可と判断した場合 → 初診からオンライン診療可能

②「長所」と「限界」をふまえた“賢い利用”を

オンライン診療の長所は、「通院の必要がない」ということです。二次感染や院内感染のリスクを避けられ、往復を含めた労力や時間も不要。免疫が低下している人、移動の困難な人、外出したくない人、医療機関が遠い人、忙しい人――に恩恵がもたらされる診療形態です。

一方で、限界もあります。触診・聴診など五感をフルに活用した診察や検査が行えず、画面越しの視診と問診に頼った診察となりますので、個別の患者について「何がどうなったとき“異常”なのか」を医師の側が判断できるだけの関係性が築かれていることが前提となります。

腹痛、頭痛、胸痛など、数多くの疾患が原因となりうる症状の場合、オンライン診療での診断は難しいとされ、特に「これまでに一度も受診したことがなく、かつ他医療機関等からの診療情報提供等もない、まったくの初診患者」では、見落とし等のリスクが大きくなるとされます。患者の側も、こうした「限界」をふまえて利用する必要があります。

オンライン診療の流れ

以下のような流れです。状態によっては対面診療を促されることもあります。

①医療機関を選ぶ

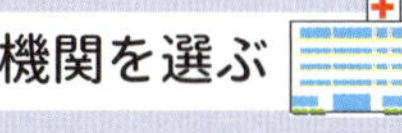

かかりつけの医療機関がある場合は、そこでオンライン診療を行っているかを、まず確認するようにします。なお、かかりつけ以外の医療機関で受ける場合は、診療に先立ち「診療前相談」を受ける必要があります（医師が健診結果やカルテやお薬手帳などから十分な医学的情報を得られる場合を除く）。

②予約

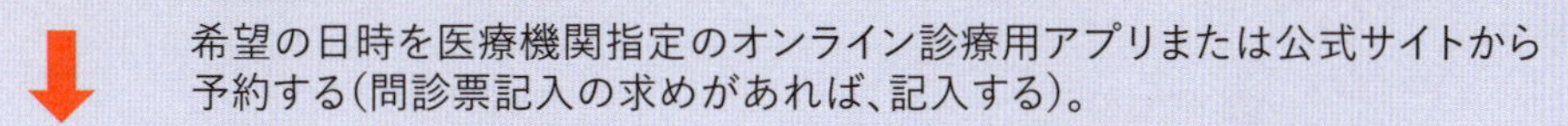

希望の日時を医療機関指定のオンライン診療用アプリまたは公式サイトから予約する（問診票記入の求めがあれば、記入する）。

③診療前相談（かかりつけの医師以外の医師を受診する場合のみ）

診療に先立って、オンラインで医師に症状を伝え、質問に答えます。医師が「オンライン診療可」と判断すれば、次のステップに進みます。

④診察

予約した日時に医師から着信があり、診療がスタート。冒頭、本人確認を求められるので、「保険証」や「高齢受給者証」（70歳以上の場合）を用意しておく。

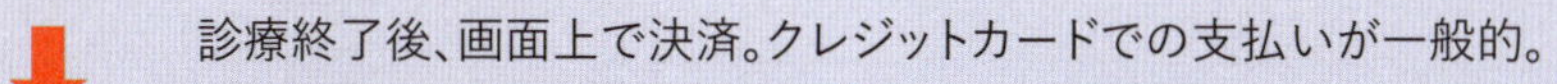

⑤支払い

診療終了後、画面上で決済。クレジットカードでの支払いが一般的。

⑥薬の受け取り

服薬にあたっての注意事項はオンラインで薬剤師から指導を受け、薬そのものは自宅に配送してもらう（ 薬局での受け取りも可）。

COLUMN

「高額長期疾病」の特例

――高額な治療が長期にわたって必要なときの取り扱い

自己負担限度額を超えた分について保険給付が受けられる「高額療養費」には、「『高額長期疾病』の特例」という例外的取り扱いがあります。

具体的には、「著しく高額な治療を長期にわたって必要とする疾病」であるとして厚生労働大臣が定めた疾病については、自己負担限度額を「１万円」※にする――というものです。

現在指定されているのは、以下の３疾病です。

①人工透析を実施する慢性腎不全（1984 年 10 月から対象）
②血友病（1984 年 10 月から対象）
③血液製剤の投与に起因するＨＩＶ感染症（1996 年 7 月から対象）

※ 70 歳未満で①の疾病に該当し、かつ、標準報酬月額が 53 万円以上または課税所得 380 万円以上の人の場合については、自己負担限度額が「2 万円」となります。

●高額長期疾病の特例（イメージ）

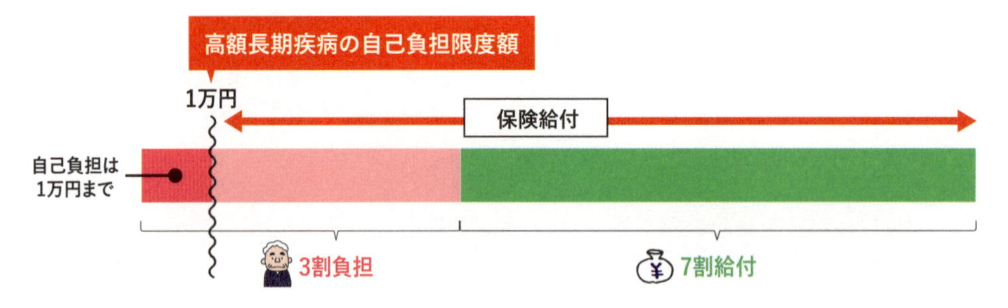

手続き

❶申請

対象疾病にかかったことを証する書類（医師の意見書等）を用意して、加入している医療保険に**特定疾病療養受療証**の交付を申請します。

申請
交付
医療保険
特定疾病療養受療証

❷交付

医療保険から交付された**受領証**を医療機関に提示して受診します。

提示
受診

第4章 権利擁護

①「権利擁護」をザックリ押さえよう!

誰もがもつ「人間らしく生きる」権利

私たちは、誰しも生まれながらにして人間らしく生きる「権利」を有しています。

暴力によって身の安全が脅かされることなく、健康で文化的な最低限度以上の衣食住を確保でき、良心に従って行動し、人生上の選択を自己決定し、職業をもち、財産をもち、家族を形成し、社会参加して、暮らしをよりよきものにする自由が、憲法によって保障されています。

こうした権利や自由が具現化されるように、①権利行使支援、②権利侵害の防止、③権利侵害からの回復支援の取り組みが、福祉・法律の両面から行われています。これらを総称して、「権利擁護」といいます。

「権利擁護」が必要な状況とは

しかし、人は加齢によって、権利が侵されやすい状況になります。個人差はありますが、高齢になるほど身体機能や判断能力が低下し、就業の機会が失われ（あるいは限られ）、現役の頃と比べて収入も目減りします。病気を患ったり、身体に障害を負ったり、認知症になったりする人も増え、社会参加や地域との交流も乏しくなりがちです。

●権利擁護のイメージ

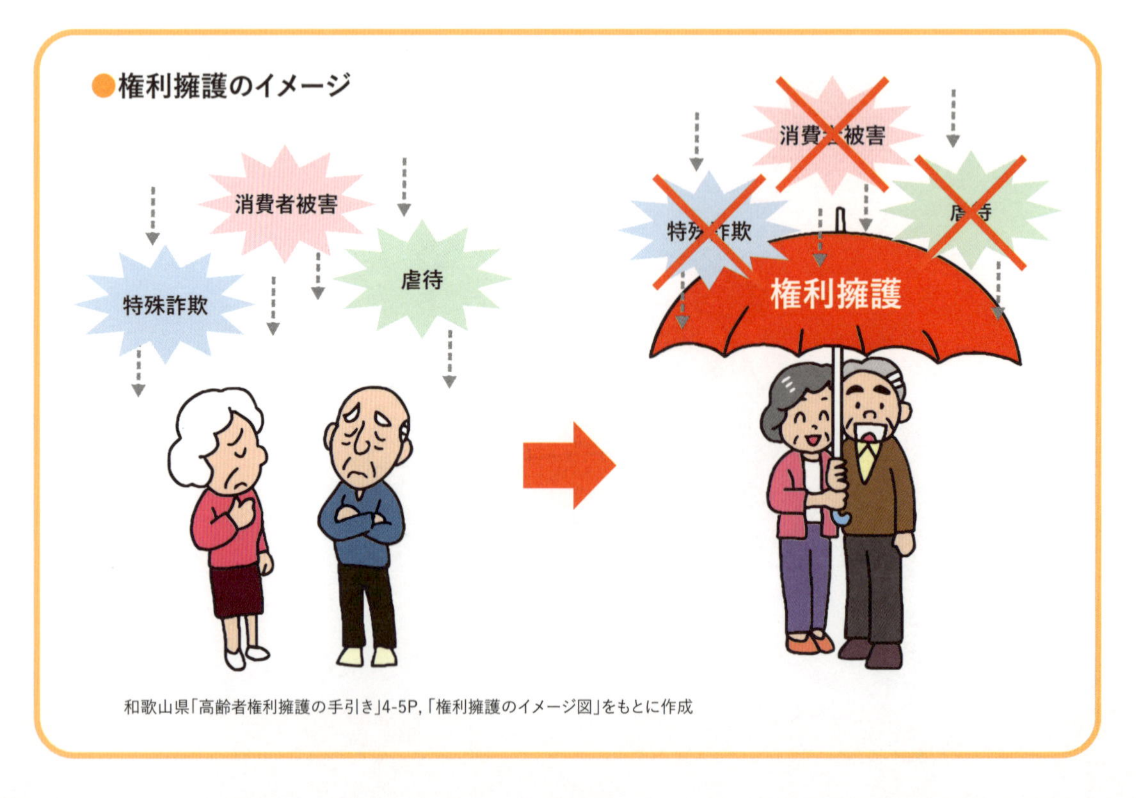

和歌山県「高齢者権利擁護の手引き」4-5P,「権利擁護のイメージ図」をもとに作成

権利侵害の存在は表面化しにくい

そもそも権利侵害の存在は表面化しにくいものです。権利侵害を受けたこと自体への忸怩（じくじ）たる思い、恥ずかしさ、(SOSを発した場合の) 報復の恐怖、虐待者との共依存関係など、さまざまな背景が絡んで、人は沈黙します。何も相談がないからといって「問題なし」というのではなく、単に「助けてほしい」と声を挙げられずにいるだけなのかもしれません。

こういった負の状況を解消していく取り組み (ただちに解消できなくとも、解消に向けて一つひとつ手段を講じていく取り組み) が、権利擁護です。

セルフネグレクトへの対応も

さらには、認知症等で適切な意思決定ができずに、衛生環境や自らの心身状態を悪化させてしまったり、財産をいたずらに費消したり、近隣との対人関係を損なってしまっているような状況(いわゆる「セルフネグレクト」)も、自分の力だけで自らの権利を守り切ることができないという点で、権利擁護の対象です。

利用者本人のみならず、家族介護者をはじめ関係者全員の権利が守られるように取り組んでいく必要があります。

●高齢者の遭遇しやすい権利侵害と対応・相談先

類型	内容	権利擁護のための対応	対応の根拠法	相談先
悪質商法	消費者の不安や無知につけこんで不当に金品を支払わせる商取引。訪問販売、電話勧誘販売など。	●クーリングオフ ●「不当な勧誘、不当な契約条項の無効」等による解約	●消費者契約法 ●景品表示法 ●特定商取引法等	●消費者センター ●消費者ホットライン(局番なしの188)
特殊詐欺	欺いて現金を支払うしかない状況だと信じ込ませて実行する金品詐取。オレオレ詐欺、還付金詐欺など。	●振り込め詐欺被害回復分配金 ●被害回復給付金支給制度	●振り込め詐欺救済法 ●犯罪被害回復給付金支給法	●警察 ●警察相談専門窓口(#9110) ●振込先の金融機関
高齢者虐待	保護等が期待できる他者によって、高齢者の権利利益が侵害され、生命や心身または生活に何らかの支障を来している状況またはその行為。具体的には、暴力的行為や拘束など。	●警察による「保護」等 ●緊急入院 ●特養等への施設入所措置 ●緊急ショートステイなどへの一次避難 ●成年後見制度の活用 ●日常生活自立支援事業の利用 ●地域の見守り声かけ ●虐待者に対する相談援助 ●年金振込口座等の変更	●高齢者虐待防止法 ●老人福祉法	●市町村 ●地域包括支援センター
セルフネグレクト	一人暮らしなどの高齢者で、認知症やうつなどのために生活に関する能力や意欲が低下し、客観的にみると本人の人権が侵害されている状況。具体的には、ごみ屋敷、栄養摂取ができていないなど。	●緊急入院 ●特養等への施設入所措置 ●緊急ショートステイなどへの一次避難 ●成年後見制度の活用 ●日常生活自立支援事業の利用 ●地域の見守り・声かけ	(●高齢者虐待防止法…法に規定されてはいないが、準じた取扱い) ●老人福祉法	●市町村 ●地域包括支援センター

厚生労働省、法務省、検察庁、金融庁、国民生活センター、東京都等の資料をもとに作成

②活用までの流れとポイント

高齢者虐待防止のための取組み、高齢者が被害に遭いやすい「悪質商法」や「特殊詐欺」への対応、判断能力が低下した人を支援する「成年後見制度」と「日常生活自立支援事業」について、その流れと留意事項を概説します。

1. 高齢者虐待への対応

通報と相談

早期発見と通報の努力義務

ケアマネジャーをはじめとする医療福祉関連職種には、高齢者虐待の「早期発見」に努めなければならないという努力義務が課されています（高齢者虐待防止法第5条）。虐待を受けていると思われる高齢者を発見した場合は、市町村または管轄の地区の地域包括支援センターに「速やかに通報する」よう努めなければなりません。特に、生命にかかわるほどの重大な危険をはらむ虐待を受けていると疑われる場合には、通報はしなければならない「義務」として定められています（同7条）。

「何か起こる前」が大事、積極的に情報共有を

ここで大事なのは、確実な証拠がなくとも、虐待を受けていると推定できるならば、積極的に通報・情報共有するべき（場合によっては通報しなければならない）ということです。虐待かどうかを判断するのは、通報を受けた市町村や地域包括支援センターの仕事です。迷って先送りしているうちに、事態は深刻さを増し、重大な被害が発生してしまうかもしれません。「何かあってから」ではなく、「何か起こる前」が大事です。その意味で、ケアマネとしては「連絡」や「相談」という気構えでいたほうがよいでしょう。

●虐待対応における役割

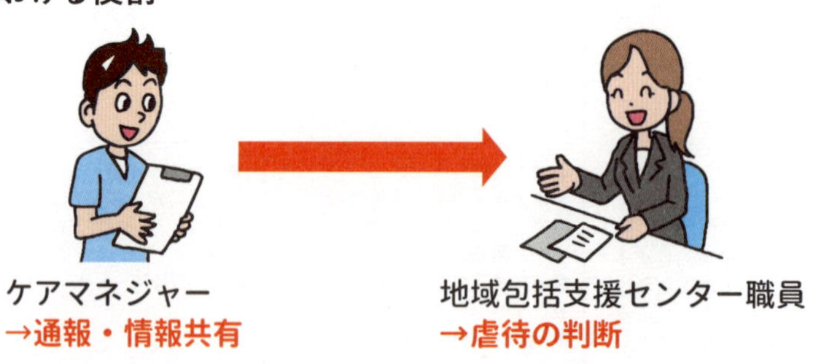

伝えるべき情報

通報・連絡・相談で伝えるべき情報は、次のとおりです。

1 虐待の状況

・虐待の具体的な状況は？
・緊急性が高いか、それほどでもないか？　どのような状況からそう考えるのか？
・高齢者本人が救済を求めているか？

2 虐待者と家族の状況

・被虐待者の意思表示能力、要介護状態は？
・虐待者とみなされる人はどのような関係の人か？　ほかに家族はいるか？

3 サービスの利用状況や関係者の状況

・介護サービスを利用しているか？
・誰かその家族にかかわっている関係者がいるか？

虐待予防・発見チェックシート

確認場所：□居宅 □来所 □その他（　　　　　　　　　　　　）　記入日：　　年　　月　　日
確認時の虐待者の有無：□有 □無 □その他（　　　　　　　　）　確認者（記入者に○）

高齢者本人氏名		性別	□男 □女	生年月日	年　月　日	歳

1. 身体的虐待		サイン：当てはまるものがあれば○で囲む
	あざや傷の有無	頭部に傷、顔や腕に腫脹、身体に複数のあざ、頻繁なあざ等
	あざや傷の説明	つじつまが合わない、求めても説明しない、隠そうとする等
	行為の自由度	自由に外出できない、自由に家族以外の人と話すことができない等
	態度や表情	おびえた表情、急に不安がる、家族のいる場面いない場面で態度が異なる等
	話の内容	「怖い」「痛い」「怒られる」「家にいたくない」「殴られる」といった発言等
	支援のためらい	関係者に話すことを躊躇、話す内容が変化、新たなサービスは拒否等
2. 放棄・放任		サイン：当てはまるものがあれば○で囲む
	住環境の適切さ	異臭がする、極度に乱雑、ベタベタした感じ、暖房の欠如等
	衣服の寝具の清潔さ	着の身着のまま、濡れたままの下着、汚れたままのシーツ等
	身体の清潔さ	身体の異臭、汚れのひどい髪、皮膚の潰瘍、のび放題の爪等
	適切な食事	やせが目立つ、菓子パンのみの食事、余所ではガツガツ食べる等
	適切な医療	家族が受診を拒否、受診を勧めても行った気配がない等
	適切な介護等サービス	必要であるが未利用、勧めても無視あるいは拒否、必要量が極端に不足等
	関係者に対する態度	援助の専門家と会うのを避ける、話したがらない、拒否的、専門家に責任転嫁等
3. 心理的虐待		サイン：当てはまるものがあれば○で囲む
	体重の増減	急な体重の減少、やせすぎ、拒食や過食が見られる等
	態度や表情	無気力な表情、なげやりな態度、無表情、急な態度の変化等
	話の内容	話したがらない、自分を否定的に話す、「ホームに入りたい」「死にたい」などの発言等
	適切な睡眠	不眠の訴え、不規則な睡眠等
	高齢者に対する態度	冷淡、横柄、無関心、支配的、攻撃的、拒否的等
	高齢者への話の内容	「早く死んでしまえ」など否定的な発言、コミュニケーションをとろうとしない等
4. 性的虐待		サイン：当てはまるものがあれば○で囲む
	出血や傷の有無	生殖器等の傷、出血、かゆみの訴え等
	態度や表情	おびえた表情、怖がる、人目を避けたがる等
	支援のためらい	関係者に話すことをためらう、援助を受けたがらない等
5. 経済的虐待		サイン：当てはまるものがあれば○で囲む
	訴え	「お金をとられた」「年金が入ってこない」「貯金がなくなった」などの発言等
	生活環境	資産と日常生活の大きな落差、食べる物にも困っている、年金通帳・預貯金通帳がない等
	支援のためらい	サービス利用負担が突然払えなくなる、サービス利用をためらう等
6. その他		上記項目以外に気づいたこと、気になることがある場合に記入

出典）副田あけみ教授作成の様式を一部修正　東京都老人総合研究所作成

通報後の包括での虐待対応

通報後は、虐待の程度に応じて次のような対応がとられます。

緊急レベル

要介入レベル

要見守りレベル

① 緊急事態

高齢者の生命にかかわるような重大な状況を引き起こしており、一刻も早く介入する必要があります。

対応

状況に応じて警察や救急に連絡したり、市町村の「措置」等により、高齢者本人を緊急避難させることが必要です。ただし家族間の問題は、その後の関係の修復等も含めて支援する必要があります。

② 要介入

放置しておくと高齢者の心身の状況に重大な影響を生じるか、そうなる可能性が高い状態です。当事者の自覚の有無にかかわらず、専門職による介入が必要です。

対応

専門職等のネットワークによる問題解決が必要です。

③ 要見守り

高齢者の心身への影響は部分的であるか、顕在化していない状態です。

対応

ケアマネジャーや介護保険事業所等による家族への助言や情報提供、適切な介護サービスの利用による介護負担の軽減などが、介護者や家族へのサポートとなることがあります。
また、民生委員や近隣住民の見守りや声かけなど日常的なコミュニケーションが、不適切なケアを予防するうえで効果的なこともあります。

（例）生命にかかわる外傷、脱水・栄養不足による衰弱、感染症や重度の慢性疾患があるのに医療を受けさせない 等

通報後にとられる具体的対応（イメージ）

警察・救急への連絡／特別養護老人ホーム等への施設入所措置／緊急ショートステイへの入所など一次避難／成年後見制度の活用による身上監護など／地域の見守り・声かけ／疾病・障害への対応（治療）／虐待者に対する相談・援助

（例）医療を必要とする外傷や慢性的なあざや傷がある､必要な食事等が保障されていない､介護環境が極めて悪い 等

通報後にとられる具体的対応（イメージ）

介護保険サービスの積極的な利用／特別養護老人ホーム等への施設入所措置／緊急ショートステイへの入所など一時避難／成年後見制度の活用による身上監護など／地域の見守り・声かけ／疾病・障害への対応（治療）／虐待者に対する相談・援助

（例）介護の知識不足や介護負担の増加などにより不適切なケアになっている、長年の生活習慣のなかで生じた言動などが虐待につながりつつある　等

通報後にとられる具体的対応（イメージ）

介護保険サービスの積極利用／緊急ショートステイへの入所など一時避難／成年後見制度の活用による身上監護など／地域の見守り・声かけ／疾病・障害への対応（治療）／虐待者に対する相談・援助

2.「悪質商法」「特殊詐欺」への対応

見守りと声かけ

「悪質商法／特殊詐欺」の被害防止や万一被害を受けたときの救済には、身近な人の「見守り」が欠かせません。

いつもと様子が違うと感じるところがあったら、さりげなく声かけして、打ち明けやすい状況をつくってみてください。たとえば、類似の手口を紹介して、情報提供の協力を呼びかけるのも、一つの有効なアプローチであるとされています。

●見守りの際のチェックポイント

家を訪問した時に

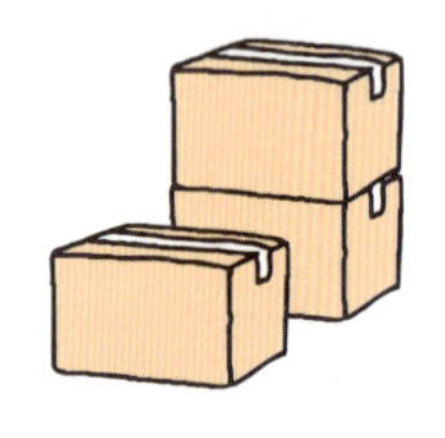

- □ 見慣れない商品や段ボール箱が置いてある
- □ 同じような商品がたくさんある
- □ 住宅のリフォーム工事を頻繁に行っている
- □ 見慣れない人や車が出入りしている
- □ 宅配便や郵便物が頻繁に届いている
- □ カレンダーに見慣れない印や金額の書き込みがある

本人の様子

- □ 突然の電話や訪問におびえている
- □ しつこい電話を切れなくて困っている
- □ 外出が急に増えた
- □ 急に親しい人ができたようだ
- □ いつもより表情が暗く、考え込んでいる
- □ 何かに困っていて、言い出せない様子がある

お金に関すること

- □ 投資などに関心を持ち始めた
- □ 頻繁に金融機関に通っている
- □ 頻繁にコンビニで支払いをしている
- □ お金に困っている様子が見られる
- □ 急に節約するようになった

相談・通報

被害が生じていた場合は、以下の窓口に相談・通報します。本人が行うのが基本であり、援助職としては、それを促すようなはたらきかけが求められます。要望に応じて、本人に代わって電話をかける（この場合は本人の前でかけるようにします）等の対応も視野に入れます。

悪質商法の手口

点検商法	無償点検を装い、虚偽の情報で不安をあおって、工事契約や商品・サービスの購入を迫る
利殖商法	元本保証や高配当をうたって出資案件に勧誘
催眠商法	会場で無料プレゼントを配り、気分を高揚させて高額の商品を売りつける
訪問販売	販売業者が家庭に押しかけて、長時間に及ぶ勧誘や虚偽説明などで商品やサービスを販売する
電話勧誘販売	販売業者が消費者宅や職場に電話し、強引に商品やサービスを販売する

これらの手口の被害にあっている可能性がある場合は…

「消費生活センター」へ

消費者ホットライン（局番なしの 188）

特殊詐欺の手口

オレオレ詐欺	実の子や孫が窮地に陥っていると勘違いさせ、現金を騙し取る
架空請求詐欺	長期間未払いの続いた請求事案があるとでっち上げ、訴訟をちらつかせて現金を騙し取る
融資保証金詐欺	簡単に融資が受けられるかのように装い、乗ってきた相手に、「融資保証金が必要」と振り込ませる
還付金等詐欺	期限間近の還付金があると騙してＡＴＭへ行かせ、還付金受け取りの操作方法を案内してもらっているものと誤信させて現金を振り込ませる

これらの手口の被害にあっている可能性がある場合は…

「警察」へ

警察相談専門窓口（#9110）

金品払込に金融機関を使った場合は金融機関にも連絡を

被害救済の制度

①消費者被害の場合

クーリングオフ

訪問販売や電話勧誘販売など、消費者が不利になりやすい取引について、一定の要件を満たせば一方的に契約を解除できる制度です。本人が手続きするのが基本ですが、消費生活センターで助言や相談を受けられます。

●クーリングオフが可能な要件

- 契約したのが、店舗や営業所以外の場所であること（パソコン教室やエステなどは営業所内の契約でも可能）
- 契約書を受け取った日から８日以内であること（マルチ商法や内職商法は 20 日以内）
- 代金総額が 3,000 円以上であること
- 消耗品を使用・消費していないこと
- 通信販売はクーリングオフの対象外ですが、事業者の広告に返品特約の表示がある場合には、その条件の範囲内で返品が可能です。広告に返品特約の表示がない場合は、商品を受け取って８日間以内であれば返品が可能です（いずれも返品の送料は消費者負担）

クーリングオフできる取引と期間

取引内容	適用対象	期間
訪問販売	店舗外での訪問販売	8 日間
電話勧誘販売	電話で勧誘して契約する販売	8 日間
特定継続的役務提供	結婚相手紹介業、エステ業	8 日間
連鎖販売取引	マルチ（マルチまがい）商法	20 日間
業務提供誘因販売	内職商法、モニター商法	20 日間
訪問購入	貴金属の買い取りなど	8 日間

契約取消

→問合せ先：消費生活センター

クーリングオフの対象外だったり、期間を過ぎてしまっても、事業者が商品の性能など重要な事実について明示していなかったり、虚偽の内容を伝えたりしたことにより、消費者が誤って契約した場合などには、契約の取消ができることがあります。消費生活センターに相談してください。

②特殊詐欺の場合

被害回復分配金（振り込め詐欺救済法）

→問合せ先：警察・金融機関

被害者が振り込んだ口座を金融機関が凍結（利用停止）し、被害者からの申請により、その被害額や凍結された口座の残高に応じて、被害額の全部または一部を被害者に「分配」する制度です。口座から引き落とされた後では遅いので、振り込め詐欺の被害にあったらすぐに警察に通報して振込先の金融機関に連絡を入れることが大切です。

なお、金銭の受け渡しに口座が使われた場合でないと本制度の対象とはなりません。現金を手渡ししてしまったり、宅配便で現金を送ってしまった場合は救済対象外です。

被害回復給付金支給制度

→問合せ先：検察庁

刑事裁判確定後、犯人からはく奪した「犯罪被害財産」を金銭化して、事件によって被害を受けた人に給付金を支給する制度です。被害者が複数人いて、金銭化された給付資金が被害総額に足りない場合は、各人の被害額に応じて分配されます。

支給を受けるには検察官への申請が必要です。申請の受付開始時に官報や検察庁のホームページに掲載されますので、期間内に申請します。検察官が被害者の連絡先を知っていれば、個別に通知が届きます。

「コロナ」を絡めた特殊詐欺手口？

2020年2月前後から、新型コロナウイルス感染症と絡めた「怪しい勧誘」が多数報告されています。少しでもおかしいと感じることがあったら、早めに消費生活センターや警察に相談するとともに周囲にも周知しましょう。

「手口」の例

- 大手製薬会社名で新型コロナウイルス治療薬に関する書類を送り付けておいて、後日、社員を名乗って電話し、「社債を購入したことになっている」と告げ、購入代金の支払いを求める
- 保健所や厚生労働省を名乗って、新型コロナウイルス対策で「マスクと検査キットを届ける」旨を告げ、家族構成、通院先、持病、服用薬などを巧みに情報収集する
- 市役所を装って「新型ウイルス緊急救済措置としてお年寄りのいる世帯に現金を入金します」というショートメッセージ（SMS）を送り付け、口座番号を入力する偽装サイトに誘導する

3. 日常生活自立支援事業

「預金の出し入れや払い込みや重要書類の保管を確実にこなせるか心配」「１人で福祉サービスの利用手続きをするのは不安」という人を対象に、社会福祉協議会による公的サービスとして、通帳などを預かったり、日常的な金銭管理を代行したり、福祉サービスの利用援助を行う事業です。

対象者

認知症、知的障害、精神障害などにより、自分ひとりで日常生活上の諸手続きを適切に行えるかどうか、不安を抱えている人。ただし、判断能力が一定程度残っていることが前提※。

※この事業は、本人の指示に従って“使者”として代行するものであって、本人に代わって「判断」を行うことは守備範囲外です（それは成年後見制度によって対応される領域です）。

支援（保護）の内容

本人と社会福祉協議会で話し合って支援内容を決定します。

医療・福祉サービス利用の支援

・サービスに関する情報提供
・サービスの利用やその変更・中止について、一緒に考えながら手続きを支援
・サービスに関する苦情解決制度の手続き支援

日常的な金銭管理サービス（オプション）	書類の預かりサービス（オプション）
・医療費、税金、公共料金等の支払い代行 ・年金、手当等の受領確認 ・日常的な生活費に関する預貯金の出し入れ 	**預かりサービスの対象物** ・年金証書、預貯金通帳、不動産権利証書、契約書類 ・実印、銀行印 ・その他社会福祉協議会が適当と認めた書類 

費用

相談や支援計画の作成は無料ですが、契約締結後に提供される支援は有料です。利用料は実施主体の社会福祉協議会がそれぞれ設定しています。

例）東京都における標準利用料

支援内容	標準利用料
福祉サービスの利用補助	1回1時間まで 1,500 円 以降 30 分までごとに 600 円加算
日常的な金銭管理サービス	（通帳等を利用者が保管する場合） 1回1時間まで 1,500 円 （通帳等を社協等が保管する場合） 1回1時間まで 3,000 円
	いずれの場合も以降 30 分までごとに 600 円加算
書類等預かりサービス	月 1,000 円

利用までの手続き

以下のような流れとなります。

❶相談

利用を希望する本人の住む**市町村社会福祉協議会**に相談します。

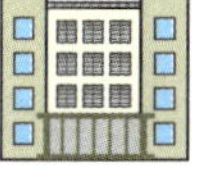

❷訪問調査

社会福祉協議会の**専門員**が自宅を訪ねてアセスメントを行います。

❸支援計画作成

専門員が、本人の希望や生活状況をふまえて、支援内容を具体化した**支援計画**を作成し、本人に説明します。

❹契約締結

本人と社会福祉協議会の間で契約を締結します。

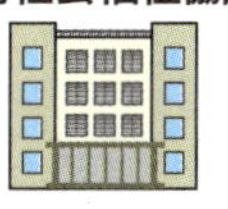

❺支援開始

担当する**生活支援員**が、支援計画に基づき支援を実行します。

※ここから利用料が発生

専門員

利用者や関係機関からの相談を受け、アセスメントのうえ支援計画を作成し、継続的に相談・調整に当たるコーディネーター。

生活支援員

専門員が作成した支援計画に基づき、専門員の指示のもと、利用者を定期的に訪問して、実際の支援を行う担当者。

4. 成年後見制度

成年後見制度は、認知症、知的障害、精神障害などのために判断能力が十分ではない状態の人を対象に、その「権利」や「財産」を守るための制度です。

判断能力が十分でないと、周囲に言われるがままにハンコを押して財産トラブルに巻き込まれたり、身内に貯金を使い込まれたり、悪質業者のカモにされてしまったり——というような権利侵害に遭うリスクが高まります。そこで、財産管理・処分、遺産相続、福祉施設への入退所など、いわゆる「法律行為」の全般について、第三者に代理させたり、補助させたりする制度が、「成年後見制度」です。

法定後見と任意後見

成年後見制度は、大きく分けて「法定後見」と「任意後見」の２つのタイプがあります。

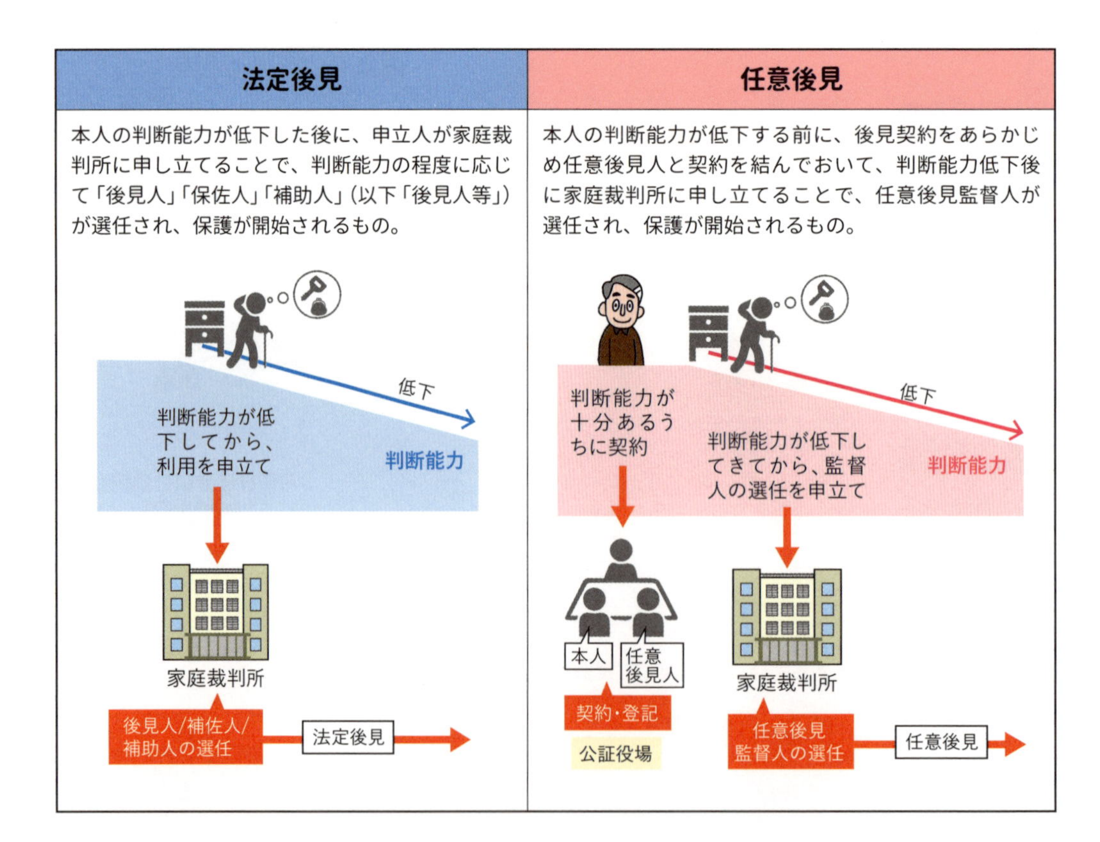

判断能力の度合いと活用する制度の目安

「日常生活自立支援事業」「法定後見」「任意後見」について、判断能力の程度と各制度の対応を示したのが、下図です。ケースによっては両者を併用する場合もあります。

判断能力の程度		日常生活自立支援事業	成年後見制度（法定後見）	成年後見制度（任意後見）
判断能力あり		× 該当しない	× 該当しない	将来に備えて、公正証書で代理人（任意後見人）と契約を結ぶ。 ・即効型…任意後見契約と同時に任意後見監督人選任の申立てを行う。 ・移行型…任意後見契約と委任契約を行う。 ・将来型…任意後見契約のみを行う。 ◆契約は公証役場で公証人が作成します。
日常生活に不安がある		軽度の認知症や障害等により、自分一人では契約等の判断をすることが不安だったり、お金の管理に困っている方が対象。 ◆利用契約には、契約の内容を理解出来る判断能力と本人意思が必要になります。	× 該当しない	
不十分	自分で契約できるかもしれないが、不安なため、援助してもらったほうがよい。		◆申立てには、医師の診断が必要になります。 補助人の選任、補助人による支援	判断能力が不十分になったとき 任意後見人は、本人と話し合って決めた契約内容に従って支援。 ◆家庭裁判所で本人の任意後見監督人が選任されて初めて任意後見契約の効力が生じます。
著しく不十分	日常的な買い物はできるが、不動産の売却など重要な財産行為はできず、常に援助が必要。		補佐人の選任、補佐人による支援	
欠ける	判断能力がないため自分だけで物事を適切に判断することが難しく、必ず援助が必要。	× 該当しない	後見人の選任、後見人による支援	

資料出所：神奈川県社会福祉協議会パンフレット「“地域で、安心して、自分らしい生活”を実現するために「一人ではむずかしい」をサポートします ～日常生活自立支援事業／成年後見制度～」3Pをもとに作成

法定後見制度（担い手、業務内容、類型と権限）

①成年後見の担い手

後見人は、利用の申立てを受けた家庭裁判所が、「本人のためにどのような保護や支援が必要か」などの事情を考慮して選任します。本人の親族が選任される場合もあれば、弁護士・司法書士・社会福祉士などの専門家が選任される場合もあります。

1人が選任される場合もあれば、複数人選任される場合もあります。また、後見が適正に行われているかをチェックするため、専門家を「監督人」に選ぶことがあります。

親族後見人	専門職後見人	市民後見人	法人後見
本人の配偶者、子、孫などの親族のなかから選任された者	弁護士や司法書士などの法律の専門職、社会福祉士などの福祉の専門職や団体などのなかから選任された者	親族や専門職以外で、地方自治体等が行う養成研修を受講するなどして成年後見制度に関する知識や技術・態度を身に付けた一般市民のなかから選任された者	社会福祉法人や社団法人、NPOなどで利益相反のない法人が選任されて実施する後見。法人職員が法人を代理して実務を担う。

②後見人等の業務内容

後見人等は、本人の意思を尊重し、かつ、本人の心身の状態や生活状況に配慮しながら、本人だけでは困難な法律行為を通して、支援・保護します。法定後見の業務内容は、以下のとおりです。

財産目録の作成	今後の収支予定の作成	財産管理
本人の財産の状況などを明らかにして、家庭裁判所に財産目録を提出する（財産目録）	本人の意向を尊重し、本人にふさわしい暮らし方を考慮して、今後の収支予定を立てる（収支予定）	日々の生活のなかで、本人の預金通帳などを管理し、収入や支出の記録を残す

身上の保護	家庭裁判所への報告
本人の住居・治療・療養・介護等の生活全般に配慮して、住居の確保に関する契約、入退院の手続き、施設への入退所契約、介護サービスの利用手続き、必要となる費用の支払いを、本人に代わって行う	後見人等として行った業務の状況を、家庭裁判所に報告する（家庭裁判所）

③法定後見の類型と権限

本人の判断能力に応じて①後見、②保佐、③補助――という３つの類型があります。

❶後見

常に自分一人で判断ができない状態にあり、日常生活に常に支援が必要な人に適用されます。後見を受ける人を成年被後見人、後見する人を成年後見人といいます。

権限

・代理権

成年後見人は、日常生活に関する行為や結婚・離婚・養子縁組等を除く**すべての法律行為について、本人に代わって行う権限**をもっている。

・行った行為を取り消す権限は本人がもっている。

・後見人が行った行為は、「本人が行った行為」として扱われる。

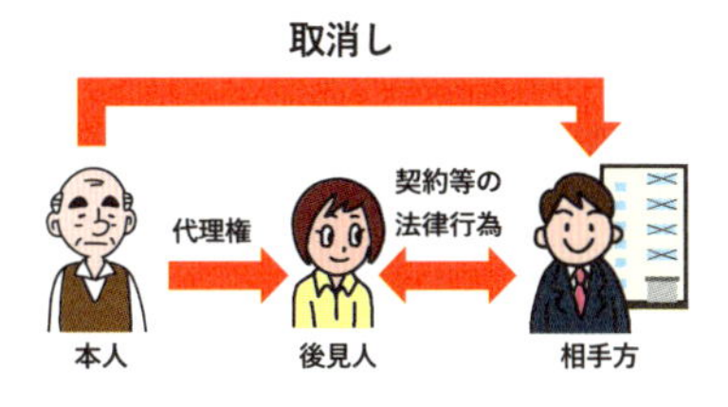

❷保佐

時々自分一人で判断ができない状態にあり、日常生活のかなりの部分で支援が必要な人に適用されます。保佐を受ける人を被保佐人、保佐する人を保佐人といいます。

権限

・同意権

借金、訴訟行為、相続の承認や放棄、新築や増改築など、**重要な権利義務の発生・変動を伴う行為**は、**「保佐人による同意」がなければ法的に有効とならない**ことになっている。

・取消権

保佐人の同意を得ないで交わされた契約について、保佐人は後で取り消すことができる。

・代理権

本人の同意を得たうえで家庭裁判所への申立てを行って認められれば、行使できる。

※家庭裁判所の審判により、特定の法律行為について「代理権」が付与されることもある

❸補助

物事によっては自分ひとりで判断ができないことがある人に適用されます。補助を受ける人を被補助人、補助する人を補助人といいます。

権限

・同意権

補助の対象者は、比較的高い判断能力を有しているので、自己決定の尊重の趣旨で、どの行為に同意権が必要かという**判断は本人自身が行い、家庭裁判所の審判により決定**することとなっている。

・代理権

保佐人と同様。

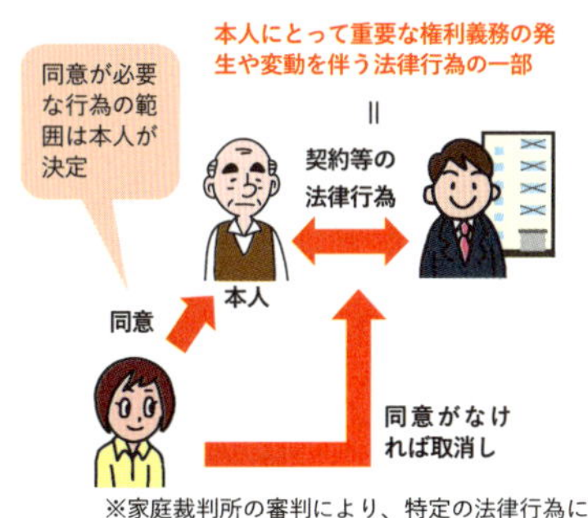

※家庭裁判所の審判により、特定の法律行為について「代理権」が付与されることもある

申立ての流れ

成年後見制度（法定後見）を利用するには、まず、本人（意思能力が低下してきた当事者）やその親族が、家庭裁判所に対して申立てを行う必要があります。本人に親族がいない場合や、いても協力が得られない場合は、本人の権利擁護のために後見等が必要だと判断されれば、市町村長によって申立てが行われることとなります。

申立てを受けた家庭裁判所は、本人の判断能力の程度や本人をめぐる現在の状況を把握したうえで、類型を決め、適切な後見人等（補助人・保佐人・成年後見人）を選任します。

●申立てから審判までの流れ

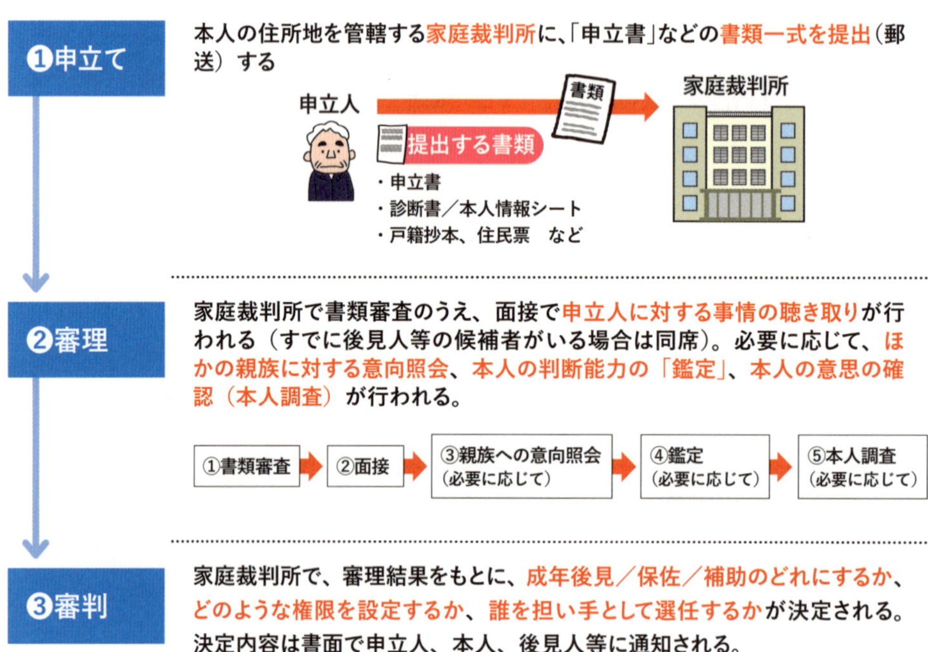

①申立て

申立てに必要な書類を入手して、必要事項を記入します。なお、書式や記入例は裁判所のホームページからダウンロードできます。「診断書」は主治医に、「本人情報シート」はケアマネジャーなど担当の相談援助職に、所定の書式に記入してもらいます。

●申立てに必要な書類

- ☑ 申立書
- ☑ 申立事情説明書
- ☑ 親族関係図
- ☑ 診断書（成年後見用）
- ☑ 本人情報シート
- ☑ 財産目録およびその資料
- ☑ 戸籍抄本、住民票（市町村に交付を申請）
- ☑ 本人が登記されていないことの証明書（法務局に交付を申請）

書類の準備が整ったところで、家庭裁判所に「面接」の予約をとり、その日付を申込書類の記入欄に書き込んで、書類一式を家庭裁判所あてに送付します。

②審理

❶書類審査

必要書類が揃っているか，必要事項がすべて記入されているかなどが審査されます。

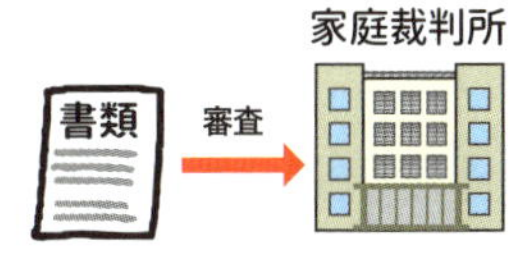

❷面接

申立人が**家庭裁判所に出向く形**で行われます。後見人等の候補者がいる場合は、一緒に面接を受けます。

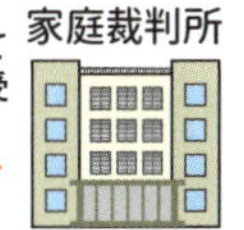

❸親族への意向照会

必要に応じて、本人の親族（主として推定相続人）に対して、申立てがあったことと後見人等候補者の氏名を書面で伝え、**意向の確認**が行われます。

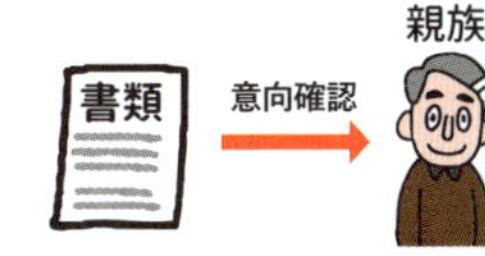

❹鑑定

必要に応じて、本人の判断能力を医学的に判定するもの。申立て時に提出する診断書とは別に、**家庭裁判所が医師に鑑定依頼をする**形で行われます。10万円程度の費用が必要です。

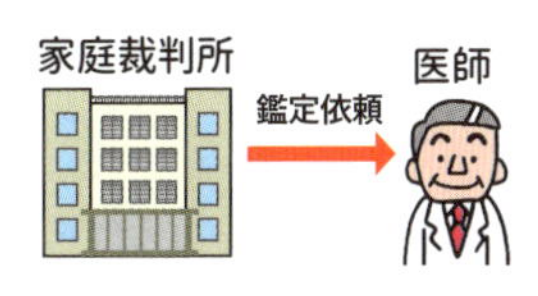

❺本人調査

必要に応じて、申立て内容などについて家庭裁判所の担当者が**直接本人から意見を聴きます。**

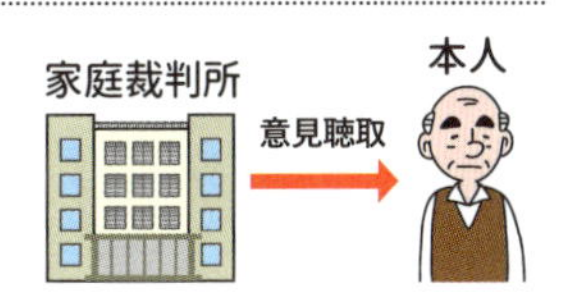

③審判

家庭裁判所で、成年後見／保佐／補助のどれにするか、どのような権限を設定するか、誰を担い手として選任するか――が決定されます。決定内容は書面で申立人、本人、後見人等に通知されます。書面が届いてから２週間以内に不服申立て（即時抗告）がなされなければ、法的効力が確定し、登記されます。なお、後見人等の人選については不服申立ての対象とはなりません。

申し込みから決定までには、通常、１か月から３か月程度の期間を要します。

本人情報シートについて

決定時も決定後も参照される重要書類

法定後見の申立てにあたっては、申立人の求めに応じて、ケアマネジャーなど相談援助職が本人（支援を必要とする人）の「日常生活の状況」や「現在直面している課題」について客観的に記した「本人情報シート」というレポートを作成して、申立人に交付することになっています（必須ではなく任意）。

相続援助職が作成し、交付する

本人情報シートは、医師による診断書作成や家庭裁判所による制度利用の適否判断・後見人選任の際に、重要な参照資料となります。後見等が開始されてからも、開始当時の振り返りを通じて状況変化に対応した見直しに活用されます。交付依頼があった場合は、できるだけ詳しく記入する必要があります。

●「本人情報シート」作成から提出までの流れ

❶ 本人情報シートの作成依頼

相談援助職が作成

❶申立人が、相談援助職に対し、「本人情報シート」の作成を依頼し、提供を受ける。

❷ 診断書作成医に提出

診断の補助資料とする

❷申立人が、医師に診断書の作成を依頼する。その際、❶で受け取った「本人情報シート」のコピーを提出する。診断書の提供を受ける。

❸ 申立書類として裁判所に提出

審判の参考資料とする

❸申立人が、❶❷を含む申立ての必要書類を裁判所に提出する。

「成年後見監督人」と「後見制度支援信託」

本人の財産を保護するため、家庭裁判所は毎年、後見人等から収支や資産状況の報告を受け、監督に当たっています。それとは別に、特に必要と認めた場合に、後見人等を監督する「成年後見監督人」を選任したり、金融機関による財産管理の利用を勧めてくることがあります。

財産保護のしくみ①──後見人等を監督する「成年後見監督人」

後見人等の不正や怠慢を防ぐ目的で、家庭裁判所が必要に応じて選任し、後見人等の「監督」に当たらせる職責のこと。被後見人等の財産額が一定額以上(目安として1000万円以上)あり、かつ、後見制度支援信託の利用がない場合に、成年後見監督人が選任されることが多いようです。

なお、成年後見監督人を選任するかしないかは家庭裁判所の専決事項であるため、不服申立てはできません。

監督人になる人

弁護士や司法書士などの専門職で、裁判所が適当と認めた人

監督人が行うこと

定期的に財産や収支状況を確認し、助言・指導を行う。(一般的には3～4か月に1回程度の頻度)

財産保護のしくみ②──日常経費以外は「後見制度支援信託」で管理

本人の財産保護を目的に、本人の財産のうち日常生活で使用する分を除いた金銭を、信託銀行等に信託するしくみのこと。これにより、信託財産を払い戻したり、信託契約を解約したりするには、家庭裁判所の指示書が必要になり、後見人が勝手に払い戻しや解約をすることができなくなります。なお、このしくみを利用できるのは成年後見類型のみに限られ、保佐、補助および任意後見では利用できません。

※同様の機能の「後見制度支援預貯金」というしくみもあります。こちらは銀行、信用金庫、信用組合等が扱っているもので、払戻しや解約には後見制度支援信託と同様、裁判所の指示書が必要です。

利用勧奨の対象

一定以上の流動資産がある場合(目安とされるのは500万円以上)

手続き

信託銀行等との信託契約に関する事務は、通常、裁判所から選任された弁護士・司法書士等の専門職後見人が行います(ただし有償)。

成年後見制度の利用にかかる「費用」

①後見人等に支払う報酬

支払いは「後払い方式」です。後見人等となった人が、後見開始後１年ごとに家庭裁判所に「報酬付与の申立て」を行い、これを受けて家庭裁判所が後見人等の１年間の業務内容や管理財産の規模・内容をふまえて、報酬額を決定します。後見人等は、決定された報酬額を被後見人等の預金通帳から引き出して、受取完了となります（毎年繰り返す）。

報酬の内訳と水準

通常の後見業務として「基本報酬」が算定され、特別困難な事情がある場合や、訴訟・調停・不動産売却等の特別な行為をした場合に、「付加報酬」が上乗せされます。なお、親族の後見人等の報酬の申立ては、事案に応じて減額されることがあります。

基本報酬

通常の後見事務を行った場合の報酬。管理財産額によって３段階に区分。

管理財産額	報酬月額（目安）
1000万円未満	月額２万円
1000万～5000万円未満	月額３～４万円
5000万円超	月額５～６万円

＋

付加報酬

●身上保護等に特別困難な事情があった場合
→基本報酬額の50%の範囲内で相当額

●特別の行為（訴訟、調停、遺産分割、不動産の任意売却、不動産の賃貸管理等）をした場合
→相当額

②申立て時に必要となる費用

申立てに際して、申立人が負担することとなる費用は以下のようになります。

- 申立手数料…800円
- 登記手数料…2,600円
- 送達・送付費用…3,000～5,000円程度
- 医師の診断書の作成費用…数千円程度
  ――費用は病院ごとに異なります
- 住民票…数百円／部
- 戸籍抄本…数百円／部
- 登記されていないことの証明書…300円
- 鑑定費用…5～10万円程度
  ――審理において必要とされた場合

③成年後見制度利用支援事業（申立費用・後見人等報酬助成）

収入や資産が乏しく、申立費用の支払いが困難であったり、後見人等への報酬支払いが困難であったりする場合に、市町村から助成※を受けることができます。

※助成の対象・要件や助成額は市町村によって異なります。

任意後見制度

任意後見制度は、自分自身の身に起きるであろう事態（認知症等による意思能力低下）を想定して、自分で選んだ人と自ら契約（任意後見契約）を交わすものです。契約が実行されるのは、実際に判断能力が低下した後のこと。本人、配偶者、4親等内の親族、任意後任者のいずれかが、「任意後見監督人」の選任を家庭裁判所に申し立て、選任の決定が下されると、契約の効力が発生します。本人以外による申し立ての場合は「本人の同意」が必要です（本人が意思表示できない状態である場合は、この限りではありません）。

●任意後見制度の流れ

❶任意後見人の人選
信頼できる人を**任意後見人候補者**に選びます。

↓

❷契約内容の決定
具体的な**支援内容**、**報酬額等**を候補者との間で決めます。

↓

❸契約締結
決まった契約内容を**公正証書**にして契約締結します。

↓

❹後見登記
任意後見契約を結ぶと、その内容が登記されます。

↓

❺任意後見監督人選任の申立て
本人、配偶者、四親等内の親族、任意後見受任者のうちいずれかが、**家庭裁判所**に任意後見監督人の選任を申し立てます。

↓

❻任意後見開始
家庭裁判所で**任意後見監督人**が選任され、任意後見がスタートします。

③事例で学ぶ！ 制度活用術

虐待疑いの段階での地域包括との情報共有

Q1 虐待の可能性がある場合、当事者の「同意」なしに個人情報を地域包括支援センターと共有できる？

A できます。個人情報保護法の第三者提供の制限にかかる例外規定に該当します。

①守秘義務を負う専門職のとまどいとは？

地域で虐待防止を進めるうえで障壁となっている課題のひとつに、個人情報保護・秘密保持との兼ね合いがあります。

そもそも虐待は、家庭内の“抜き差しならない不和”に根差しています。そこには、家族間の「支配－従属構造」「交流の断絶」「無視と孤立」等々が横たわっています。当事者にとっては、世間体・社会的評価を損なう「恥ずかしいこと」「隠しておきたいこと」です。

それを業務上たまたま知ってしまった専門職には、当然ながら、職業上の守秘義務があります。機微な情報を本人の同意なしに他機関と共有してよいのか、ということは、誰しもとまどってしまうところでしょう。

②虐待疑い事案では同意なしでも情報共有できる

── 個人情報保護法に定められる「第三者提供制限」の例外事項

このようなケースについて、東京都福祉保健財団高齢者権利擁護支援センターが、個人情報保護法第 23 条第 1 項第 4 号に拠って、次のような解釈を明示しています。

●虐待疑いのケースで同意なしの情報共有が許容される法的根拠

（第三者提供の制限）
第二十三条　個人情報取扱事業者は、次に掲げる場合を除くほか、あらかじめ本人の同意を得ないで、個人データを第三者に提供してはならない。
一〜三　略
四　国の機関若しくは①地方公共団体又はその委託を受けた者が②法令の定める事務を遂行することに③協力する必要がある場合であって、④本人の同意を得ることにより、当該事務の遂行に支障を及ぼすおそれがあるとき

①には「地域包括支援センター」が該当する。
②には「高齢者虐待防止法第９条１項に従って行う事実確認」が該当する。
③には「高齢者虐待防止法第５条２項に基づいて保険医療福祉関係者に課せられる協力義務」が該当する。
④には「ケアマネジャーが介護者に『お宅で虐待が起きている可能性について関係機関と情報共有させてください』と同意手続きをとることで、その後の地域包括支援センターによる事実確認に支障を来すおそれ」が該当する。

上記①〜④により、ケアマネジャーから委託型地域包括支援センターや区市町村職員へ、虐待の可能性にかかる個人情報を「本人の同意」なしに伝えることは適法であると解釈できる。

虐待疑い事案の通報や相談に「証拠」は不要

通報や相談にあたって、「証拠」は必要ありません。虐待かどうかを判断するのは市町村や地域包括支援センターの役割です。ケアマネジャーは、アンテナとなって予兆を察知する役割が求められます。

なお、家族に対して「虐待の疑いがあります」などと告げてしまうと、その後、虐待対応にあたる包括職員が訪問しにくくなりますので、そこは触れずにおきましょう。

「虐待の可能性あり」の判断基準については、第２節の「虐待予防・発見チェックシート」（187 ページ）をご参照ください。

ケアマネの心構え
- 「虐待になる前に」相談しよう
- 「虐待かもしれない」から相談しよう
- 「支援が必要」だから相談しよう
- 「気になる高齢者がいた」から相談しよう

身体的虐待の可能性がある場合の対応

訪問サービス終了時に「外鍵」の施錠を家族から求められたが、どう対応したらよいか？

A 外鍵をせざるを得ない現状について詳しく話を聴き、状況を把握したうえで、「この件は持ち帰らせてください」と保留にして、地域包括支援センターに相談しましょう。

①徘徊による事故発生のリスクと「管理責任」

24時間認知症の本人につきっきりでいることはできません。日常的な買い物をはじめ、多少なりとも家を空ける時間帯も出てきます(仕事をもっていればなおのことです)。かといって、不在にしている間に、徘徊に伴う何らかの事故が発生して本人や第三者に被害が及ぶようなことがあったら、介護者（家族等）の「管理責任」が問われることになるかもしれません。

②「外鍵施錠」したら、身体的虐待の実行者になる可能性も

外からしか開けられないよう施錠して外出するということは、施錠される側からすれば、「有無を言わさず、1人ぼっちで、いつまで続くかわからないまま、閉じ込められている」状況です。場合によっては、パニックに陥ったり、あわてて転倒してけがを負うこともあるかもしれません。不信感や不安、あきらめから生活意欲が低下し、ADLが急激に低下するかもしれません。

仮に、ケアマネジャーやヘルパーが家族からの「外鍵をかけてほしい」との要請を言われたとおりに実行するなら、養介護施設従事者等による身体的虐待に当たる可能性があります。

③責めず、よく聴き、観察する

ただし、協力を求めてきた家族に対し、その場で「それは虐待です。許されません」「私たちまで虐待に加担するわけにはいきません」などと断罪・非難・糾弾するようなことは控えなければなりません（本人への対応に苦慮している家族を精神的に追い込んで、最悪の場合、心中や自殺に至ってしまう危険もあります）。

このような場合にケアマネジャーやヘルパーがとるべき対応は、「外鍵をせざるを得ない」と家族がとらえている現状について詳しく話を聴き、状況を把握したうえで、「この件は持ち帰らせてください」と保留にして、ケアマネジャー・ヘルパー間で情報共有のうえ、地域包括支援センターに相談することです。

「外鍵をせざるを得ない」と家族がとらえている現状を把握する

- 徘徊はいつから、何をきっかけに始まった？
- どのようなときに出ていこうとする？　どこに行こうとしている？
  行って何をしようとしている？
- 直近で徘徊したのはいつか？　そのときの様子は？
- 外鍵をしないとどのような危険がどれくらいあると思う？
- そう思う根拠は？
- これまで危険な状況となったことは？
- 外鍵のほかにこれまで試したことはあったか？（どうだったか？）
- いま、外鍵をかけている時間帯・曜日は？

その場では判断を保留する

ケアマネジャー・ヘルパー間で情報共有のうえ、
地域包括支援センターに相談し、対応を協議

「身体拘束が例外的に認められる場合」とは

地域包括支援センターではケアマネジャーからもたらされる情報のほか、自らも事実確認に動いたうえで、身体拘束が例外的に認められる「緊急やむを得ない場合」の３要件（切迫性、非代替性、一時性）を満たしているかどうかを判断します。

①切迫性…利用者本人または他の利用者等の生命または身体が危険にさらされる可能性が著しく高いこと
②非代替性…身体拘束その他の行動制限を行う以外に代替する介護方法がないこと
③一時性…身体拘束その他の行動制限が一時的なものであること

経済的虐待の可能性がある場合の対応

サービス利用辞退を申し出た利用者。経済的虐待の可能性をふまえ、どうしたらよい？

A 理由を尋ね、経済的理由だったら「地域でサポートしたいので、何でも相談してください」と促して、速やかに地域包括支援センターと情報共有します。

①「一緒に最善の方法を探したい」と相手に寄り添う

経済的虐待であるとすれば、少しでも経済的被害を抑えるために、早急な対応が必要です。利用者が心配だから一緒に最善の方法を探したいという思いを伝えたうえで、なぜ打ち切りを希望するのかを尋ねてみることです。理由を尋ねるとき、サービス辞退の申し出をとがめるような態度・表情が出ないよう注意しましょう。

サービス辞退の理由として「経済的理由」を挙げていたら、「利用できる制度があるかもしれません。地域のネットワークでサポートしたいので、１人で抱え込まないように何でも相談してください」と伝えてみましょう。

●経済的虐待を受けている高齢者のサイン

- 自由に使えるお金がない。それまで買えていた生活資材が買えなくなる
- サービスの費用負担や公共料金・家賃の支払いができなくなる
- 資産の保有状況と衣食住など生活状況との落差が激しい
- 高齢者の高価な所有物が本人の知らないうちになくなる
- 高齢者名義の口座から、本人が承知していない引き出しが頻繁にある
- 高齢者に身に覚えのない借金の取立て人が訪れたり、督促状が届いたりしている

②「疑い段階」でも、速やかに地域包括支援センターと情報共有

さて、この「疑い段階」で構いませんので、速やかに地域包括支援センターと情報共有を図りましょう。そこから先は、地域包括支援センターが主体となり、ケアマネジャーやサービス事業所と共同歩調をとって、実態に迫っていくことになります。

経済的虐待の事実があった場合、被害拡大を防ぐために、以下のような対応がとられます。

- 年金の振込先口座を変更する
- 年金の振込先口座を出金停止とする

併せて、逆上した親戚が乗り込んでくる事態が考えられるならば、緊急一時保護のための手配、自宅復帰後の地域の見守り体制（警察との連携含む）が講じられることもあります。

●虐待が疑われる場合は速やかに情報を共有

「サービス辞退」は有力な手がかり

経済的虐待は、外部の人には大変見えにくいとされます。それだけに、「高齢者本人の生活や医療・介護に支障が出ている」という点は重要な判断ポイントであり、特に、「サービス辞退」も有力な手がかりとなります。

前ページで言及した「サービス終了を希望する理由」ですが、もちろんそこですぐに、経済的虐待を裏づける話は聴けないかもしれません。そうだとしても、「じゃあ大丈夫かな」と判断するのは早計です。たとえば、以下のような状況にあって、打ち明けられずにいるかもしれないのです。

- 口外しないよう脅されている
- 「必ず返す」という言葉を信じている
- だまされたことが悔しくて、恥ずかしい
- 人を巻き込んで大事にしたくないと思っている

サービス辞退は本心からなのか、辞退せざるを得ない状況に追い込まれているのか、よく観察しながら、傾聴に努めましょう。

悪質商法被害① クーリングオフの活用

悪質商法の被害を受けている可能性のある利用者がいます。どう対応したらよい？

A

悪質商法の可能性がある場合は、至急本人・家族に事実関係や経緯を確認し、疑いが濃厚であれば、消費生活センターへの相談を勧めましょう（ケアマネジャーが代わりに相談するのも可能）。8日以内ならクーリングオフできます。

①タダより高いものはない！　屋根、排水管、床下、シロアリ…

悪質業者は、いかにもボランタリーな点検であると見せかけてアプローチをかけてきます。

- 「近くで工事をしていたら、お宅の屋根瓦がズレているのが見えました。ついでですから、よろしければ無料で点検しますよ」
- 「下水とつながる排水管の無料点検です」
- 「無料のシロアリ点検です」

といった具合です。そして点検が終わるや、深刻な面持ちで「大至急修理しないと取り返しがつかなくなります」と不安をあおって修理工事の契約を迫り、手回しよくその日のうちに工事を始めてしまいます。さらに、それを突破口に、家中を「ここも大変」「ここもすぐに直さないと」とばかりに、“工事漬け”にするという手口です。

②8日以内であればクーリングオフが適用

「頻繁に作業服姿の男性が出入りしていた」というその情報だけでも、既に点検商法のいいカモにされてしまっていると疑わしい状況です。至急確認をとるようにしましょう。

急ぐ必要があるのは、被害を拡大させないためだけではありません。契約締結から８日以内であれば「クーリングオフ制度」を利用でき、一方的に解約することが可能だからです。既に工事が完了していても、クーリングオフが適用されれば、原状回復に要する費用も業者負担となります。消費者の側で違約金などを支払う必要はありません。

●クーリングオフのしくみ

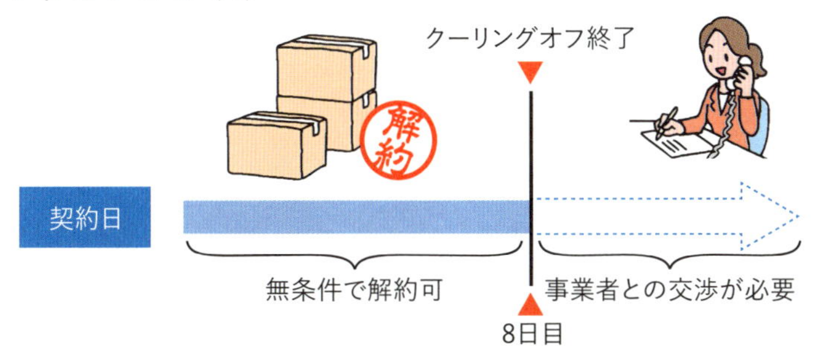

③相談窓口は消費生活センター、ケアマネの代理相談もOK

消費者被害にあった場合の相談窓口は、「消費生活センター」と、各市町村の「消費生活相談窓口」です。消費生活センターでは、消費者問題（悪質商法、多重債務、架空請求など）についての相談に応じ、アドバイスや解決に向けて手続きやあっせんを行っています。

市外局番なしの「１８８」で、原則として最寄りのセンターにつながります。

相手方に書面で通知するだけで手続き完了

クーリングオフ期限が過ぎてしまっても、消費者契約法に則って取り消しできたり、業者との交渉で合意解約できる場合もあります。とはいえ、書類を相手方に送るだけで成立するクーリングオフのほうが格段にスムーズです。つまり、「8日以内」という期限がそれだけ大事であるということです。

ちなみに、「８日以内」の数え方ですが、契約日から起算され、土日祝日も含みます。つまり、４月１日に契約した場合、４月８日が期限ということになります。クーリングオフは、書面を相手方の業者に送るだけで成立します。そのため、この場合は、４月８日付の消印が入った郵便物で送ればぎりぎりセーフです。

悪質商法被害② 被害状況の把握の仕方

Q5 繰り返し悪質業者に騙されている疑いのある人に、どうアプローチしたらよい？

A 防犯のための情報提供に協力を求める、興味を示すふりをして本人に説明してもらう等の方法でアプローチして、話を聴いていきます。

①決めつけない。自己決定を尊重し、心情を汲み取る

自宅に高価な商品が山積みになっていたとしても、直ちに消費者被害と決めつけるのは早計です。本人が必要だと判断したのであれば、その自己決定は本来尊重されるべきことです。また、仮にそれが悪質商法だとしても、騙されていることに気づいていなかったり、気づいていても、恥ずかしさや家族への申し訳なさで隠していることもあります。

こうしたことをふまえて、その場その場で適切な声かけ、問いかけを発する必要があります。

②情報提供への協力を求める、興味を示して説明してもらう

最初の一声としては、類似の手口を紹介して情報提供に協力を呼びかけてみる方法があります。気づきを促し、かつ、語りやすい空気をつくるという作戦です。大量購入された商品があれば、興味を示すふりをして本人に説明してもらい、徐々に核心に迫っておかしな点がないかを確かめていく方法があります。本人が「被害を受けた」という認識を示したら、消費生活センター等の相談先につなぐ支援を行います。

③消費生活センターへの相談の前に押さえておくべきこと

日頃から①契約（購入）した日、②購入した物やサービス、③金額、④販売業者／施工業者、⑤契約のきっかけ――の５点について、事前にメモに書き出して整理しておくとよいでしょう。また、業者が発行した契約書や領収書などの書類があれば、手元に用意しておいてもらいましょう。

●相談メモ（例）

●契約したのはいつですか？

（例：４月８日ごろ）

●何を契約しましたか？

（例：ふとん）

●いくらですか？

（例：30 万円ぐらい）

●支払いの方法は？

（例：現金で一括 / ローンを組んで３０回払い）

●どこから買いましたか？

（例：○○健康株式会社）

●契約のきっかけは？

（例：業者が自宅に訪ねてきた）

④健康食品の購入は、かかりつけの主治医・薬剤師と相談してからに

なお、服薬治療中の人については、健康食品（サプリメント）を摂取することによって、薬の効果が弱くなったり、副作用が強まったりすることがあります。購入に先立ってかかりつけの主治医や薬剤師と相談するように促して、健康被害のリスクの芽を摘むようにしましょう。

Q6

刑務所から出所する親族の身元引受

刑務所から出所する人の身元引受人となった親族。引き受けを辞退したいと言うが、可能？

A 身元引受人は、いったん承諾した後でも、保護観察所に申し出ることで、辞退が可能です。本人が迷っているようであるなら、意思決定の背中を押してあげてはいかがでしょうか。

①戻るべき「居場所」としての身元引受人とは

刑事事件を起こして有罪の判決を受け、刑事施設で刑に服し改善更生の処遇を受けた後に社会に戻る人には、安全で安心できる「居場所」が必要です。そして、「役割」をもつことで、名実ともに社会を支える一員となります。その居場所となり、再び役割をもてるように支える存在が、「身元引受人」です。ただ、狭い意味合いでは、仮出所した人、釈放された人の行動を監督し、管理責任を負う人という意味で用いられます。

身元引受人は、出所者の両親や配偶者などの親族がなることが一般的です。「行動の監督」という役割がありますので、同居が望ましいとされますが、絶対の要件ではありません。ほかにも、雇用先の社長や上司、あるいは友人が身元引受人になる場合もあります。今後、少子高齢化が進んでいくと、高齢受刑者の出所後を高齢の親族が身元を引き受けるようなケースも増えていくかもしれません。

②承諾後あるいは実際に身元を引き受けてからも辞退可能

身元引受人の候補者は、受刑者本人の希望に基づき、保護観察所が引き受けの意思を確認して決まります。ただ、承諾してからも出所まで相当の期間がありますので、その間に事情が変わった場合などには、保護観察所に辞退を申し出ることができます。辞退した場合は、別の引受人候補者が探されることとなりますが、見つからなければ「更生保護施設」を引受人とするなどの方法がとられたりします。

仮出所となり、身元を引き受けて一緒に暮らしはじめたものの、継続できない事情が生じた場合は、保護観察所または保護司に相談すれば、「辞退」という扱いで更生保護施設に引き継ぐことができます。身元を引き受けてからも辞退は可能です。

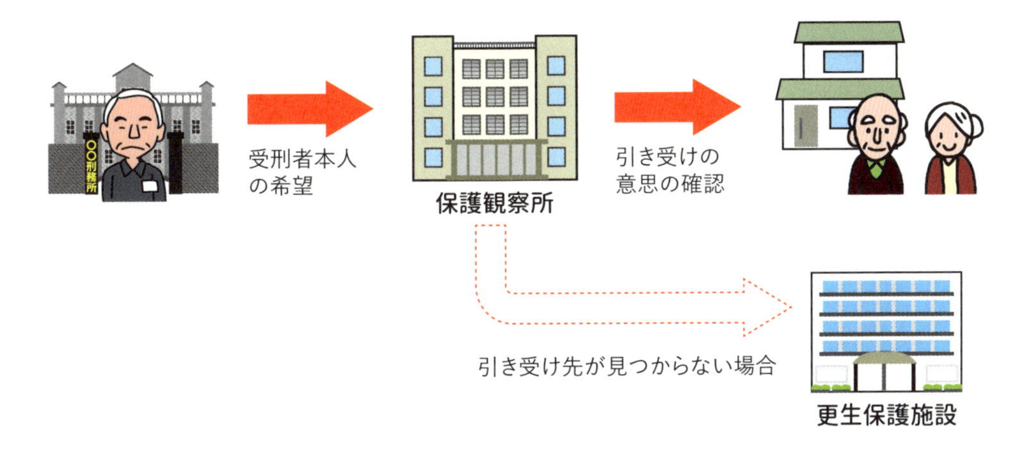

身元引受人が出所を「おそれている」場合は…

身元引受人を承諾したものの、金品を奪われるのではないか、暴力を振るわれるのではないか——と、出所をひどくおそれているケースもあります。できれば身元引受人は辞退したいが、辞退することで逆恨みされ、報復の対象となってしまうから、それも怖くてできない。どうしたらいい？　というように、身動きがとれなくなってしまうこともあるようです。

将来的に虐待に発展するかもしれない事案ですので、こうした相談を受けた場合には、地域包括支援センターと連携をとり、担当の保護司、保護観察所と協議して最善の方法を探る必要があります。恐怖心を抱いたまま、なし崩しに出所後の親族と同居が始まることのないよう、組織を越えての環境調整が求められます。

もちろん、福祉職として、社会復帰にこれから取り組もうという人を色眼鏡で見るようなことは厳に慎まなければなりません。誰にでも安全で安心できる「居場所」と「役割」が必要です。

刑務所から出所する要介護高齢者の支援

Q7 地域生活定着支援センターから、刑務所を出所する人のケアプラン作成依頼が寄せられた。留意事項は？

A 「元受刑者」であっても、支援を必要としていることに変わりありません。実際のその人のあり様をチームメンバー皆で理解すること、秘密は洩らさないこと。つまり「いつもどおり」ということです。

①増える高齢受刑者、「出口支援」でのケアプラン作成依頼

高齢化に伴って、高齢の受刑者が増加の一途をたどっています。高齢受刑者のなかには、要介護の人も認知症の人も一定数います。介護ニーズがある以上は、入所中も出所後も切れ目なく適切にケアが提供される必要があります。

(1)「地域生活定着支援センター」が中心となり、受刑者の支援にあたる

2009年度から、各都道府県に「地域生活定着支援センター」が順次整備され、刑務所と連携して、高齢や障害によって特に自立が困難な受刑者について、出所後、速やかに介護サービスが受けられるように、受刑中から社会福祉士が環境調整する取り組みが実施されています(これを「特別調整」といいます)。

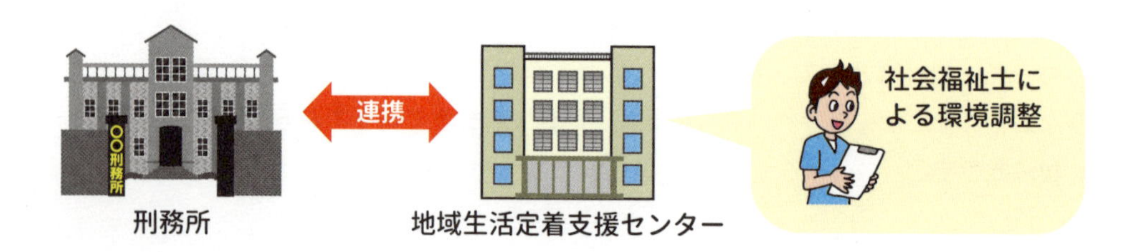

（2）「更生保護施設」で一時的受け入れも

釈放後、ただちに福祉による支援を受けることが難しい場合には、国が指定した更生保護施設で一時的に受け入れて、円滑に福祉サービスを受けるための調整や、社会生活に適応するための指導が行われます。

以上のような取り組みを、総じて「出口支援」といいます。

（3）ケアマネは必要となる介護サービスの部分を担当する

出口支援では、特別養護老人ホーム等の施設への入所という形で一応の落着となることが多いのですが、アパートを借りて生活するような場合は、居宅のケアマネジャーにケアプラン作成依頼が寄せられることになります。アパートの手配や生活保護の申請などの事務は、地域生活定着支援センターがやってくれます。その後のフォローアップもしてくれるので、ケアマネジャーは介護部分の調整を担うこととなります。

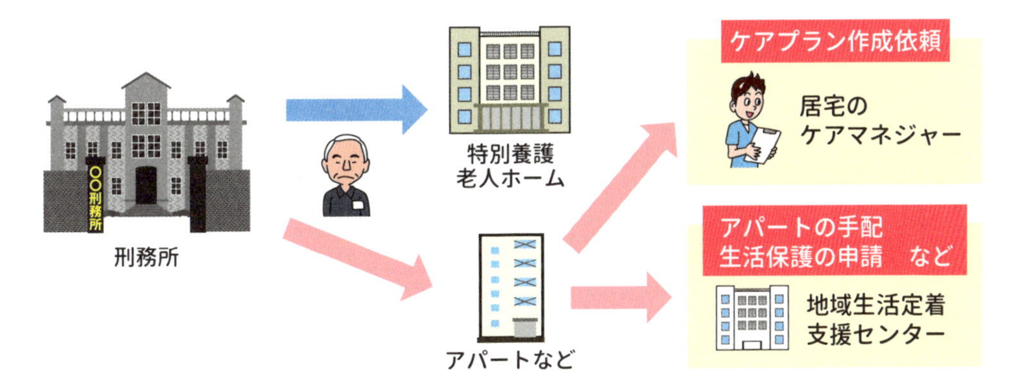

②心理的障壁を取り払い、プロとして対応する

留意するべき事項の第一は「対象者への理解」です。漠然と心理的抵抗感があるのは無理からぬことかもしれません。それでも、プロの支援を必要としているという点では、ほかの利用者とまったく同じです。サービス提供にあたる従事者の「心理的障壁」を取り払うためにも、その人の生活歴や刑務所での生活状況、出所後のニーズ等をケアチーム内で共有し、実際の姿を理解することが、まず求められるでしょう。

留意するべき事項の第二は、「秘密保持」です。情報は一人歩きして、無責任な偏見がその地域に根を下ろしてしまいますから、知った情報は厳守する必要があります。

留意するべき事項の第三は、「その人に合ったケアを実施すること」(リスク管理を含む)です。つまり、普段どおりのことを当たり前に実行すればよい、ということです。

成年後見人に関する苦情相談

Q8 成年後見人がほとんど動いてくれない。どうすればいい？

A 具体的に、どのように「動いてくれない」のか、どのような支障が生じているかを、客観的事実として記録します。それをもとに成年後見人等に改善を要請、あるいは成年後見センターや家庭裁判所に相談するようにします。

①成年後見人等の背景はさまざま。ミスマッチもある

成年後見人、保佐人、補助人（以下、後見人等）になる人の背景は、さまざまです。本人のことをよくわかっている親族、法律・財産管理のプロフェッショナル、対人支援の専門家、地域で人の役に立ちたいと志した市民後見人――のなかから、本人（被後見人等）の状況にあわせて選任されるはずですが、うまくマッチングしていないことも、時としてあるようです。報酬は基本的に管理財産に応じた額となりますし、“質”を評価するしくみもありませんので、「ほとんど動いてくれない」という後見人等がいるのは、ある意味、構造的な問題かもしれません。

●ほとんど動いてくれない後見人等の特徴

対応が遅い	連絡がつかない	ほとんど面会に来ない	身上保護を丸投げ

②客観的事実を記録し、関係機関へ相談する

実際になんらかの支障が生じているなら、対人援助職として対処をとる必要があります。具体的に、どのように「動いてくれない」のか、それによってどのような支障が生じているかを、客観的事実として記録し、改善の要請や関係機関への相談を行います。

なお、後見人等とのコミュニケーションにあたっては、①報告・連絡・相談は確実な手段でわかりやすく、簡潔にポイントを絞って行う、②緊急時の連絡方法を念入りに確認しておく――などに留意しておくとよいでしょう。

●ほとんど動いてくれない後見人等への対処

- ☑ 後見人等は本人の決定を代理（保佐・補助）する立場であり、定期的に本人の意思や、心身の状態、生活状況を確認しなければ代理等は果たせなくなり、結果として、本人の日常生活に支障が出てしまう（現に出ている）ことを説明し、改善を求める。
- ☑ 後見人等の事情を聴き、対応の遅れや連絡体制の不良について、改善が困難なほどに多忙であるなら、「成年後見等の受任を継続できる状況にない」ものとして、今後の“最善の対応”を一緒に考える。
- ☑ 地域の成年後見センターまたは家庭裁判所に相談する（後見人等に注意が与えられます。場合によっては適格な後任者が検討されることもあります）。

※被後見人または親族（6親等内の血族、配偶者、3親等内の姻族）から家庭裁判所に、「後見人等の解任」を申し立てることは可能です。この場合、成年後見人等に不正な行為、著しい不行跡その他後見等の任務に適しない事由が認められれば解任となりますが、「信頼できない」という漠然とした理由では解任とはなりません。

③後見人等の職務の範囲を理解する

一方で、家族や援助職の側で後見人等の役割を過大に期待し、その裏返しで「ほとんど動いてくれない」と誤解している可能性もあります。その点を整理しておきましょう。

●後見人等の職務に含まれない行為（例）

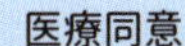

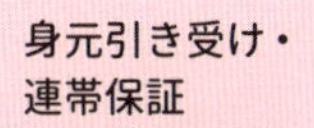

結婚・離婚・養子縁組・遺言などの手続き

介護や家事

葬儀の主宰

自殺予防等に関する支援

Q9 長年認知症の妻を介護してきた男性が、「死んだら楽になるかな」と呟いた。どうしたらいいの？

A 「それくらいおつらいのですね」と共感をもって受け止め、「よろしければ、お話いただけませんか？」と声をかけて、じっくり話を聴くようにしてください。そして、チームでの対応につなげます。

①SOSのサインとして受け止め、じっくり話を聴く

できることは、「気持ちを受け止め、相手の話をじっくりと聴く」ということです。どのようなことに苦しんでいるのか、現在抱えている課題・問題を話してもらって、共有することです。

話を聴くときのポイントは、以下のとおりです。

傾聴のポイント

- 真剣な態度で聴く、話す。
- 相手のペースに合わせる。
- 共感する。（共感＝自分の心の中に相手の話の状況を展開し、相手の気持ちを自分のことのように感じること）
- 「自殺」の話題となっても話題をそらさずに聞く。
- 「よくお話くださいました。ありがとうございます」と感謝の意を示す。

②チームでの対応につなげる

話のなかで自殺したいという思いが語られていたら、対話の締めくくりに、「それでも、私はあなたに、死んでほしくありません」というメッセージを言葉にして伝えます。

さらに、「自殺以外の最善の解決方法を一緒に考えましょう」「私よりずっと経験豊富な専門家に加わってもらっていいですか？」というように、チームでの対応につなげていきましょう。

主たる連携先は、下図のとおりです。

●“SOS”へのチーム対応

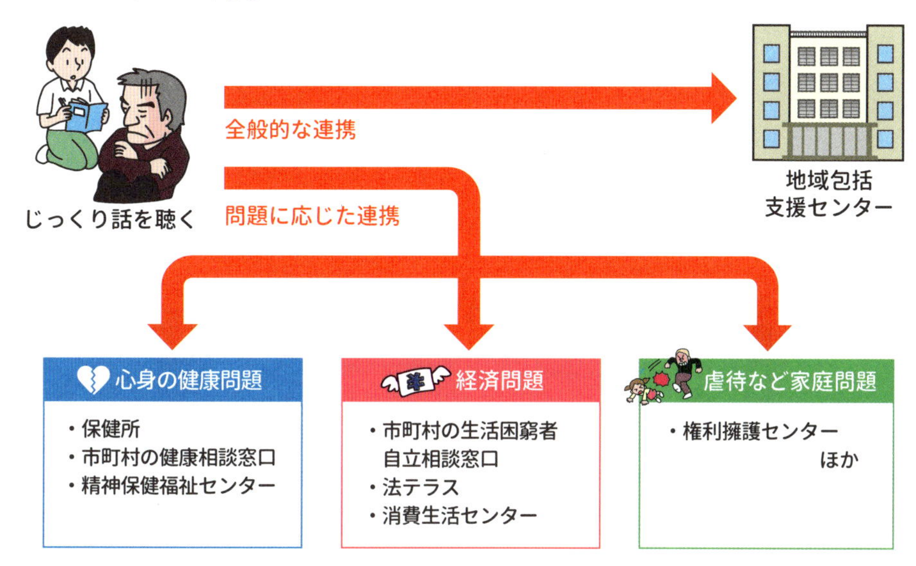

ケアマネは高齢者自殺予防の「ゲートキーパー」

介護保険サービスを利用する高齢者や家族にとってケアマネジャーは、月１回必ず言葉を交わす、最も近しい存在です。そのため、行政の進める高齢者の自殺予防施策のなかでも「ゲートキーパー」としての役割が期待されています。

ゲートキーパー（Gatekeeper）とは、「門番」という意味です。自殺予防施策での役割とは、「身近な人の自殺のサインに気づき、その人の話を受け止め、必要に応じて専門相談機関へつなぐ」という機能です。

1　気づく

「表情が暗い」「元気がない」等、気になる様子があったら、声をかけて話を聴く。

2　受け止める

相手の話をじっくりと聴き、今抱えている課題、問題を受け止める。

3　つなぐ

十分に話を受け止めたうえで、必要に応じ適切なサービス、相談機関につなぐ。

「ごみ屋敷」への対応

Q10 近所から苦情の出た「ごみ屋敷」がある。対応で気をつけるべきことは何か？

A 第三者にとってはゴミでも、本人にとっては大事な意味のあるものかもしれません。まずは主張を受容し、“ゴミ”がもつ意味合いの理解に努めながら、「困りごと」を聴き出し、支援（片づけを一部含む）を受け入れてもらうところから始めます。

①勝手に処分すると罪に問われることも

前提として、支援者が本人の意思に反して、ゴミを片づけることはできません。客観的に見てゴミであっても、本人が「ゴミではない」と主張すれば、それは「財産」とみなされます。本人宅に正当な理由がなく無断で立ち入れば「住居侵入罪」に、勝手に私物を処分すれば「器物損壊罪」に問われることにもなります。

どこからが許容範囲の「清潔な暮らし」なのか、厳密な基準があるわけではありません。住まいはその人にとって“ありのまま”でいられるパーソナルな空間です。第三者にとってはゴミでも、本人にとっては大事な意味のあるものなのかもしれません。

ただ、実際に悪臭や害虫などで近隣に実害が生じていたり、本人にとっても病気や転倒事故のリスクがあるなら、折り合うためのはたらきかけが必要です。

●よくあるNGな対応

②ごみ屋敷のタイプを見極めてその背景を探る

“ごみ屋敷”を形成する人には、以下の２つのタイプがあるとされます。ただ、そのどちらかの要素だけをもつということでもなく、たとえば、Ａのタイプの人が時間の経過のなかで片づけられなくなってＢの要素を持ち得るような、中間に位置するケースも少なくありません。

【A】本人の意志で集め、「ゴミ」をため込んでいるタイプ

【B】清潔保持の力や衛生概念が弱まり、結果として「ゴミ」がたまってしまったタイプ

・認知症や精神疾患等の影響による、判断・認知能力の低下
・配偶者の死亡、孤立、体力の低下、経済的困窮などによる「生きる意欲」の低下（「面倒くさい」「もうどうなってもいい」）

苦情が出ていると、どうしても「ゴミをいかに排除し、清潔な環境を確保するか」ばかりを考えてしまいがちですが、対処療法では“リバウンド”の可能性も含めて、根本的な解決にはなりません。関係悪化によりさらに深刻な住民トラブルへと発展するおそれもあります。

本人の「捨ててはだめ」「要るものばかり」という主張をまず受容し、“ゴミ”のもつ意味合いの理解に努めながら、心身のアセスメントを行い、具体的な「困りごと」を聴き出します。この段階で、「ゴミ」「捨てる」「片づける」という言葉を不用意に用いないようにしましょう。この困りごとをとっかかりに、片づけを一部含むような援助を受け入れてもらい、その効果を体感してもらうところから始めます。

こうした積み重ねを経て、信頼関係を築きながら、本人の了解のもと、関係機関や地域住民とも連携しながら整理・片づけを進めていきます。

●生活再構築のための支援プロセス

①
・ものではなく、人への信頼感を持ってもらう。
・本人の関心事、健康、生活から入る。

②
・「何も困ってない」という裏にある潜在的なニーズ（困りごと）を引き出す。

③
・潜在的なニーズ（困りごと）に気づいてもらう。

④
・困りごとを解決するため、少しの援助を受け入れてもらう。
（できるだけ主体的にかかわってもらう）

⑤
・援助による小さな変化を「快」「心地よい」と感じてもらう。

信頼を得ることで支援が広がる

参考文献：岸恵美子代表編集（2015）「セルフ・ネグレクトの人への支援」中央法規 ,p75

高齢者の万引き

「家族が万引きで捕まった」と打ち明けられた。何ができる？

A 本人・家族の話を聴き、思いを受け止めるとともに、その世帯でいま何が起こっているかを把握します。必要に応じて、医療への橋渡し、居場所とつながりの確保、不安・孤立を和らげられるようなはたらきかけを。

①本人・家族の思いを受け止め、事実を丁寧に把握する

私たちは社会において、法律以前に身内同士で「あなたはそういうことをする人じゃない／あたなにはそんなことをしてほしくない」という期待をかけ合って、一定の規律ある日常を生きています。その暗黙の規範が踏みにじられた家族のショックは、計りしれません。家族が何食わぬ顔をして盗みをはたらく光景は、想像するだに“悪夢”でしょう。一方で、規律ある人生を歩んできた大人が、「バレなければ構わない」と考えて一線を越えたというのは、相当のことです。

相談援助職としては、本人・家族の話を聴き、思いを受け止めるとともに、いまその世帯で何が起こっているかを丁寧に把握していく必要があります。

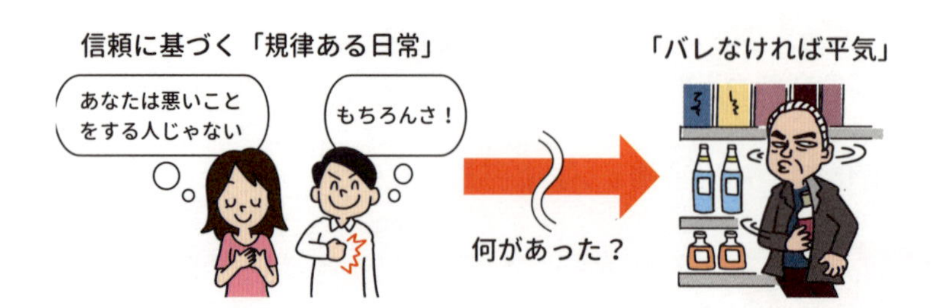

②万引きの背景にある「不安」と「孤立」

高齢者の万引きの背景には、「先細る家計への不安」「頼りにできる他者の不在」があると考えられています。東京都の調査研究（2017年度）では、万引きで逮捕された高齢者は一般高齢者に比べて、「経済的支援」「身の回りの世話」「相談」などを期待できる関係性に乏しい状況にあることが明らかになっています。警視庁の調査（2015年度）によれば、高齢者の万引きの動機は、3分の2が「お金を払いたくないから」「生活の困窮」だったそうです。

また、高齢者の万引きには、認知症が影響しているケースが少なくないとされ、さらには万引き衝動を抑えられない依存症＝「クレプトマニア（窃盗症）」である可能性も考えられます。これらの場合、個人の意思だけでは防ぎようがありません。

犯罪は許されざることですが、こうした背景や可能性を踏まえた適切な支援が必要です。

●高齢者の万引きの背景

考えられる支援

- 同世代の人とコミュニケーションできる「場」（デイサービス、コミュニティカフェなど）
- 店や警察や近所に事情を打ち明けて、理解が得られるようはたらきかけ
- 病気そのものの治療
- 家計改善支援

原因として考えられること①
心理的な問題の拡大

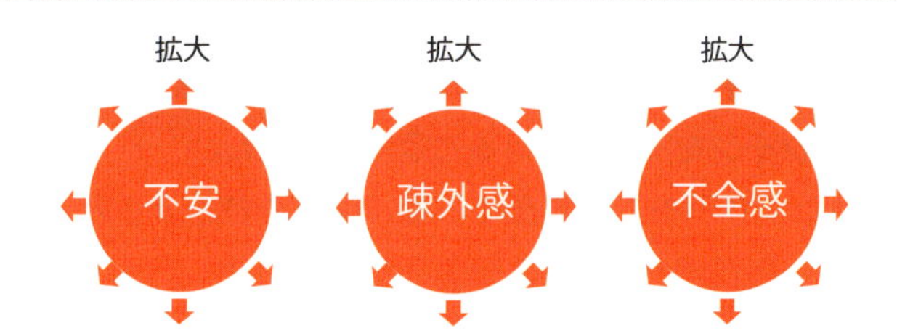

原因として考えられること②
安心、つながり、充足感の消失・欠落

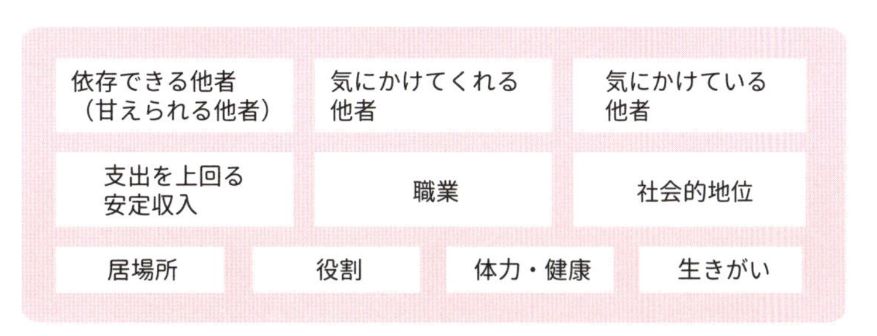

原因として考えられること③
疾患などの影響

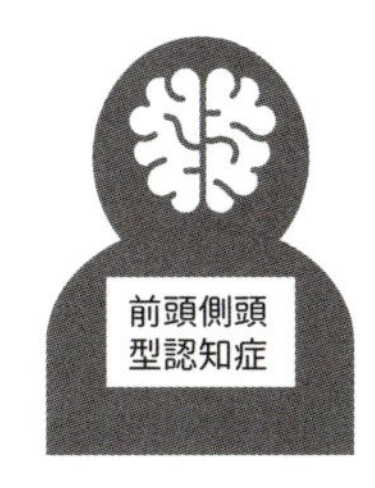

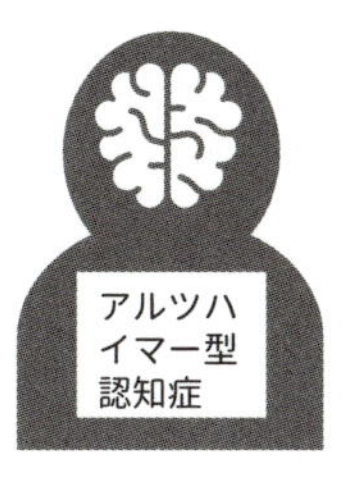

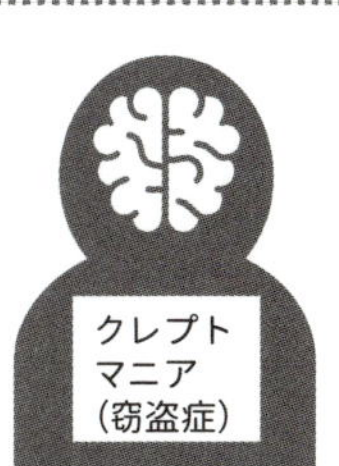

COLUMN

「新型コロナ関連詐欺」にご注意

――気になることがあったら、専用のホットラインへ相談を

「新型コロナウイルスのワクチン接種」を騙った詐欺行為や迷惑行為が広がっています。これを受け、国民生活センターでは、「新型コロナワクチン詐欺」に関する電話相談を受け付ける専用のホットライン（下記）を開設しています。クライエントや関係職種間での情報共有をご検討ください。

なお、消費生活センターには、以下のような相談が寄せられているとのことです。市区町村等が、ワクチン接種のために金銭や個人情報を電話･メールで求めることはありませんので、必要に応じて周囲への注意喚起をご検討ください。

●消費生活センターに寄せられた相談の例

- 政府から「コロナ被害者救済基金から７億円をスピード給付するので、SNS の友達追加をするように」とメールが来た。
- スマートフォンに「ワクチン接種の優先順位を上げる」というメッセージが届いた。
- 「ワクチンを優先的に接種できる」と所管省庁を騙った電話があった。
- 余ったワクチンを案内していると電話があった。
- 「新型コロナワクチンが接種できる。後日全額返金されるので 10 万円を振り込むように」との不審な電話がかかってきた。
- 「ワクチン接種の予約代行をする」と市職員を名乗った人が訪ねてきた。詳しく質問しようとしたところ、ごまかして帰って行った。
- 接種の予約をしていないのに、「ワクチン接種の説明に行く」と電話があり、個人情報の確認をされた。

「新型コロナ関連詐欺」に関する電話相談先

相談特設番号：0120-797-188（フリーダイヤル）

相談受付時間：10 時～ 16 時（土曜、日曜、祝日を含む）

※ 050 から始まる IP 電話からはつながりません。

第5章

年　金

❶「年金制度」をザックリ押さえよう!

「３つのリスク」に備えるしくみ

公的年金は、❶老齢（仕事からの引退）、❷障害、❸扶養者の死亡というリスクに備えるための制度です。上記❶❷❸が起きた場合に、現役世代の納める保険料から現金で支給される賦課方式というしくみです。これを「**国民皆年金**」といいます。

日本に住む20歳以上60歳未満の人は、全員が制度に加入し、保険料（国民年金保険料）を納めることが義務づけられており、このしくみを「**国民年金**」といいます。

これとは別に、サラリーマンや公務員を対象にした「**厚生年金保険**」というしくみもあります。目的は国民年金と同じですが、給料の額に応じて保険料が上積みされるため、その分、受給額も上積みされるしくみです。

働き方や婚姻関係で決まる「３つの種別」

老後に受け取る年金額は、基本的に納めた保険料の総額に応じて決まります。現役時代に納めた保険料が少額だった人は、老後に受け取れる年金額も少額となります。

(1) 第１号被保険者

自営業者、農林漁業等従事者、第２号被保険者ではない労働者、学生、無職の人が該当します。各自、定額の保険料を毎月納める必要があります（2022年度は1万6590円）。やむを得ない理由で納められない場合は、保険料の免除や納付猶予を受けることができます。ただし、受けた免除の程度と期間に応じて、老後の年金額が目減りします。

(2) 第２号被保険者

企業や役所（事業主）に雇用され、厚生年金保険に加入している人が該当します。保険料は、給料やボーナスの一定割合（18.3%）を事業主が折半のうえ、源泉徴収して納付しています（このなかに本人と配偶者の国民年金保険料も含まれる）。高給取りの人ほど余計に保険料を納めることになり、将来の給付も手厚くなります。

(3) 第３号被保険者

第２号被保険者に扶養されている年収130万円未満の配偶者が該当します。個別に保険料を納める必要はありません。

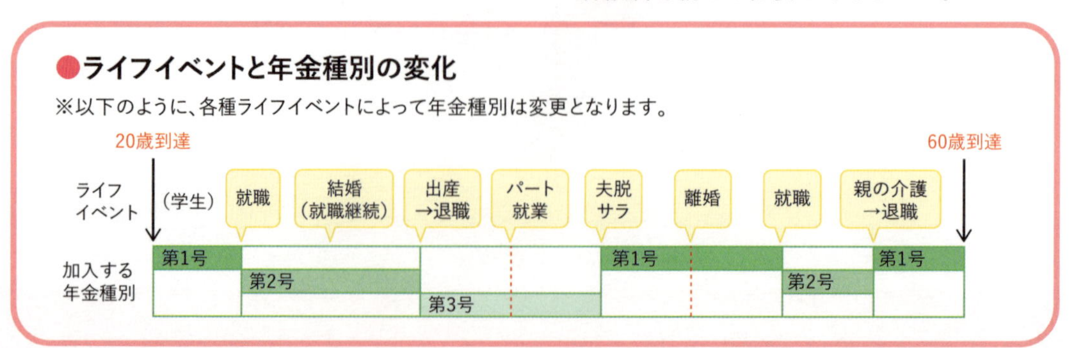

年金制度全体の概要

「老齢」「障害」「生計を維持していた者の死亡」という事態に対応して所得保障するしくみ

障害

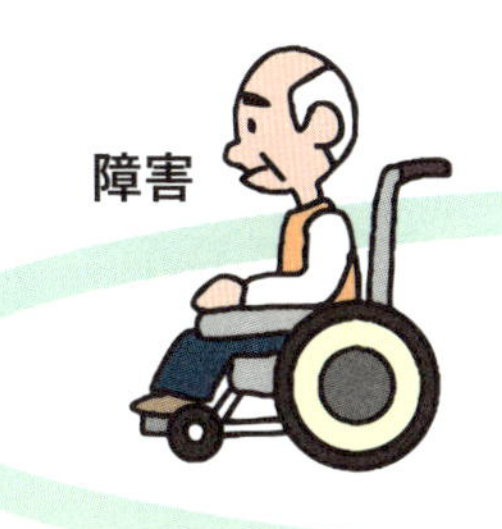

遺族

老齢

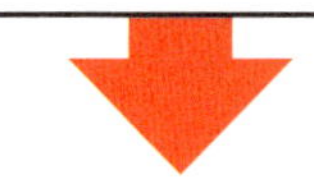

老齢給付の場合…

第1号被保険者	第2号被保険者	第3号被保険者
A 自営業者 学生 無職者 (B.C以外)	B 会社員 公務員	C Bの被扶養配偶者 (年収130万円以下)

第1号被保険者の老齢年金は、現役時代に**保険料を滞納**したり、**免除を受けている**と、その分**減額**される。未加入や保険料滞納の期間が一定以上あると支給されない

国民年金(基礎年金)

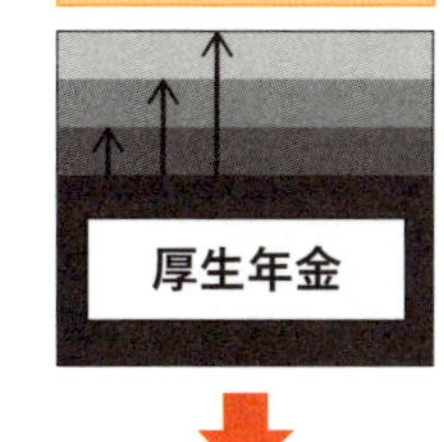

厚生年金

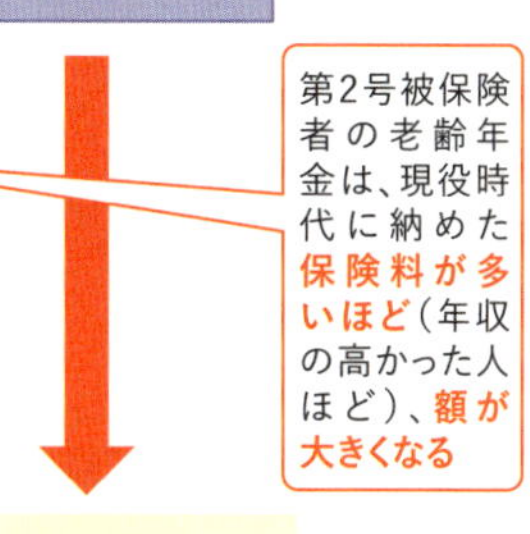

第2号被保険者の老齢年金は、現役時代に納めた**保険料が多いほど**(年収の高かった人ほど)、**額が大きくなる**

第1号被保険者	第2号被保険者	第3号被保険者
厚生年金保険に加入したことのない人は **平均月額5万1276円**※1 満額で月額6万4816円※3	厚生年金と国民年金併せて **平均月額14万4816円**※2	40年間第3号被保険者だとすると、 **月額6万4816円**※3

第2号被保険者の国民年金保険料は、厚生年金保険料と一緒に給料から天引きされている。
第3号被保険者の国民年金保険料は、配偶者の納める保険料に含まれているとみなされる。
つまり、国民年金保険料を個別に納める必要があるのは、第1号被保険者のみである。

※1および※2 「2020年度厚生年金保険・国民年金事業の概況」(厚生労働省)に掲載されている平均受給月額
※3 2022年度に適用されている年金額(未納や免除等のなかった人が受給できる額)

❷活用までの流れとポイント

年金はどういうときにどれくらい受け取れるものなのかを押さえたうえで、「こういう場合は受給できない」「こういう人は受給対象とならない」などの留意事項を紐解き、それを回避する手段や、受給できるようにするための手続きについてみていきます。

1. 年金の種類と受給額

公的年金制度には、「老齢給付」「障害給付」「遺族給付」という３つの給付があります。いずれも、きちんと保険料を納めていることが前提ですが、以下の場合に受給できます。

３つの給付には、それぞれ「基礎年金」と「厚生年金」があります。厚生年金は、厚生年金保険に加入していた人のみが受給できます。

- 自分が高齢となった（65 歳に達した）場合　→　**老齢給付**
- 障害認定基準に該当する障害を負った場合　→　**障害給付**
- 生計を支えている家族が死亡した場合　→　**遺族給付**

●公的年金制度の３つの給付

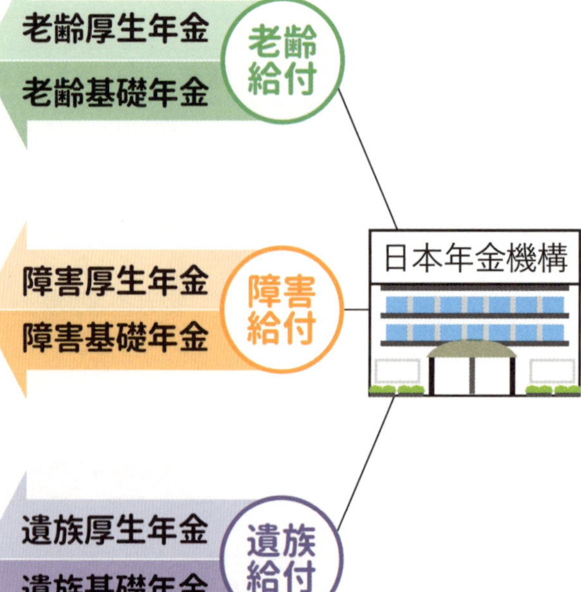

老齢給付

65歳以上の人に対して支給される年金です※。給付額は、現役時代に納めてきた保険料の総額に応じて決まります。20～60歳の間に、①**保険料を納付した期間**、②**保険料免除または納付猶予を受けた期間**、③**海外居住等のやむを得ない事情により未加入だった期間**――の合計（これを「受給資格期間」といいます）が「**10年以上**」あれば、受給できます。

※1960年度までに生まれた男性、1965年度までに生まれた女性で、厚生年金保険に1年以上加入していたことがある人は、60歳代前半から受け取れる給付があります（262ページ参照）。

●老齢給付の概要

過去に厚生年金保険への加入期間があった人にのみ支給（ただし、老齢基礎年金の受給資格がない人には支給されない）

65歳に達した…

老齢厚生年金

老齢基礎年金

老齢給付

日本年金機構

「受給資格期間」を満たしていないと支給されない

●受け取れる老齢給付の種類と金額

厚生年金保険に加入した期間が…

ない人の場合

20～60歳までの間、自営業、農林漁業、社会保険なしの雇用、無職等であった人

受給できるのは「**老齢基礎年金**」のみ。

ある人の場合

20～60歳までの間、会社員、公務員等として会社・役所で就労していた人

受給できるのは「**老齢基礎年金**」と「**老齢厚生年金**」。65歳未満の配偶者または18歳未満の子がいて要件を満たしていれば「**加給年金**」も受給できる。

老齢基礎年金

満額で月額6万4816円（2022年度）※1

＋

老齢厚生年金

報酬比例の年金※2 ＋

※1　保険料の減免や納付猶予を受けていたり、未加入や未納の期間があると減額される。

※2　報酬比例の年金額は、厚生年金保険に加入していた期間、納めていた保険料水準（給料･賞与額と連動）によって決まる。

※3　加給年金は、厚生年金保険の加入期間が20年以上で、かつ、受給者に生計を維持されている65歳未満の配偶者または18歳未満の子（18歳到達後の最初の年度末までの子、障害等級1級または2級に該当する20歳未満の子）がいる場合に支給される。1人あたり月額1万8650円。子ども3人目以降はそれぞれにつき月額6,216円。

障害給付

65歳到達前の病気・けがで障害を負った人に支給される年金です。65歳以後に要介護になった人には支給されません（そのかわり65歳以上の人には「老齢給付」が支給されます）。

障害給付を受給できるのは、下図の①～③の要件をすべて満たした人です。

●障害給付の概要

厚生年金保険加入中の傷病が原因で障害を負った人にのみ支給（ただし、一定以上の未加入・未納の期間があると支給されない）

障害を負った…

※65歳以上になってからの新たな障害は除く

障害厚生年金

障害基礎年金

障害給付

日本年金機構

一定以上の未加入・未納の期間があると支給されない

●障害給付の3要件

①「初診日」が、65歳未満

②障害認定基準に該当する

③保険料の「未納」が一定以下

受給可

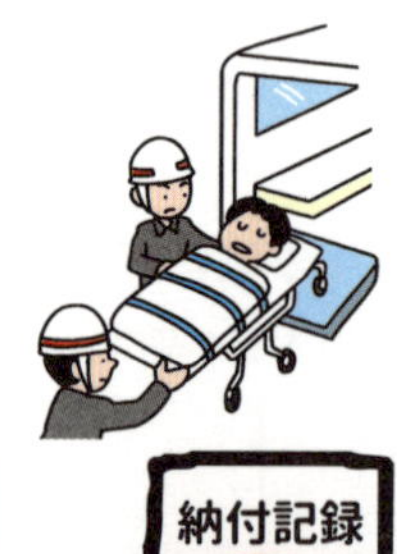

①障害の原因となった病気やけがについて、初めて診察を受けた日（この日のことを「初診日」といいます）が、65歳未満の時だった※1

②障害認定基準に該当する障害を負っている

③保険料の未納※2が、本来納めるべき期間※3の3分の1を下回っている※4

※1　老齢基礎年金の繰り上げ受給をしている人、またはその請求手続きを済ませた人については、たとえ初診日が65歳以前であっても、障害年金の受給対象外です。

※2　保険料納付免除、納付猶予、学生納付特例を受けていた期間は、「未納」とはなりません。

※3　本来納めるべき期間とは、国民年金の被保険者になったときから「初診日の属する月の前々月」までの期間を指します。「国民年金の被保険者になったとき」とは、(1)20歳になったとき、(2)20歳前に就労して厚生年金保険の被保険者となったとき、(3)海外に居住していた20歳以上の人が日本国内に住民登録したとき――を指します。

※4　③を満たしていなくても、初診日の前日時点で「初診日の属する月の前々月」からさかのぼって直近1年間に未納がなければ、この要件を満たしたものとみなされます。

こんな場合は障害給付を受けられません

障害給付は、保険料納付義務を果たしてきた人でなければ受給できません。具体的には、以下の２条件のどちらかをクリアしている必要があります。

①「初診日の属する月の前々月」からみて、過去にさかのぼって保険料納付済期間（免除や納付猶予を受けている期間も含む）が３分の2以上ある
②「初診日の属する月の前々月」からみて、直近１年間に保険料未納がない

受給できない場合

卒業後に就職するも退職し、その後、国民年金保険料を１回も納めることなく初診日に至った

受給できる場合

初診日の前々月以前の１年間について、保険料免除を受けていた

①障害給付の「認定基準」

給付の対象となる「障害」には、視覚障害や聴覚障害、肢体不自由以外にも、がんや糖尿病、心疾患、呼吸器疾患などの内部疾患により、長期療養が必要で仕事や生活に著しく制限を受ける状態になった場合も含まれます。また、精神障害や知的障害も含まれます。

所定の基準（国民年金・厚生年金保険障害認定基準）に該当していることが、支給要件となりますが、これは障害者手帳の認定基準とは別物です。

なお、障害認定には、生涯にわたって認定が有効な「永久認定」（脚を切断した場合等）と、本人の状態に応じて受給できる期間が設定される「有期認定」があります。有期認定の場合は、期間ごとに審査を伴う更新手続きが必要となり、結果次第では支給停止となる場合もあります。

●障害給付の対象となる障害

- 眼の障害
- 聴覚の障害
- 鼻腔機能の障害
- 平衡機能の障害
- そしゃく、嚥下機能の障害
- 音声または言語機能の障害
- 肢体の障害（上肢、下肢、体幹、脊柱）
- 精神の障害
- 神経系統の障害
- 呼吸器疾患による障害
- 心疾患による障害
- 腎疾患による障害
- 肝疾患による障害
- 血液、造血器疾患による障害
- 代謝疾患による障害
- 悪性新生物による障害
- 高血圧症による障害
- その他の疾患による障害
- 重複障害

●等級区分と「障害認定基準」

等級	障害の程度	認定基準の例（「下肢の障害」の場合）
1級	他人の介助を受けなければ生活保持がほとんどできないような状態	(1) 両脚の用を全く廃したもの (2) 両脚を足関節以上で欠くもの
2級	必ずしも他人の介助を要するわけではないが、生活保持は極めて困難で、労働で収入を得ることはできないような状態	(1) 両脚のすべての指を欠くもの (2) 片脚の用を全く廃したもの (3) 片脚を足関節以上で欠くもの (4) 上の (1) ～ (3) と同程度以上の障害があり、日常生活が著しい制限を受けている
3級	労働が著しい制限を受ける状態（労働に著しい制限を加えることを必要とする状態）	(1) 片脚の3大関節（股関節、膝、足首）のうち、2関節の用を廃したもの (2) 長管状骨（大腿骨または脛骨もしくは腓骨）に偽関節を残し、運動機能に著しい障害を残すもの (3) 片脚をリスフラン関節（踵とつま先の中間あたりにある関節）以上で失ったもの (4) 両脚の10本の指の用を廃したもの
障害手当金	労働が制限を受ける状態（労働に制限を加えることを必要とする状態）	(1) 片脚の3大関節（股関節、膝、足首）のうち、1関節に著しい機能障害を残すもの (2) 片脚を3センチメートル以上短縮したもの (3) 長管状骨（大腿骨または脛骨もしくは腓骨）に著しい転位変形を残すもの (4) 片脚の親指を失ったもの、またはそれ以外の指を4本を失ったもの、その両方 (5) 片脚の5本の指の用を廃したもの

②障害給付の受給額

障害給付には、「障害基礎年金」と「障害厚生年金」があります。障害年金受給の3要件を満たした人のうち、以下の人が受け取ることができます。

①「初診日」に厚生年金保険に加入していた人（会社員や公務員）

「障害基礎年金」と「障害厚生年金」の両方を受け取ることができます。

②「初診日」に厚生年金保険に加入していなかった人（自営業や農林漁業等）

「障害基礎年金」のみを受け取ることができます。

●受け取れる障害給付の種類と金額

厚生年金保険に…

加入していないときに初診日がある人の場合	加入しているときに初診日がある人の場合
自営業、農林漁業、社会保険なしの雇用、無職等であったときに初診日がある人	20～60歳までの間、会社員、公務員等として会社・役所で就労していたときに初診日がある人

受給できるのは「障害基礎年金」のみ。子がいれば「子の加算」も。

受給できるのは「障害基礎年金」と「障害厚生年金」。子がいれば「子の加算」、配偶者がいれば「配偶者加給年金」も。

重 ↑ 症状 ↓ 軽

	障害基礎年金		障害厚生年金	
1級	月額8万1020円 ＋ 子の加算※1	＋	報酬比例の年金×1.25 ＋ 配偶者加給年金※2	
2級	月額6万4816円 ＋ 子の加算※1	＋	報酬比例の年金 ＋ 配偶者加給年金※2	
3級			報酬比例の年金（最低保障額:4万8616円）	
障害手当金			一時金 報酬比例の年金の2年分を支給（最低保障額:116万6800円）	

障害基礎年金について

- 障害の重さによって、1級と2級に分かれる。
- 18歳未満の子どもがいれば、「子の加算」※1が上乗せされる。

※1　子の加算の金額：以下の合計
　1人目1万8650円
　2人目1万8650円、
　3人目以降は1人につき6,216円

障害厚生年金について

- 1～3級があり、さらにそれより軽い障害でも、所定の基準を満たしていれば、「障害手当金」（一時金）が支給される。
- 1～2級で、かつ、受給者に生計を維持されている65歳未満の配偶者がいれば、「配偶者加給年金」※2が上乗せされる。

※2　配偶者加給年金の金額：1万8650円

遺族給付

生計を支えている家族が死亡した場合に支給される年金です。遺族の続柄や年齢によって、受給できる場合・できない場合があります。また、死亡者に一定以上の未加入・未納の期間があると、支給されません。

●遺族給付の概要

受給できる遺族は、配偶者、子、孫、父母※、祖父母※
(※印と配偶者が夫の場合は 55 歳以上が対象)。

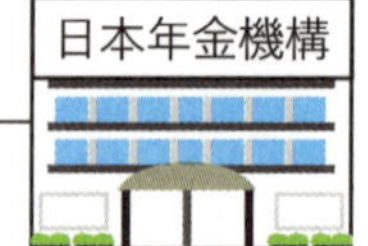

家計を支える
扶養者を失った…

遺族厚生年金
遺族基礎年金
遺族
給付

受給できる遺族は「18 歳未満の子のいる配偶者」または「18 歳未満の子」

●遺族基礎年金と遺族厚生年金の概要

	遺族基礎年金	遺族厚生年金
死亡した人	次の（1）～（3）いずれかであること （1）国民年金に加入中に死亡した人で、A または B に該当する （2）国内に住所を有する 60 ～ 65 歳未満の人で、かつて国民年金に加入していて、A または B に該当する → A）保険料未納が加入期間の 3 分の 1 を下回っている B）直近の 1 年間に保険料の滞納がない （3）受給資格期間（①保険料を納めた期間、②保険料免除または納付猶予を受けた期間、③海外居住等のやむをえない事情で未加入だった期間の合計）が 25 年以上ある	次の（1）～（4）いずれかであること （1）在職中（厚生年金保険加入中）に死亡した （2）在職中（厚生年金保険加入中）に初診日のある病気やけがが原因で初診日から 5 年以内に死亡した （3）障害等級 1 級または 2 級に該当する障害厚生年金の受給者が死亡した （4）受給資格期間が 25 年以上ある人が死亡した
受け取れる人	（1）死亡者によって生計を維持されていた配偶者 （2）死亡者によって生計を維持されていた子 条件は、 （1）は 18 歳未満※の子がいること （2）は 18 歳未満※であること ※正確には、「18 歳到達後の最初の年度末」まで対象。障害等級 1 級または 2 級に該当する子は「20 歳未満」と読み替え。	死亡者によって生計を維持されていた①～⑤の者。番号は優先順位を意味し、最も優先順位の高い遺族のみが受給できる。 ①配偶者（夫が受給する場合は「死亡時に 55 歳以上」であることが要件で、支給開始は 60 歳から。ただし、遺族基礎年金の受給資格があれば制約は解除される） ②子（「18 歳未満」であることが条件） ③父母（①に同じ） ④孫（「18 歳未満」であることが条件） ⑤祖父母（①に同じ）
受け取れる金額	**月額6万4816円（2022年度）＋子の加算** ●死亡者が生前に保険料の減免や納付猶予を受けていても、給付額に影響はありません。ただし、一定以上の未加入や滞納があると支給されなくなります。 ●「子の加算」とは、18 歳未満の子がいる場合に上乗せされる加算です（1 人月額 1 万8650円、3 人目からは 6,216 円）。	**平均標準報酬額（平均標準報酬月額）×給付乗率×加入期間×3/4** ●加入期間が 300 月（25 年）未満の場合は 300 月とみなして計算されます。 ● 18 歳未満の子がいなくて遺族基礎年金の受給対象とならなかった妻で、年齢が 40 歳以上 65 歳未満である場合は、「中高齢の寡婦加算」という加算を受給できます。

年金生活者支援給付

公的年金等の収入や所得額が一定以下の年金受給者に対して、申請に基づき「年金生活者支援給付」が支給されます。これは、2019年10月の消費税率引き上げにあわせて、消費税の逆進性を和らげる「再分配」の趣旨で設けられた恒久的な給付金です。

①老齢年金生活者支援給付金

給付を受けられるのは、以下の①②③すべてに当てはまる人です。

①65歳以上の老齢基礎年金の受給者であること
②前年の公的年金等の収入金額※1とその他の所得との合計額が88万1200円※2以下
③同一世帯の全員が市町村民税非課税であること

給付額

- 基準額は月5,020円（2022年度）です。
- 保険料を滞納していた期間があれば、期間に応じて減額されます。
- 保険料免除を受けていた期間があれば、期間に応じて増額されます。

②障害年金生活者支援給付金と遺族年金生活者支援給付金

給付を受けられるのは、以下の①②のいずれにも当てはまる人です。

①障害基礎年金または遺族基礎年金の受給者
②前年の所得額※1が「472万1000円※2＋扶養親族の数×38万円※3」以下

給付額

障害年金生活者支援給付金	遺族年金生活者支援給付金
・障害等級1級：6,275円／月 ・障害等級2級：5,020円／月	5,020円／月

※1　障害年金・遺族年金等の非課税収入は含まれません。
※2　毎年8月に改定。
※3　同一生計配偶者のうち70歳以上の者または老人扶養親族の場合は48万円、特定扶養親族または16歳以上19歳未満の扶養親族の場合は63万円

2. 年金を受給するための手続き

受給にあたっては、年金を受けるための手続き（年金請求）が必要です。それぞれ所定の添付書類を用意する必要がありますが、本人等がマイナンバーを登録済みである場合や、請求書にマイナンバーを記入した場合は、「住民票」「所得証明書」の添付を省略できます。

老齢年金の請求手続き

年金事務所または街角の年金相談センターに、年金請求書と必要書類を提出します。なお、年金請求の受付が開始されるのは、支給開始年齢到達日（誕生日の前日）からです。

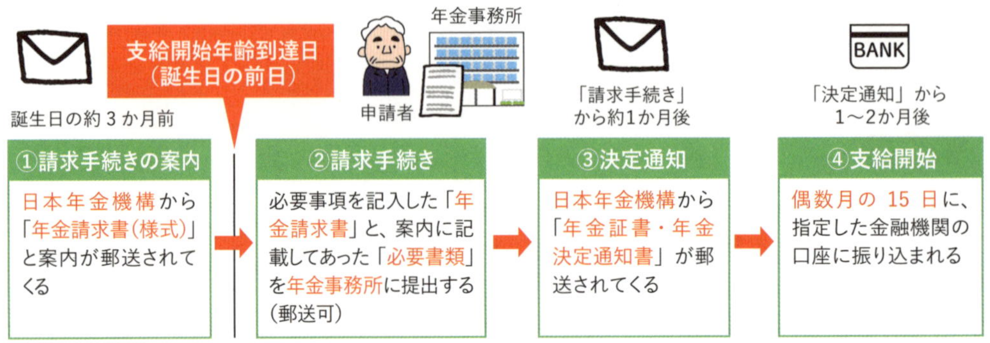

※年金は原則、偶数月に前月・前々月の2か月分がまとめて支給される

必要書類

●共通して必要なもの

①戸籍謄本、住民票等	支給開始年齢到達後（誕生日の前日以後）に交付されたもので、かつ、年金請求書の提出日の６か月以内に交付されたもの
②受取先金融機関の通帳等	本人名義のもの。キャッシュカード可。コピーでもよい
③印鑑	認印可

●保険料納付済期間・保険料免除期間を合算して 25 年未満の人の場合

①年金未加入期間に関する申出書	年金事務所窓口または日本年金機構のホームページで入手可
②合算対象期間に該当することを証する書類	本人の状況によって必要な書類が異なるので、日本年金機構のホームページ等で確認のこと

加給年金額をあわせて請求する場合は、❶戸籍謄本（記載事項証明書）、❷世帯全員の住民票の写し、❸対象者の収入が確認できる書類（所得証明書、課税（非課税）証明書、源泉徴収票等）が必要です。

また、年金受給中の人は年金証書を添付します。その他、本人の状況によって必要な書類があります。日本年金機構のホームページで確認するか、年金事務所に問い合わせください。

障害年金の請求手続き

障害給付を受給するには、障害の原因となった傷病の初診日から「１年６か月」を経過した時点で、医師に障害年金請求用の診断書に所見を記入してもらい、それを年金事務所または市町村窓口に提出します（このとき、一緒に障害年金請求書と添付書類一式を提出します）。これらの診断書等をもとに、日本年金機構が支給の可否や等級を審査するという流れです。

なお、診断書は必ずしもピンポイントに障害認定日の日付でなくても大丈夫ですが、障害認定日から「３か月以内」のものであることが必要です。また、「初診の医療機関」と「診断書を作成する医療機関」が異なる場合は、初診の医療機関に初診時の状況を証明する書類（受診状況等証明書）を作成してもらう必要があります

●障害年金の受給までの流れ

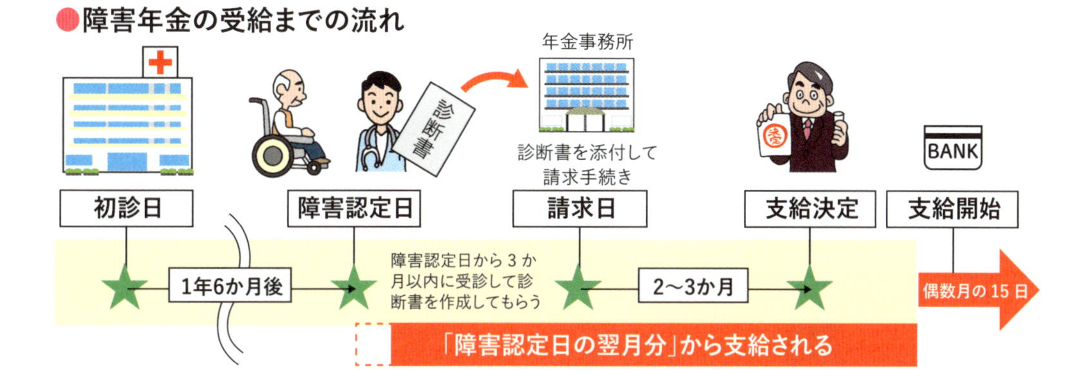

なぜ「初診日から１年６か月を経過した時点」なの？

医学的に「治療を尽くしたものの、さらなる治療効果が見込めず、症状が固定した状況」であると見極めるうえで、その程度の時間経過が必要だから、と説明されています。年金制度では、この１年６か月後の日のことを「**障害認定日**」といいます。

ただし、脚や腕を切断した場合はその時点で症状が固定していますから、切断日が障害認定日となります。ほかに障害認定日が前倒しされる例として、次のような場合があります。

施術・状態	障害認定日
心臓ペースメーカー	装着した日
在宅酸素療法	開始した日（常時使用の場合）
人工肛門造設	造設した日
人工透析療法	透析開始日から起算して３か月経過した日
遷延性植物状態	その状態に至った日から起算して３か月経過した日以後
脳血管障害による機能障害	初診日から６か月経過した日以後

後になって重症化した場合等の請求

以上は、一般的な障害年金受給のパターンですが、仮に障害認定日のタイミングを逃しても、受給する道は残されています。

具体的には、過去に障害年金を請求してみたものの障害等級に該当するレベルではなかったために不支給となった人や、そもそも請求そのものをせずにいた人が対象です。それらの人が、

①その後に重症化して、日常生活に支障を来すようになった

②新たに別の傷病による軽度の障害が加わり、トータルで日常生活に支障を来すようになった

という場合に、通常の請求と同様、医師に診断書を作成してもらって障害年金請求手続きを行い、障害等級に該当すると認められれば、受給できます（下図）。

ちなみに、①の場合の請求手続きを「事後重症請求」、②の場合の請求手続きを「基準傷病請求」といいます（基準傷病とは、新たに加わった障害の原因となる傷病のこと）。

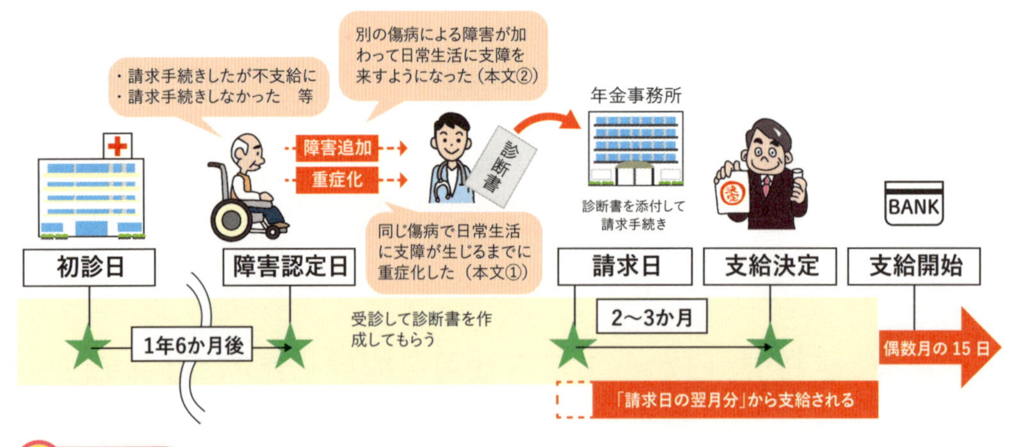

必要書類

①年金手帳	提出できないときは、その理由書が必要
②戸籍謄本、住民票等	支給開始年齢到達後（誕生日の前日以後）に交付されたもので、かつ、年金請求書の提出日の６か月以内に交付されたもの
③医師の診断書（所定の様式）	障害認定日より３か月以内の現症のもの
④受診状況等証明書	初診の医療機関と診断書を作成した医療機関が同じなら不要
⑤病歴・就労状況等申立書	治療経過、日常生活状況、就労状況などについて記入した書類
⑥受取先金融機関の通帳等	本人名義のもの。キャッシュカード可。コピーでもよい
⑦印鑑	認印可

「子の加算」や「配偶者加給年金額」をあわせて請求する場合は、❶戸籍謄本（記載事項証明書）、❷世帯全員の住民票の写し、❸対象者の収入が確認できる書類が必要です。

本人の状況によって必要な書類があります。日本年金機構のホームページで確認するか、もしくは年金事務所に問い合わせください。

遺族年金

年金事務所または街角の年金相談センターに、年金請求書と必要書類を提出します。

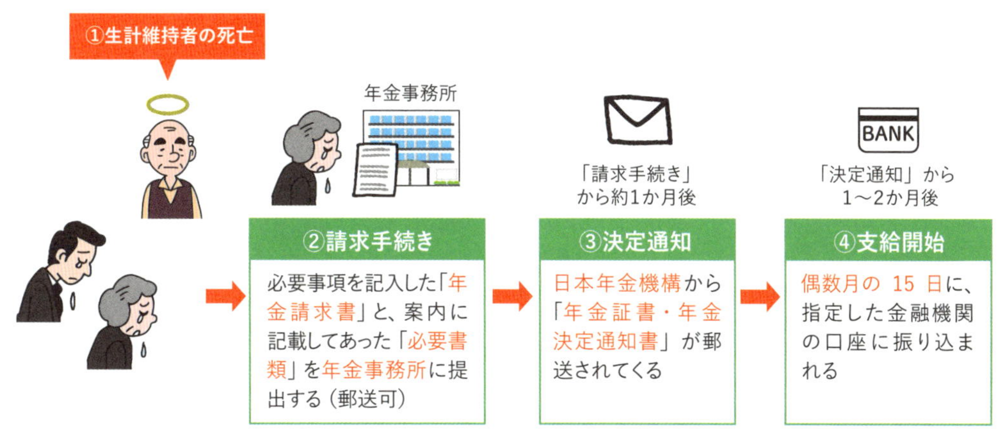

※年金は原則、偶数月に前月・前々月の2か月分がまとめて支給される

必要書類

①故人および請求者の年金手帳	提出できないときは、その理由書が必要
②戸籍謄本（記載事項証明書）	受給権発生日（死亡日）以降で提出日から６か月以内に交付されたもの
③世帯全員の住民票の写し	同上
④死亡者の住民票の除票	世帯全員の住民票の写しに含まれている場合は不要
⑤請求者の収入が確認できる書類	所得証明書、課税（非課税）証明書、源泉徴収票等
⑥子の収入が確認できる書類	同上。なお、高等学校等在学中の子については在学証明書または学生証等。義務教育終了前の子については添付不要
⑦市区町村長に提出した死亡診断書	死体検案書等のコピーまたは死亡届の記載事項証明書
⑧受取先金融機関の通帳等	本人名義のもの。キャッシュカード可。コピーでもよい
⑨印鑑	認印可

故人や請求者が年金受給中であった場合は、年金証書を添付します。死亡の原因が第三者行為である場合は、別途に書類が必要となります。

その他、本人の状況によって必要な書類があります。日本年金機構のホームページで確認するか、年金事務所に問い合わせください。

3. 無年金・低年金を防ぐための手続き

保険料未納は「ハイリスク」

保険料未納があると、障害を負ったときに障害年金を受け取れなかったり、自分が死んだ後、遺族に年金が支給されなかったりします。リスクへの備えを欠いた危険な状態です。社会保険完備の会社に正社員として就職している人でも油断大敵。たとえば、下図のような例では、障害基礎年金も障害厚生年金も受給できず、無年金になってしまいます。

●保険料未納による無年金となるケース

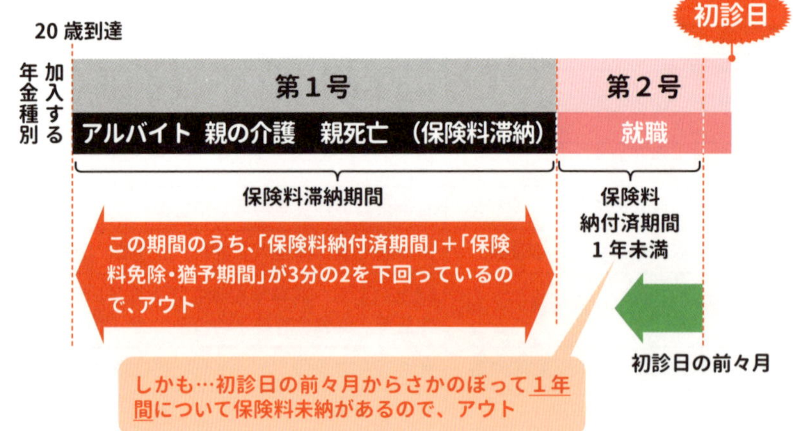

保険料免除・納付猶予

国民年金第1号の被保険者は、毎月の保険料を各自で納める必要がありますが、やむを得ない事情で納付が困難な場合に、申請して承認されれば、国民年金の保険料について納付の「免除」や「猶予」を受けられるしくみがあります。このしくみを利用することで、障害年金を受給できなくなるリスクは、回避可能です。過去の未納分についても、保険料の納付期限から2年以内であれば、さかのぼって申請できます。

保険料免除制度	保険料納付猶予制度	学生納付特例制度
所得が少なく本人・世帯主・配偶者の前年所得（申請時期が1月〜6月の場合は前々年所得）が一定額以下の場合に、所得に応じて保険料の納付が、①全額、②4分の3、③半額、④4分の1の4段階で免除されるしくみです。	対象は20歳から50歳未満の人（50歳以上の人は対象外）。本人・配偶者の前年所得（申請時期が1月〜6月の場合は前々年所得）が一定額以下の場合に、保険料の納付が猶予されるしくみです。	20歳以上の学生について、本人の所得が一定額以下の場合に、在学中の保険料の納付が猶予されるしくみです（家族の所得の多寡は問われません）。

免除・納付猶予の所得基準は、以下のように定められています。

●国民年金保険料の「免除」「納付猶予」の所得基準

厳しい ↕ 緩い

区分	承認基準	前年所得が以下の計算式による金額の範囲内であること（2020年度以前の期間にかかる免除申請は、下線部を右欄の金額で読み替える）	
①全額免除	本人・配偶者・世帯主のいずれも、右の金額内の所得であること	(扶養親族等の数+1)×35万円+<u>32万円</u>	22万円
②4分の3免除		<u>88万円</u>+扶養親族等控除額+社会保険料控除額等	78万円
③半額免除		<u>128万円</u>+扶養親族等控除額+社会保険料控除額等	118万円
④4分の1免除		<u>168万円</u>+扶養親族等控除額+社会保険料控除額等	158万円
●納付猶予制度（対象：50歳未満）	本人・配偶者	(扶養親族等の数+1)×35万円+<u>32万円</u>	22万円
●学生納付特例	学生本人	<u>128万円</u>+扶養親族等の数×38万円+社会保険料控除等	118万円

注1　①〜④については、失業、事業廃止などによって著しい収入減少があった場合は、本人の前年所得は外して、配偶者と世帯主の所得が基準を満たしていれば、免除が認められる「特例」があります（→256ページ参照）。

注2　上記のほか、「生活保護法における生活扶助以外の扶助等を受けている人」「障害者・寡婦・ひとり親であって前年の所得が135万円以下の人（2020年度以前の期間にかかる免除申請の場合は125万円）」についても、申請により全額免除を受けられます。

注3　「生活保護の生活扶助を受けている人」「障害基礎年金受給者」「国立ハンセン病療養所などで療養している人」は、申請によらず、納付が免除されます（法定免除）。

申請手続き

市町村の国民年金担当窓口に、以下の書類を提出します。

- 国民年金保険料免除・納付猶予申請書（役所に備え付けてあります）
- 年金手帳（国民一人ひとりに交付されているものです）

※失業を理由とする場合は、「雇用保険受給資格者証」または「雇用保険被保険者離職票」もあわせて提出します。事業廃止や休止を理由とする場合については、窓口に問い合わせを

将来の老齢給付の受給額への影響

免除や納付猶予を受けると、そのぶん将来の老齢年金受給額が目減りしてしまいます。具体的には、保険料を納めた場合と比べて、全額免除の場合は「２分の１」、半額免除の場合は「４分の１」、４分の１免除の場合は「８分の１」、４分の３免除の場合は「８分の３」が目減りします。納付猶予や学生納付特例は、「１分の１」目減りします（将来の受給額に反映されません）。

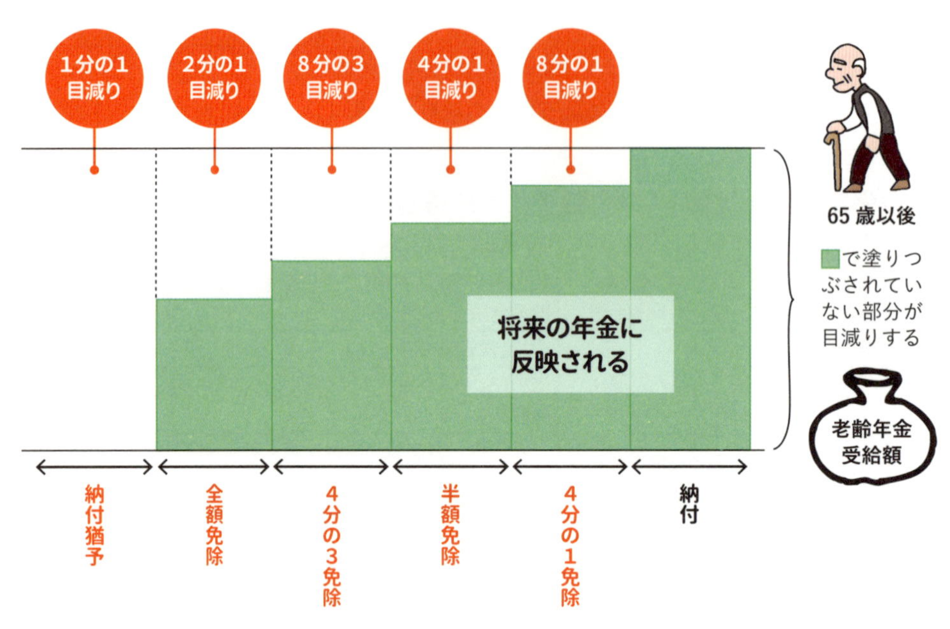

追納について

免除や猶予された保険料は、10年以内であれば、後からさかのぼって納めること（追納）ができます。家計に余裕がでてきたとき、さかのぼって保険料を納めることで、将来の老齢年金受給額の目減りを防ぐことが可能です。ただし、免除や納付猶予を受けてから３年度目以降の追納については、経過期間に応じて一定の加算額が上乗せされます。

特例等

以下のような特例的な取り扱いがあります。

被災者にかかる特例

震災・風水害・火災などの災害により、被保険者が所有する住宅や家財などの財産に「概ね２分の１」以上の損害を受けた場合、申請に基づき国民年金保険料が全額免除となります。

コロナ対応の特例

新型コロナウイルス感染症の影響で業務喪失や売上減少などに見舞われ、所得が激減した人を対象に、当年中の所得見込額を自己申告することで、保険料免除等の審査を受けられる特例が設けられています。

産前産後期間の保険料免除

第１号被保険者の妊産婦について、出産予定日または出産日が属する月の前月から４か月間、国民年金保険料が免除されます。この場合、保険料を全額納付した期間とみなされ、将来の年金受給額に反映されます。

任意加入制度

60歳を過ぎてもなお老齢基礎年金の受給資格を満たしていない場合は、「任意加入制度」を利用すれば、「無年金」を免れることができます。

なお、老齢基礎年金の受給資格とは、以下①②③の合計が10年間以上であることです。

①保険料を納めた期間
②保険料免除または納付猶予手続きを取って認められた期間
③海外居住等のやむを得ない事情により未加入だった期間

①国民年金の任意加入制度

本人の申し出により、「60歳〜70歳未満」の期間に国民年金保険料を納めるものです。

対象者

60歳以上65歳未満の人	65歳以上70歳未満の人
・老齢基礎年金を繰り上げ受給していない ・現在、厚生年金保険に加入していない	・現在、厚生年金保険に加入していない

手続き

年金手帳を持参して市町村の国民年金担当課に申し出ます。

②厚生年金保険の高齢任意加入制度

就業して厚生年金保険に加入している高齢者で、70歳になっても老齢給付の受給資格期間を満たせない人が、本人の申し出により、受給資格期間を満たすまでの間、任意加入するものです。保険料は全額本人が負担しますが、事業主が同意すれば労使折半にすることもできます。

利用条件

老齢基礎年金の受給資格期間を満たしていないこと

手続き

勤務している会社を管轄する年金事務所に、「厚生年金保険高齢任意加入被保険者資格取得申出書」を提出します。このとき、添付書類として年金手帳、生年月日に関する市町村の証明書または戸籍謄本等を持参します。

毎月の保険料納付手続きも本人が行います。事業主が同意すれば保険料を労使折半としたうえ、保険料納付事務を事業主が行うこともできます。

障害年金の認定更新と支給停止の可能性

一度支給が決定した障害年金が、後になって打ち切られることってある？

A 「有期認定」の受給者だと、審査次第で支給停止になることもあります。主治医に診断書を書いてもらう際、症状の重さや日常生活での不自由さを、漏れなく的確に伝えられるよう準備しておく必要があります。

①「状態が改善した」と判定されると支給停止も

障害年金には、生涯にわたって有効な「永久認定」と、定期的に見直しのある「有期認定」の２種類があります。

「永久認定」とは、たとえば脚の切断のように、審査するまでもなく、もう元には戻らない障害として認定されるものです。一方、「有期認定」は、本人の病状により受給できる期間があらかじめ設定されていて（１～５年）、その期間ごとに障害年金受給の必要性があるかどうかが審査されることになっています。

この審査によって、「状態が改善して従来の障害等級に当てはまらなくなった」とみなされれば、少額の障害等級へと見直されたり、あるいは支給停止ということになります。

有期認定の障害年金受給者の更新手続きは、次ページ図のような流れで行われます。

●更新手続きの流れ（有期の場合）

審査の年の誕生月の３か月前の月末

日本年金機構から「障害状態確認届」という書類が送られてきます（主治医の診断を受けて所見を記入してもらうための様式です）

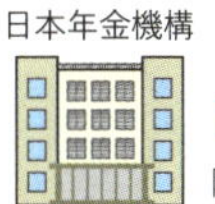

誕生月の月末まで（必着）

「障害状態確認届」の診断書の部分を主治医に記載してもらって、日本年金機構に返信します

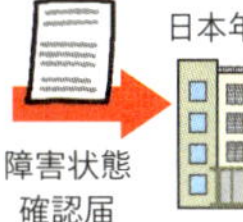

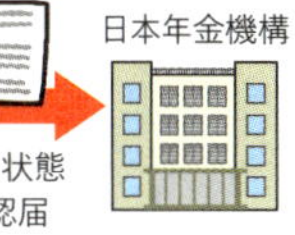

提出締切日の３か月後

審査の結果が郵送されてきます（変更がない場合はハガキ、変更・支給停止の場合は封書）

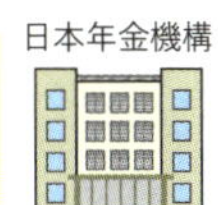

提出締切日の４か月後

等級に変更があった場合、この月から反映されます（支給停止の場合もこの月から）。

②診断書作成依頼には、事前メモと事後チェックを

有期認定の人は、「障害状態確認届」（主治医に記入する診断書とセットになった届出書式）を期限までに日本年金機構に提出する必要があります。

この主治医の記入した内容次第で、更新できるかどうかが分かれます。事前に症状の重さや日常生活での不自由さをまとめておいて、受診時に医師に渡すようにすると、伝え漏れもなくスムーズに運びます。医師から診断書（障害状態確認届）を受け取ったら、その場で記載内容をチェックすることが大事です。

働いている障害年金受給者はココに注意！

「有期認定」の障害であって、病状が改善して働き始めたような場合、直近の審査のタイミングで、障害等級が下げられたり支給停止となる可能性があります。一般的に、「働ける」＝「日常生活を支障なく営めている」と解釈されてしまうからです。

特別な勤務形態であるとか、周囲のサポートを得ながら働いているというような場合には、そのこともしっかり医師に伝えておいたほうがよいでしょう（証明のための書類を事業主に用意してもらうという方法もありますし、不安であれば更新時に社会保険労務士に依頼するという手もあります）。

障害年金受給者の「法定免除」と将来の低年金リスク

障害年金を受給すると、将来受け取る老齢年金が減額されるって本当？

A 「減額」することはあります。それは、将来障害が軽くなって障害年金が受けられなくなったときに起こり、年金制度上の「落とし穴」ともいえます。

①障害基礎年金を受給開始すると、国民年金保険料は免除

日本国内に住む20歳以上60歳未満の人は、誰もが「国民年金」の被保険者となり、誰しも保険料を納める義務が課せられます。しかし、障害基礎年金受給者については、保険料納付義務が自動的に免除される取り扱いになっています（ただし、会社や役所等に就業して厚生年金に加入している人は別）。

通常、「免除」といえば、保険料が納められない状況であることを証明する書類をそろえて申請し、認められれば、１年限りで免除されるという制度です（申請免除）。しかし、障害基礎年金を受給している人については、審査不要で全員免除を受けられるのです（法定免除）。

- 申請免除…所得要件あり、申請して認定を受ける必要あり、１年限り（更新するには再度申請が必要）
- 法定免除…所得要件なし、申請不要、自動延長
（障害基礎年金受給者、生活扶助受給者、ハンセン病療養所入所者など）

②障害年金が支給停止されると顕在化する「老後の低年金」リスク

保険料免除は、給付減額と表裏一体です。たとえば、20～60歳までの40年間すべてを保険料免除された人の場合、65歳以降に受け取る老齢基礎年金額は通常の2分の1となります。

障害年金受給者の場合は、老後になってもなお障害の程度が変わらなければ、そのままの障害年金を終身受給できるので、影響はありません。ところが、障害の程度が変わって、万一支給停止にでもなると、一転、老後に受給できる年金は通常の2分の1の老齢基礎年金しかないという事態に陥ります。

●障害年金の支給停止

国民年金の保険料 法定免除

65歳以後に障害認定基準に該当しなくなると…

②老齢基礎年金は満額の2分の1しか受給できない

③回避方法は、「法定免除でも任意に納めておくこと」

本事例は、障害年金が「有期認定」の場合に起こり得る事態です。このリスクを回避するには、法定免除を受けてもなお「任意に保険料を納めておくこと」しかありません。

国民年金制度には、免除期間中の保険料を経済的に余裕ができてきたときに後追いで納める「追納」という制度があります。

追納の手続き

①**年金事務所**で追納を申し込みます。申請用紙は日本年金機構のホームページからダウンロードできます

②申請が認められると、「**納付書**」が交付されます

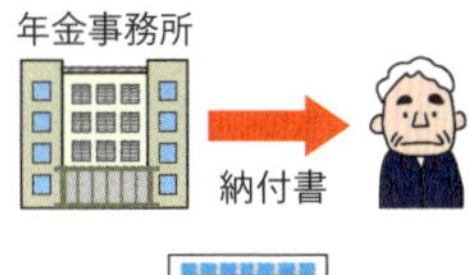

③納付書により、金融機関から支払います（口座振替、クレジット納付はできません）

> **⚠ 注意事項**
>
> - 追納ができるのは追納が承認された月の前10年以内の免除期間に限られています。
> - 保険料の免除もしくは納付猶予を受けた期間の翌年度から起算して、3年度目以降に保険料を追納する場合には、承認を受けた当時の保険料額に経過期間に応じた加算額が上乗せされます（早めに追納すれば上乗せはされません）。

障害年金請求の年齢制限

65歳を過ぎてしまうと、障害年金を請求できなくなる？

A そのとおり、請求できなくなります。現に障害を有しながら障害年金を受給せず 65 歳を目前にした人は、ある意味「タイムリミット」が迫った状況です。急いで手続きを進めるよう促すとよいでしょう。

65歳が「障害年金のタイムリミット」

障害年金は、病気やけがで障害を負った人の所得を保障する給付です。65 歳以後については、老齢年金という別の給付が用意されていますので、障害年金は原則としてそれ以前に障害を負った人を対象としています。その意味では、一種の「年齢制限」という見方もできます。

現に障害を有しながら障害年金を受給せず 65 歳を目前にした人は、ある意味「タイムリミット」が迫った状況です。一般に障害基礎年金のほうが、老齢基礎年金よりも金額で上回ることが多いとされます。該当する人がいたら、年金事務所や年金相談センターで相談されることを勧めてみてはいかがでしょうか。

●障害年金のタイムリミット

通常の請求、基準傷病請求

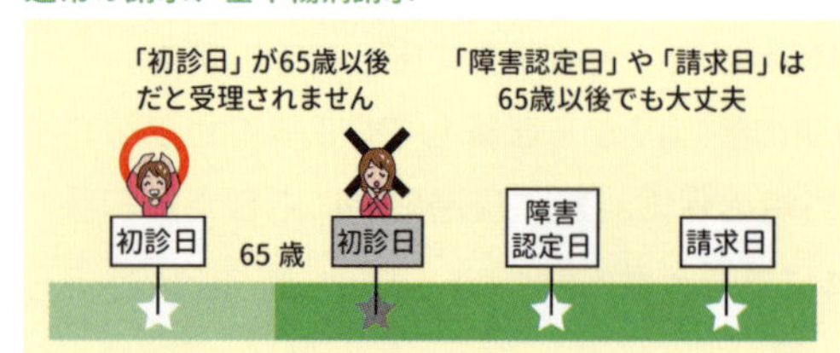

事後重症請求

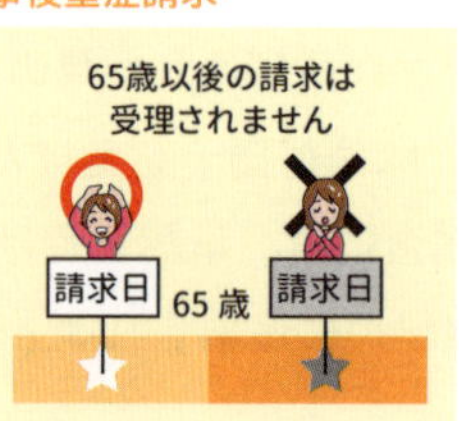

障害年金受給申請の留意点①	初めて障害年金を請求する場合

●初診日（＊１）が、「65 歳の誕生日の前々日」以前であることが必要です。

※ 65 歳を過ぎて国民年金の任意加入者である人、厚生年金に加入している人は、初診日が 65 歳の誕生日を過ぎていても請求可能です。

●障害認定日（＊２）や年金事務所への申請日については、65 歳の誕生日を過ぎていても大丈夫です。

●ただし、老齢年金の繰り上げ受給をしていると請求不可となります。

＊１　障害の原因となった病気やけがについて初めて医師または歯科医師の診療を受けた日

＊２　初診日から１年６か月を経過した日、または１年６か月以内で症状が固定した日

障害年金受給申請の留意点②	過去に「不該当」とされたものの、その後重症化して再度請求する場合（事後重症請求）

●請求手続きを「65 歳の誕生日の前々日」までに済ませておく必要があります。
（請求日から３か月以内に作成された診断書とともに年金請求書を年金事務所に提出）

●ただし、老齢年金の繰上げ受給をしていると請求不可となります。

「事後重症請求」とは

傷病によっては、障害認定日の段階では比較的軽症だったものの、後になって重症となってしまうケースもあります。“一発勝負”で障害年金の支給・不支給が決まってしまうと、このようなケースの人にとっては不利益となり、制度として公正公平とはいえません。そこで、障害認定日後に障害が悪化して障害等級に該当する状態に至ったら、その段階で請求できるようになっています。それが、「事後重症請求」です。

障害年金受給申請の留意点③	３級以下の障害を持つ人がさらに別の３級以下の障害を負い、あわせて障害等級２級以上の障害年金を請求する場合（基準傷病請求）

●初診日が、「65 歳の誕生日の前々日」以前であることが必要です。

※ 65 歳を過ぎて国民年金の任意加入者である者、厚生年金に加入している者は、初診日が 65 歳の誕生日を過ぎていても請求可能です。

●障害認定日や年金事務所への申請日については、65 歳の誕生日を過ぎていても大丈夫です。

「基準傷病請求」とは

既に傷病により３級以下の障害の状態にある人が新たな傷病にかかり、それぞれの障害を併合すると障害等級１級・２級に該当する場合に、その分の障害年金を請求できます。これを「基準傷病請求」といいます。なお、65 歳になる前までに障害等級２級の受給権を持っている場合は、65 歳を過ぎても（いくつになっても）１級への額改定請求が可能です。

介護離職①　離職後の保険加入など

利用者の息子が離職した場合に年金関係はどう変わる?

医療保険、年金に関する負担を最小限に抑えることを提案します。

①社会保険料負担を抑えるには

在職中は、医療保険は職場の健康保険に加入し、年金については厚生年金保険に加入して国民年金第2号被保険者となっている状況ですが、離職すると次のパターンA～Cまでのどれかに移行する必要があります。

●離職後の社会保険加入パターン

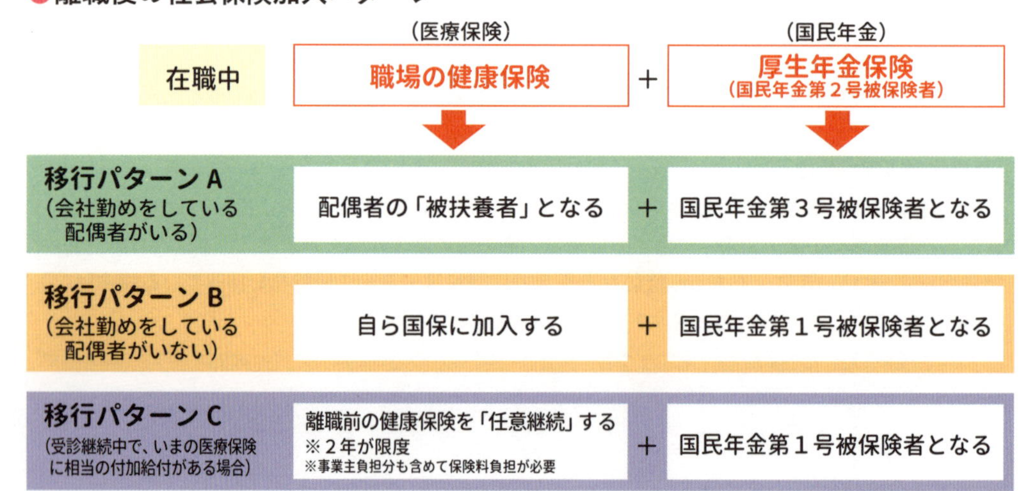

	(医療保険)		(国民年金)
在職中	職場の健康保険	+	厚生年金保険 (国民年金第2号被保険者)
移行パターンA (会社勤めをしている配偶者がいる)	配偶者の「被扶養者」となる	+	国民年金第3号被保険者となる
移行パターンB (会社勤めをしている配偶者がいない)	自ら国保に加入する	+	国民年金第1号被保険者となる
移行パターンC (受診継続中で、いまの医療保険に相当の付加給付がある場合)	離職前の健康保険を「任意継続」する ※2年が限度 ※事業主負担分も含めて保険料負担が必要	+	国民年金第1号被保険者となる

移行パターンA **配偶者の「被扶養者」となる＋国民年金第３号被保険者となる**

家計からすると、これがベストな組み合わせです。医療保険も国民年金も、保険料負担が発生しません。

移行パターンB **自ら国保に加入する＋国民年金第１号被保険者となる**

パターンＡでもＣでもない場合は、お住まいの地域の国保に加入します。離職後一定期間、保険料の減免を受けられる可能性があります。

移行パターンC **離職前の健康保険を「任意継続」する＋国民年金第１号被保険者となる**

事業主負担分も併せて保険料を自己負担する必要がありますが、それを支払ってでもなお十分に元が取れるほど手厚い付加給付が用意されていて、かつ、それを使い続けたいという場合の選択肢です。任意継続できる期間は最長で２年間。離職日から 20 日以内に加入する健康保険の窓口で申請する必要があります。

②医療は在職中に受けておくこと

身体のことで気になることがあったら、在職中に受診しておくことが大切です。

それは、万一のときに「障害厚生年金を受け取れる可能性」を残しておくためです。というのも、後になって重症化し、日常生活に支障をきたすほどの障害につながる病気を抱えていた場合、その「初診日」が在職中であるか離職後であるかで、受給できる年金（額）がまったく変わってくるからです。

●障害年金の給付のしくみ

	初診日が「在職中」の場合に受給できる年金	初診日が「離職後」の場合に受給できる年金
障害等級１級に該当	「障害基礎年金」と「障害厚生年金」	「障害基礎年金」のみ
障害等級２級に該当	「障害基礎年金」と「障害厚生年金」	「障害基礎年金」のみ
障害等級３級に該当	「障害厚生年金」	給付なし
上記のいずれにも該当しないものの、労働が制限を受ける程度（労働に制限が必要な程度）の障害がある	「障害手当金」	給付なし

介護離職② 国民年金と国保の保険料減免

介護離職の場合、国民年金と国民健康保険の保険料は減免対象となるか？

A 要件を満たせば減免を受けられます。国民健康保険料の減免を受けるには、ハローワークで非自発的離職であったことの認定（特定理由離職者の認定）を得る必要があります。

①国民健康保険の保険料減免

国民健康保険については、倒産・解雇・雇止めなどの「非自発的離職」によって保険料の支払いが困難になった人を対象に、保険料を軽減する特例があります。具体的には、離職した本人について、前年給与所得を「100 分の 30」とみなして保険料算定するというものです（つまり 70%オフ）。介護離職についても、ハローワークによって「要介護の親族に対して、離職者本人が常時介護しなければならない状況による非自発的離職」と認定されていれば減免対象となります（制度上は「特定理由離職者」と称し、介護に伴う離職はそのうちの一つです）。

●国民健康保険の保険料減免に関する手続きなど

対象期間	離職日の翌日の属する月から、その月の属する年度の翌年度末まで ※申請以降の請求分のみならず、過去の請求分についても減免対象となります
手続きに必要な書類	・軽減対象者の国民健康保険被保険者証 ・雇用保険受給資格者証 ・個人番号確認書類（個人番号カード、通知カード等） ・身元確認書類（個人番号カード、運転免許証、パスポート、在留カード等）
申請窓口	市町村の国保担当部署

「特定理由離職者」の認定を受けるまでの流れ

①退職を申し出る際に、会社に対して、離職票の「具体的事情記載欄（事業主用）」に、親族を常時介護することによるやむを得ない離職である旨が記載されるように、念を押しておきます（例：「常時本人の介護を必要とする親族の傷病による離職」）。

②離職後、会社から離職票が届いたら、下記の事項を確認し、必要な記載を加えたうえで、以下の書類をそろえてハローワークに提出します。

離職票の確認事項と追記の仕方	添付書類
離職票の「具体的事情記載欄（事業主用）」に、介護離職であることが伝わるよう記載されているかどうかを確認し、そうでない場合は、その下の離職者記入欄に必ず介護離職であることが伝わるように追記する（例：「常時本人の介護を必要とする親族の傷病による離職」）	・当該親族の介護保険被保険者証のコピー ・当該親族と離職者との関係を示す書類（戸籍関連） ・ハローワークから提出要請がなされた資料（医師の診断書など）

②国民年金の保険料減免

国民年金については、「失業や廃業などにより保険料の支払いが困難になった人」を対象に、保険料減免の基準が緩和される特例があります。具体的には、失業者等の本人の所得は審査対象から外され、世帯主や配偶者の所得が基準以下であるかどうかのみで審査されます。したがって、年金収入のみの老親と子（介護離職者）のみの世帯であれば、減免対象となる可能性が高いといえます。

●国民年金の保険料減免に関する手続きなど

対象期間	失業（退職日の翌日）の前月から翌々年の6月分まで ※申請以降の請求分のみならず、過去の請求分についても減免対象となります（ただし、申請時点から2年以内の分）
手続きに必要な書類	・世帯主、配偶者の前年の所得を証明する書類（確定申告書の控え、住民税の課税証明書など） ・離職票や雇用保険受給資格者証など、失業を確認できる書類 ・年金手帳
申請窓口	市町村の年金担当部署、住所地の年金事務所

年金の繰り上げ受給

末期がんで第2号被保険者の60歳の利用者。先を見据えて、年金を繰り上げて受給することは可能？

A

年金を前倒しで受給できる「繰り上げ受給」という制度があり、これを活用すれば最大で60歳から年金受給が可能です。ただ、受給月額が減額となるなどデメリットもあるので、慎重な検討が必要です。

①余命がある程度はっきりしている場合の選択肢として

自身の病気で余命がある程度はっきりしていて、かつ、年金受給年齢に達しておらず、ほかの所得や貯金の取り崩しだけでは家計維持に不自由があるというような場合には、「繰り上げ受給」が有力な選択肢となり得ます。

ただし、繰り上げ受給すると、繰り上げ期間に応じて年金が減額されます（次ページ参照）。さらに、配偶者が死亡しても自分が65歳になるまで遺族厚生年金と併給できない、障害を負っても障害年金を受けられない、一度請求すると取り消しができない、といった制限があります。こうしたデメリットも含めて情報提供してください。

②前倒しで受給するほど月々の年金は減額、最大で24%減

繰り上げ受給すると、1か月あたりマイナス0.4%の減額率がかかります。したがって、65歳から60歳まで60か月間を繰り上げた場合は、受け取れる年金額は24%減となります。減額率はその後、一生の間続きますので、予想に反して長生きした場合、先々の家計は相当厳しい状況になることを覚悟する必要があります。

●繰り上げ受給による減額のイメージ

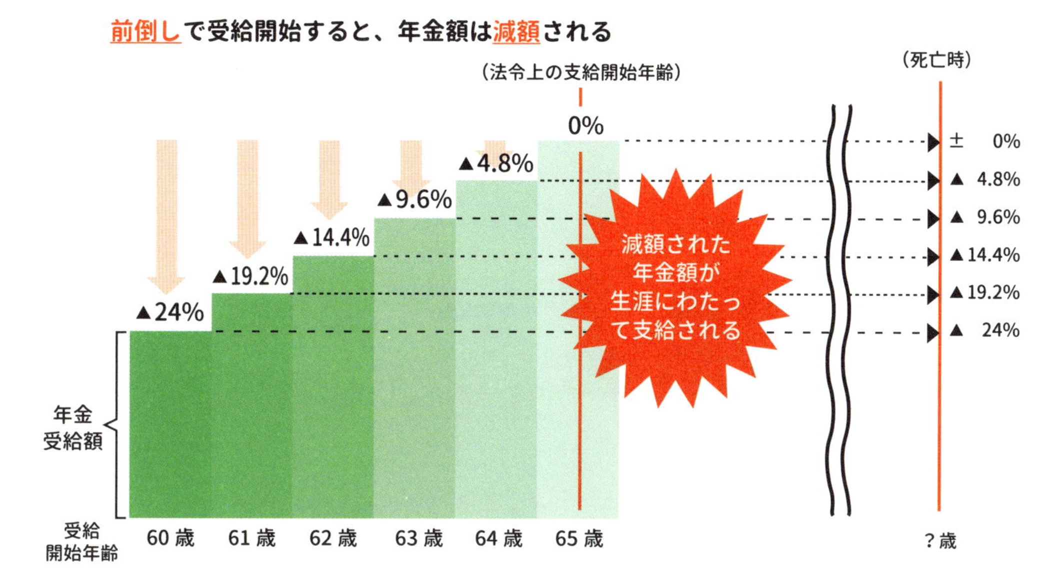

年金受給開始の「先延ばし」で年金額アップも

老齢年金は、受給開始を先延ばしにすることによって、受け取る年金月額を増額することもできます。これを「繰下げ受給」といいます。増額率は、1か月繰り下げるごとに「プラス0.7%」と設定されています（増額は生涯固定されます）。最長で75歳まで繰下げでき、この場合は0.7%×120か月＝84%の増額となります。

繰下げ受給は、65歳以降も働いて収入のある人にとっては、家計の長期的な安定確保という点で有効な選択肢となりますが、一方で、寿命次第では普通に受給開始したほうがトータルの年金受給額が上回っていた──というようなケースもあるでしょう。熟慮のうえでの選択が望まれます。

「1人1年金」の原則と例外

障害年金や遺族年金を受給してきた人が「65歳」になると、さらに老齢年金もプラスして受け取れる？

A いいえ。年金制度は「老齢給付」「障害給付」「遺族給付」の３種類のうち、原則としてどれか１種類しか受給できません。

①老齢、障害、遺族—受け取れる年金は原則どれか一つ

年金制度には「1人1年金」という原則があり、「老齢給付」「障害給付」「遺族給付」という3種類の給付のうち、どれか1種類しか受給できないという決まりになっています。

年金制度は、1階部分の「基礎年金」、2階部分の「厚生年金」という2階構造になっています。原則的には、同一種類の基礎年金と厚生年金をセットで受給することになります。厚生年金保険に加入したことがなかった人は、基礎年金のみを受給します。

●「１人１年金」の原則

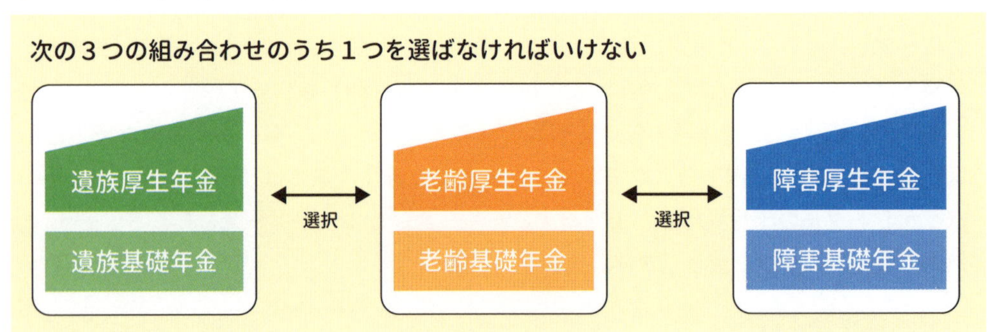

②65歳到達後の例外──お得なパターンで組み合わせて受給できる

ところが、一部に例外があります。

65歳に達した人については、「障害基礎年金＋老齢厚生年金」とか「障害基礎年金＋遺族厚生年金」といった組み合わせでの受給が認められているのです。

●65歳以後の障害年金と老齢年金の受け取り方3パターン

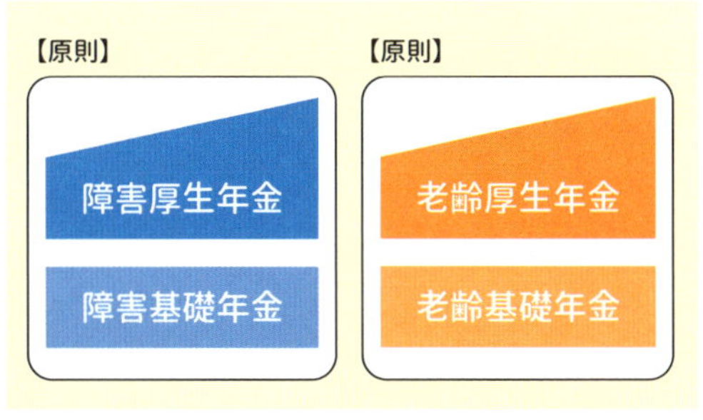

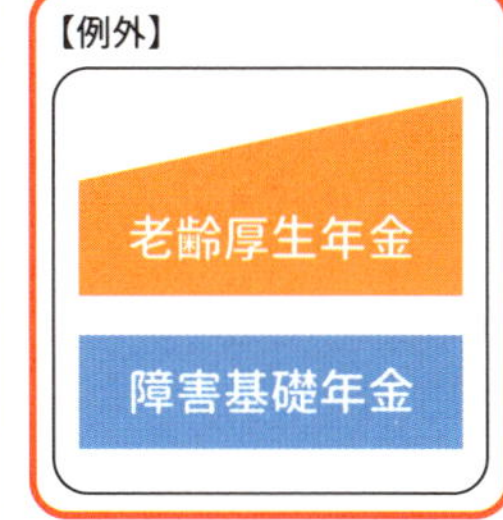

●65歳以後の障害年金と遺族年金の受け取り方3パターン

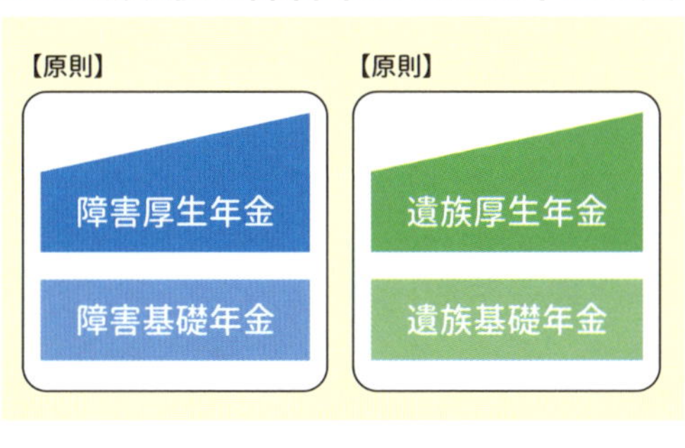

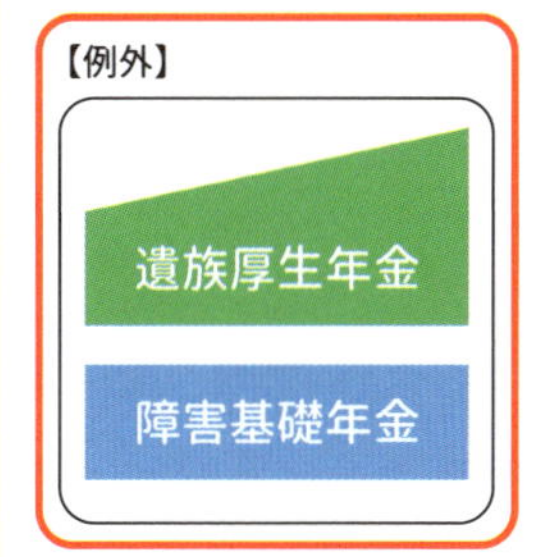

●65歳以後の遺族年金と老齢年金の受け取り方4パターン

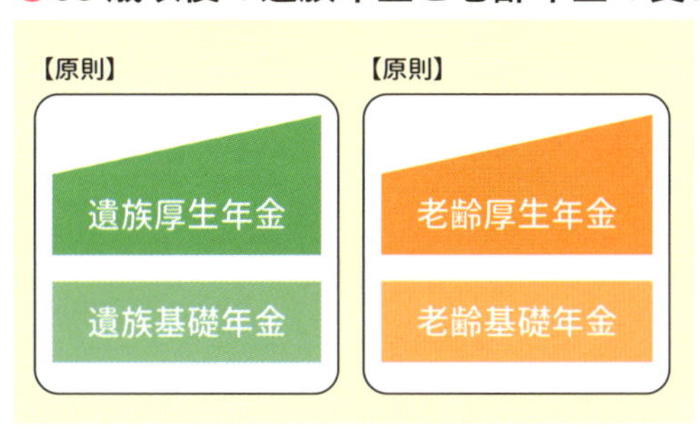

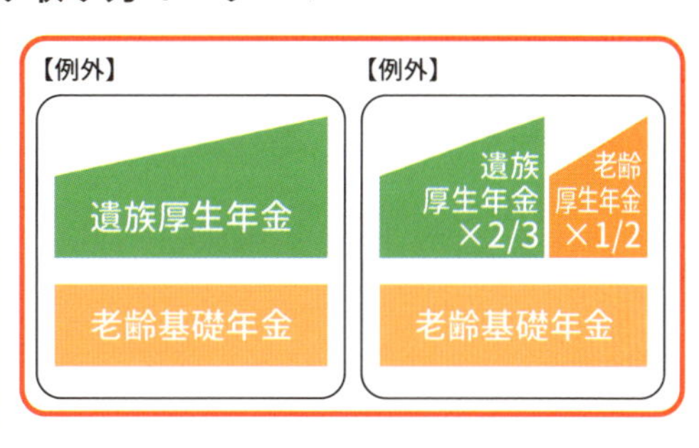

COLUMN

60歳代前半から受けられる「特老厚」
——年金受給開始年齢の引き上げに伴う特例

老齢年金を受け取れるのは、基本的には「65歳」からです。

ただし、男性で1961年4月1日以前に生まれた人、女性で1966年4月1日以前に生まれた人については、以下の条件を満たしていれば、60歳代前半に「特別な給付」が受け取ることができます。これを、「特別支給の老齢厚生年金」といいます（略称「特老厚」）。

【条件】

厚生年金保険または共済年金に1年以上加入していたこと（特労厚の受給資格に必要な被保険者期間は「1年間」）。

特老厚は年金受給開始年齢を引き上げる過程における経過的な給付であるため、それ以後の年齢層の人には支給されません。結果として、生年月日が1日違うだけで、「受け取れる・受け取れない」が分かれます。

● 「60歳代前半の年金」（特老厚）と「65歳以後の年金」

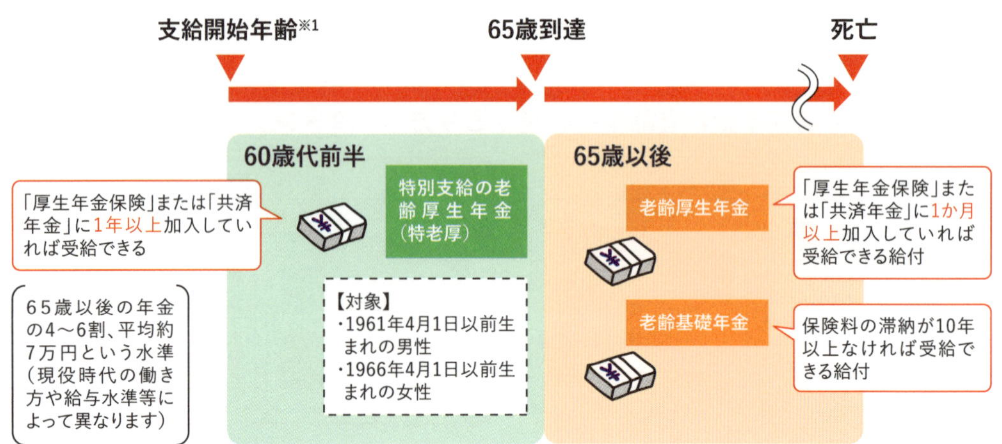

※1　支給開始年齢は生年月日によって異なります。
※2　企業や役所に正職員として勤務経験のある人の大半は、これらの条件に当てはまります。

第6章

子ども家庭福祉

①「子ども家庭福祉」をザックリ押さえよう!

児童福祉法と「親ガチャ」

どのような家庭に生まれようとも、その境遇に左右されることなく、適切な養育を受け、その生活を保障され、愛され、保護される「権利」を、すべての子どもがもっています。

すべての子どもは、安全・安心な環境で「子どもとしての時間」を過ごし、健やかに成長・発達・自立していくことを保障されています。——少なくとも、児童福祉法にはそのように書かれています。

児童福祉法は、「親ガチャ」と揶揄されるような、どの家に生まれ育ったかによってその後の人生の可能性が決まってしまうかのごとき認識とは真逆の理念を掲げ、その実現に資する種々の施策や、それを推し進めるための体制を定めている法律です。

子育て家庭を行政がバックアップ

同法によれば、子どもを扶養し、保護・監督する役割は、第一義的には保護者が負うこととされています。行政（国や自治体）は、保護者がその役割を全うできるように、子育て家庭のニーズに対応した施策でバックアップする責務を負っています。

たとえば、仕事等で日中に子どもを世話できない保護者に代わって保育所で養育を引き受けるしくみ（保育・学童保育）や、子育ての不安を受け止めて助言や情報提供する相談窓口などがあります。保護者のいない子どもや、虐待などにより「保護者のもとでは子どもの最善の利益が図られない」と認められる子どもについては、公的責任のもとで保護・養育する措置がとられます（社会的養護）。

●子ども家庭福祉の施策の柱

保育・子育て支援−1
① 地域の子育て支援

保育・子育て支援−2
②保育・学童保育

③ひとり親家庭支援

④社会的養護

⑤障害・医療に関する支援

●子ども家庭福祉分野の相談機関

都道府県に設置

児童相談所

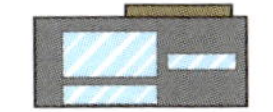

●設置

都道府県、指定都市および児童相談所設置市に設置。

●役割

子ども家庭における専門的な相談援助を行う第一線の専門相談機関。

【具体的な機能】

- 助言・情報提供
- カウンセリングや心理療法
- 一時保護
- 要保護児童の措置
- 里親委託推進
- 家庭裁判所に対する親権喪失・親権停止の審判請求
- 市町村の後方支援　　など

児童家庭支援センター

●設置

乳児院や児童養護施設等に併設。

●役割

一般の育児に関する悩みから虐待や非行など専門的知識・技術を要する相談まで幅広く受け付けて、必要な助言を行う。

市町村に設置

子ども家庭総合支援拠点

●設置

市町村単位の総合窓口。

●役割

子どもに関する身近な相談から虐待等の通告まで、幅広い相談に対応する。児童相談所をはじめとする関係機関と連携して継続的な支援を実施。

子育て世代包括支援センター

●設置

主に保健所、市町村保健センター、市町村庁舎内に設置。

●役割

妊娠・出産・産後の健康状態や発育・発達に関する相談に応じ、必要な情報提供や助言、保健指導などを実施。

日常生活圏域に設置

地域子育て支援拠点

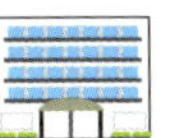

●設置

公共施設や保育所、児童館などの地域の身近な場所。

●役割

子育て中の親子が気軽に集い、相互交流や子育ての不安・悩みを相談できる場。乳幼児のいる子育て中の親子の交流や育児相談、情報提供を実施。

※独自の異なる名称・通称が付せられている場合があります。

※「子ども家庭総合支援拠点」と「子育て世代包括支援センター」を一体的に設置している市町村もあります。また、厚生労働省は、将来的には両者の機能を統合していく方向性を打ち出しています。

❷ 活用までの流れとポイント

子ども家庭福祉領域で実施されている支援の内容等について、(1) 保育・子育て支援、(2) ひとり親支援、(3) 社会的養護、(4) 障害・病気への支援——という切り口に分け、それぞれ順番にポイントを絞って概説します。

1. 保育・子育て支援

保育・子育て支援にかかる相談機能

子どもや子育て家庭のニーズに応えられるように、保育メニューが用意されています。しかし、年齢や世帯の状況によって利用できるサービスは異なり、どれが自分に当てはまるのかを見分けるのも一苦労です。それ以前に、子育てのストレスで、自分がいま何に困っているのか、よくわからなくなってしまうことだってあります。

「ひろば」で子育てコンシェルジュに相談

そこで、子育て中の保護者が、それぞれの困りごとなどに合わせて、必要な支援を選択して利用できるよう、子育て親子にとって身近な場所に、子どもを遊ばせながら気軽に相談できる"ひろば"があります。これを、「地域子育て支援拠点」といいます。就学前の乳幼児とその保護者は、誰でも利用できます（次ページ参照）。

地域子育て支援拠点は、主に保育園・認定こども園・児童館・公民館・公共施設などに開設されています。「利用者支援専門員（子育てコンシェルジュ）」が配置されていて、個別に相談を受け付けて一緒に考えたり、情報提供や支援の紹介などを行っています。このような相談は、市町村の窓口や保健センターでも受け付けています。

●地域子育て支援拠点等で個別相談を受け付け

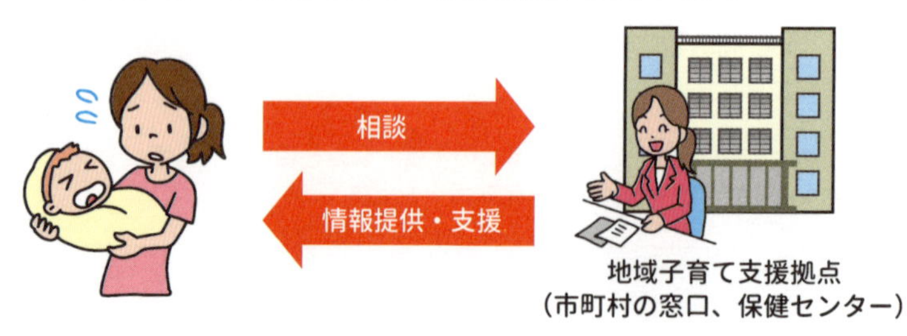

●「ワンストップ」で相談を受け付け、支援につなぐ子育てコンシェルジュ

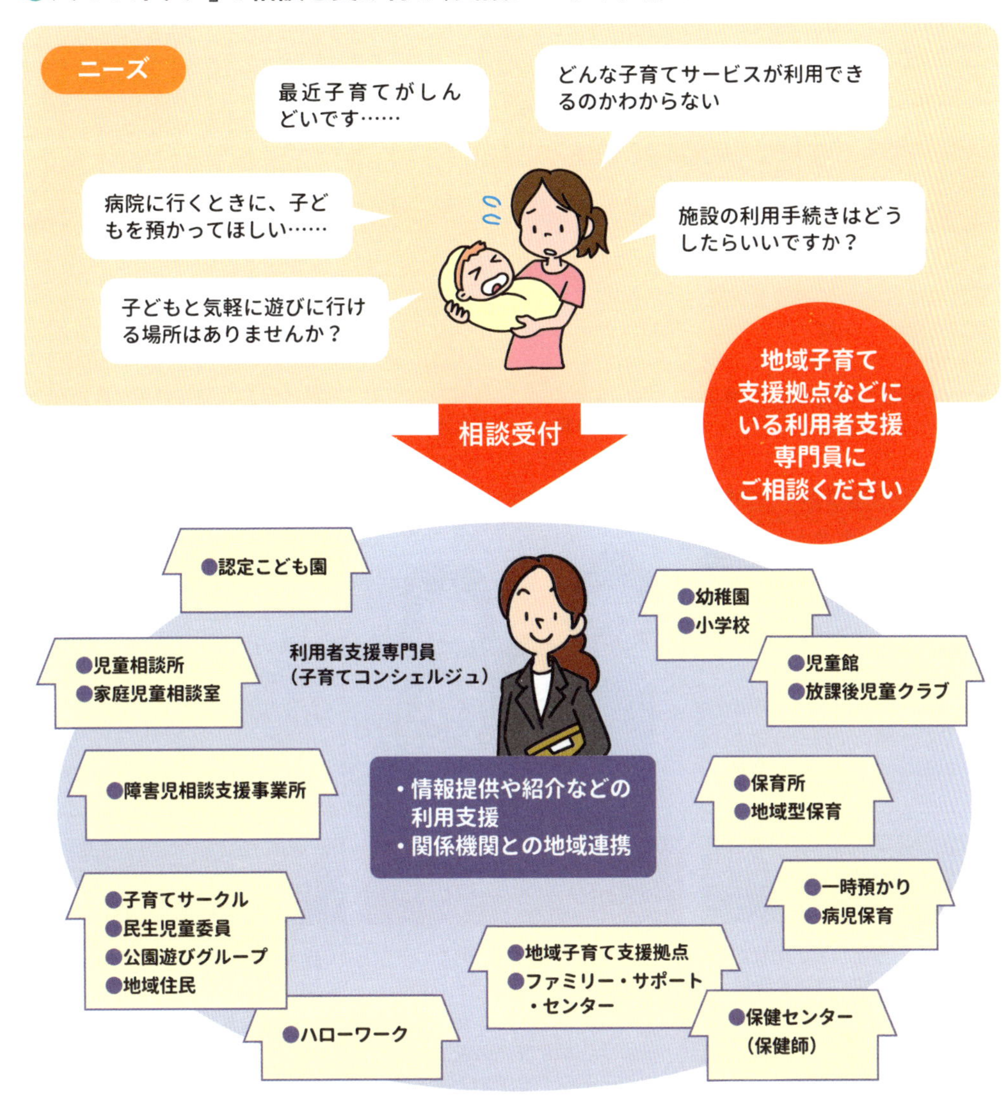

「地域子育て支援拠点」ってどんなところ？

保育園・認定こども園・児童館・公民館・公共施設などに、乳幼児とその保護者が交流できるように開設されたスペースのことです。子育ての経験者や保育士などのスタッフがいるので、子どもを安全に遊ばせたり、ほかの利用者と知り合いになれるよう手伝ってくれたりします。読み聞かせや手遊びなどのイベントや、子育て関連の講座が開催されることもあります。個別に子育てについて相談を受けられます。「子育て支援センター」や「つどいの広場」などの名称で呼ばれていることもあります。

保育・子育て支援のサービス

以下のような保育メニューが用意されています。

①保育所、認定こども園、幼稚園

子どもを預かり、保護者に代わって保育を実施

就労や介護、病気／障害等で、日中、子ども（乳幼児）の世話をできない状況であっても、安全な環境で必要十分な保育を受けられるように支援する。 ➡P.269〜271参照

②地域型保育

0〜2歳児を対象とした、小規模の保育サービス

多様な主体が多様なスペースを活用して、３歳児未満の保育ニーズに柔軟に対応。大都市部の待機児童対策、児童人口減少地域の保育基盤維持に寄与。 ➡P.270参照

③病児保育事業

病院や保育所などで、看護師が子どもを一時的に預かる

「子どもが熱を出した。でも、仕事も休めない」というときに子どもを一時的に預かってケアをする。 ➡P.271参照

④一時預かり事業

保育所等で一時的に預かる

一時的に自ら子ども（乳幼児）の世話をできない時間帯が生じたときに、子どもを預かる。 ➡P.271参照

⑤ファミリー・サポート・センター（ファミサポ）

会員組織を運営して、相互援助のための連絡・調整を実施

「保育所への子どもの送迎にいけない」といったときに、手助けを得られるように調整する。 ➡P.272参照

⑥学童保育

放課後や長期休業日に子どもたちの居場所を確保

子どもが小学校に上がってからも「仕事と育児の両立」が可能なように保育を実施。 ➡P.272参照

⑦子育て短期支援事業

児童養護施設等で一定期間、子どもを預かる

子どもの養育が一時的に難しくなった場合に子どもを預かり、保育・保護を行う。 ➡P.272参照

⑧地域子育て支援拠点

乳幼児を連れて参加する「交流の場」を開設

育児中の親子同士で交流し、子育ての負担感・不安・孤立感を解消する。 ➡前ページ参照

①－1　保育所

保護者が働いていたり、あるいは保護者の病気等の理由により、家庭において十分な保育が受けられない乳幼児を預かり、保護者に代わって保育する施設です。乳幼児に対する保育だけでなく、利用者や地域の子育て家庭のために、育児相談などを行っている施設もあります。

対象	手続き	利用料
事情により十分な保育が受けられない就学前の乳幼児	市町村に「保育の必要性の認定」を申請し、利用希望施設に申し込みます。 ※申し込み後の流れは 271 ページ参照	**【3 歳～5 歳】** なし（幼児教育・保育の無償化の対象） **【3 歳未満】** 世帯の所得に応じた負担。 ※住民税非課税世帯は、幼児教育・保育の無償化の対象となり、無償。

①－2　認定こども園

就学前の子どもを対象に幼児教育と保育を一体的に行う施設です。地域の子育て家庭のための育児相談や、親子の「つどいの場」の提供も行っています。

対象	手続き	利用料
就学前の乳幼児	**【3 歳以上で幼児教育のみを希望する場合】** 認定こども園に直接申し込みます。 **【3 歳未満で保育を希望する場合】** 市町村に「保育の必要性の認定」を申請し、利用希望施設に申し込みます。 ※申込後の流れは 271 ページ参照	**【3 歳～5 歳】** なし（幼児教育・保育の無償化の対象） **【3 歳未満】** 世帯の所得に応じた負担。 ※住民税非課税世帯は、幼児教育・保育の無償化の対象となり、無償。

①－3　幼稚園

義務教育とその後の教育の基礎を培うものとして、幼児を保育し、幼児の健やかな成長のために適当な環境を与えて、その心身の発達を助長することを目的とした施設です。1 日 4 時間が標準ですが、時間外での預かり保育を実施している園もあります。

対象	手続き	利用料
就学前の乳幼児 （3～5 歳）	**【公立幼稚園】** 各自治体に申し込みます。 **【私立幼稚園】** 希望の園に直接申し込みます。	なし（幼児教育・保育の無償化の対象） ※子ども・子育て支援新制度対象外の園は月 2 万 5700 円が上限。「預かり保育」別途（月額上限 1 万 1300 円）。

②地域型保育

待機児童の解消のため、0～2歳児を対象として、地域の保育ニーズに対応する保育サービスです。以下のような形態があります。利用料は市町村ごとに定められています。利用にあたっては、市町村から認定を受け、申し込みます。

小規模保育	家庭的保育（保育ママ）	居宅訪問型保育	事業所内保育
比較的小規模（定員規模6人以上19人以下）の環境で実施する保育です。	少人数（定員5人以下）で、保育者の居宅その他の場所で実施する保育です。	障害・疾患などで個別のケアが必要な場合や、施設がなくなった地域で保育を維持する必要がある場合などに保護者の自宅で、1対1で保育します。	会社が従業員向けの福利厚生の一環として開設した保育所に、「地域枠」を設けて、従業員の子どもと地域の子どもを一緒に保育するものです。

● 「保育の必要性の認定」と利用できるサービス

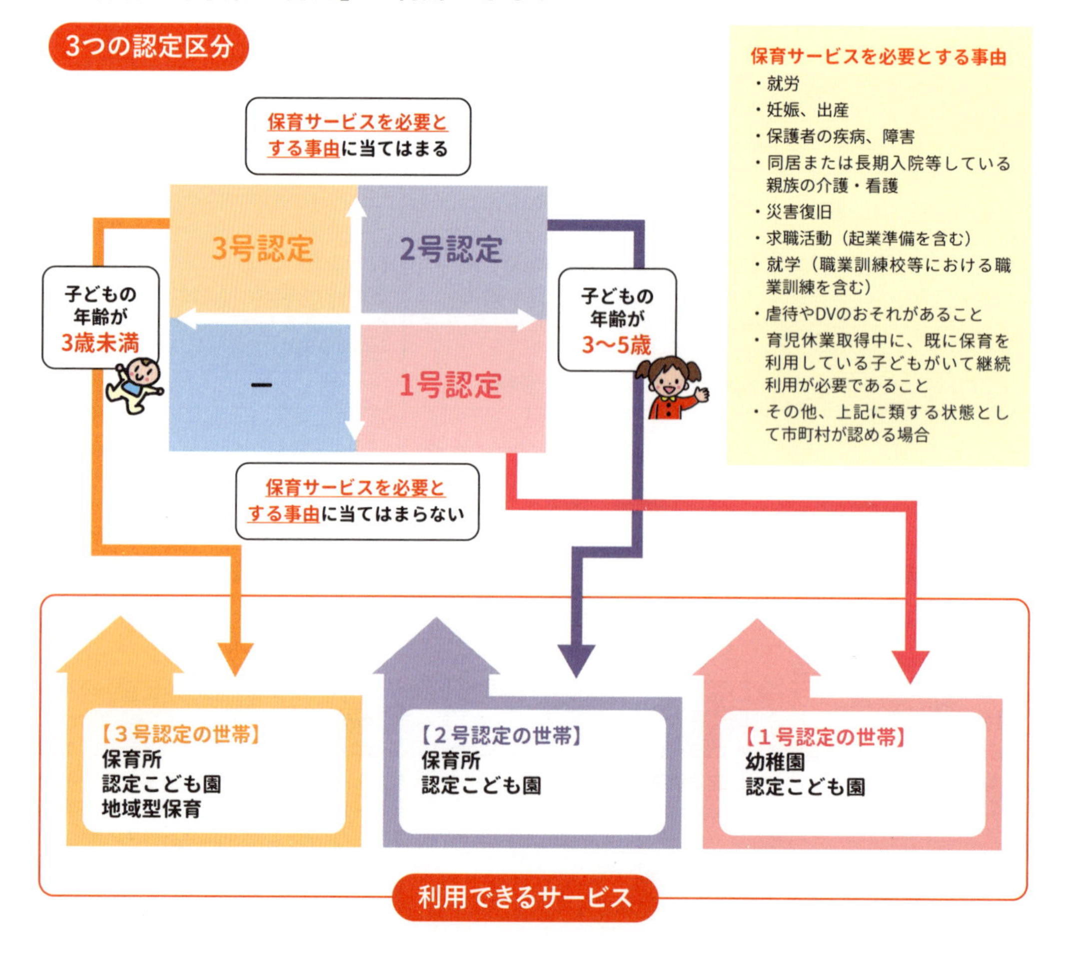

●保育サービス（幼稚園、認定こども園、保育所、地域型保育）の申請手続き

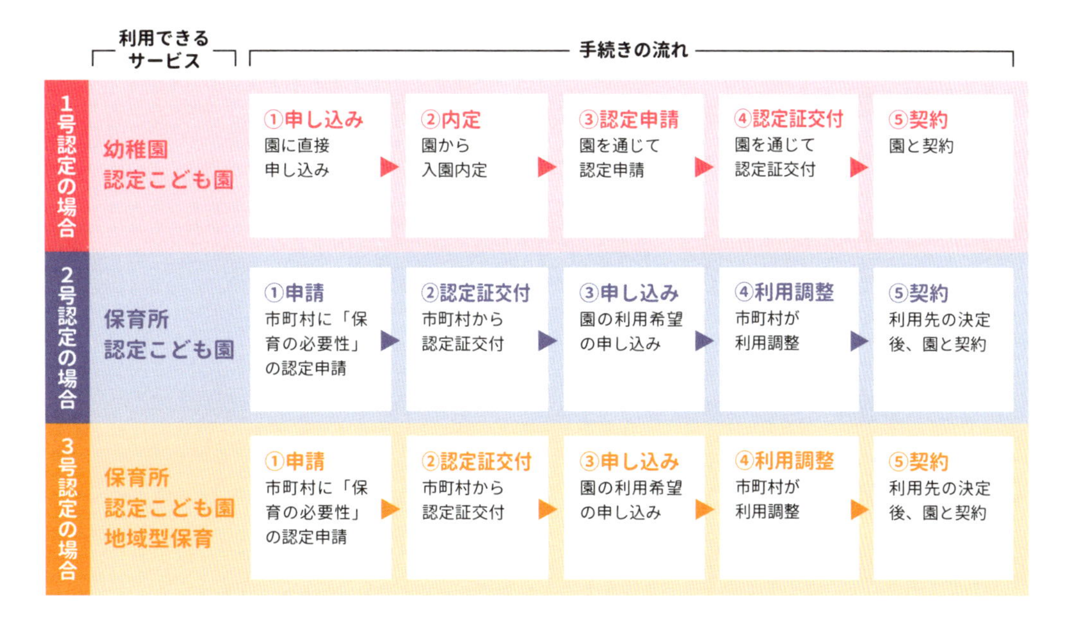

③病児保育事業

子どもが病気で自宅での保育が困難な際、病院や保育所などで看護師等が子どもを一時的に預かる事業です。当面症状の急変は認められないものの、集団保育が困難であり、かつ保護者の勤務、傷病、事故、出産、冠婚葬祭等の都合により家庭で保育を行うことが困難な児童が対象となります。看護師等が病児・病後児の家庭を訪問して行うタイプの病児保育も実施されています。

対象	手続き	利用料
乳児・幼児または小学校に就学している児童	実施施設に直接申し込みます。	市町村ごとに定められています。

④一時預かり事業

保育所等を利用していない家庭向けに、日中、保育所・認定こども園・幼稚園・地域子育て支援拠点その他の場所で一時的に預かり、保育を行う事業です（児童の家庭を訪問して行うタイプの一時預かりも実施されています）。保護者の就労や求職活動、病気・出産・冠婚葬祭などの緊急時、さらにはリフレッシュしたいときなどに利用できます。

対象	手続き	利用料
就学前の児童 ※対象年齢は保育施設によって異なります ※認可保育園・幼稚園に入園している児童は原則利用できません	実施施設に直接申し込みます。	市町村ごとに定められています。

⑤ファミリー・サポート・センター

地域内で、①「子育てのお手伝いをしたい人」（提供会員）と、②「手助けをして欲しい人」（依頼会員）を募集して登録し、日常的に発生する子どもの送迎や急な外出時の預かりといった具体的案件について、センターのアドバイザーが適切に"マッチング"して、会員間の相互扶助を促すしくみです。提供会員には、登録前に市町村所定の研修を実施します。

対象	利用料
小学校６年生まで	市町村ごとに定められています。

⑥－1　学童保育（放課後児童クラブ）

共働きやひとり親家庭などの小学生を対象として、放課後や長期休業日に、児童館や公民館、小学校の余裕教室等で専用の適切な遊び場・生活の場を確保し、保護者に代わって保育するものです。職員として、放課後児童支援員が配置されています。

対象	手続き	利用料
保護者が労働等により昼間家庭にいない小学生	市町村に申し込みます。	市町村ごとに定められています。

⑥－2　放課後子ども教室

すべての子どもを対象として、放課後や週末等に小学校や公民館等を活用し、地域の人々の協力を得て、子供たちに学習、スポーツ・文化活動、地域住民との交流の機会を提供するものです。

対象	利用料
地域の子供全般（主に小学生）	基本的に無料（別途、実費）。

⑦子育て短期支援事業

保護者の入院・通院・出張・冠婚葬祭などで子どもの養育が一時的に難しくなった場合、あるいは育児不安や育児疲れにかかる身体的・精神的負担の軽減が必要な場合に、児童養護施設や乳児院等で一定期間にわたって子どもを養育・保護する事業です。

短期間の宿泊を伴って子どもを預かる「ショートステイ」（原則７日以内、必要に応じて延長可）と、平日夕方から夜間、休日に子どもを預かる「トワイライトステイ」があります。

対象	手続き	利用料
養育が一時的に難しくなった場合等	市町村に申し込みます。	市町村ごとに定められています。

アウトリーチによる子育て支援

生後４か月までの乳児がいるすべての家庭を保健師・助産師が訪問し、育児に関する不安や悩みを聞いたり、子育て支援に関する情報提供を行ったりして、孤立を防止する「乳児家庭全戸訪問事業（こんにちは赤ちゃん事業）」が実施されています。

その訪問や定期健診の結果を通じて、支援の必要性が把握された家庭に対しては、保健師・助産師・保育士等がその居宅を継続的に訪問して相談を受けたり、子育て経験者等が育児・家事を援助したりして、養育上の諸問題の解決・軽減を手伝う「養育支援訪問事業」が実施されています。

養育支援訪問事業の対象となる家庭

- 若年の妊婦および妊婦健康診査未受診や望まない妊娠等の妊娠期からの継続的な支援を特に必要とする家庭
- 出産後間もない時期（おおむね１年程度）の養育者が、育児ストレス、産後うつ状態、育児ノイローゼ等の問題によって、子育てに対して強い不安や孤立感等を抱える家庭
- 食事、衣服、生活環境等について、不適切な養育状態にある家庭など、虐待のおそれやそのリスクを抱え、特に支援が必要と認められる家庭
- 児童養護施設等の退所または里親委託の終了により、児童が復帰した後の家庭

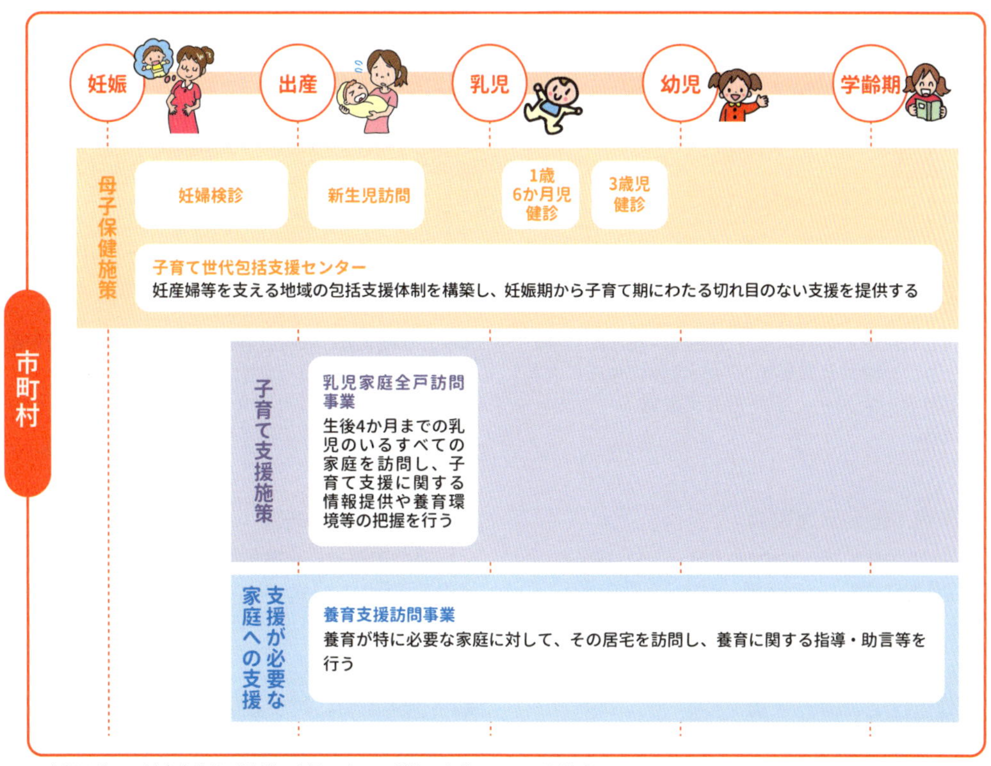

※上記以外に、地方自治体が地域の実情に応じて単独で実施している事業がある。

2．ひとり親家庭支援

ひとり親家庭の生活課題

ひとり親家庭とは、母親または父親の片方いずれかとその子からなる家庭のことです。ひとり親家庭では、親は保護者として、「生計維持」「子育て」の負担と責任を常に１人で背負うこととなり、以下のような生活課題が絡み合った状況に直面している場合も少なくないとされます。

・経済的困窮　・就業に係る問題（再就職・転職の難しさ、低賃金・非正規雇用など）
・住居問題（家賃等の負担、保証人確保など）　・教育・進学（学習環境、費用など）
・健康問題（ダブルワーク等による過重労働、医療費負担など）
・離別親との関係（養育費履行、面接交流など）　・ＤＶ被害、虐待等

ひとり親家庭支援は、生活基盤が確保されるように暮らしや就業をサポートし、現金給付で所得の底上げを図り、世帯としての経済的自立と子どもの健やかな成長を促すものです。福祉事務所の「ひとり親支援相談窓口」で申請を受け付けています。

●ひとり親家庭の相談窓口

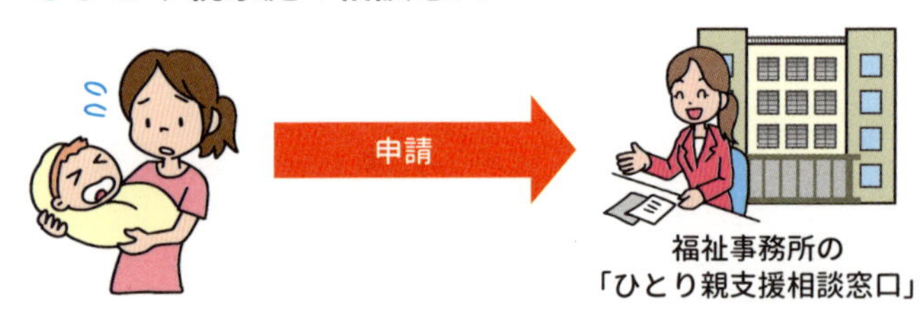

暮らしのサポート

●ひとり親家庭等日常生活支援事業

ひとり親家庭の親が修学や疾病、冠婚葬祭などにより、一時的に家事援助や保育等のサービスが必要となった際に、家庭生活支援員（ヘルパー）を派遣。

●ひとり親家庭等生活向上事業

・ひとり親家庭の親を対象とした「家計管理等の講習会」や「学び直し支援」
・ひとり親家庭の子を対象とした居場所の提供（放課後児童クラブ等の終了後）

●子育て短期支援事業

子どもの養育が一時的に困難となった場合等に、児童養護施設等で一定期間、養育・保護を行う。

●母子生活支援施設

経済的困窮やＤＶ被害を受けている母子を受け入れて保護し、自立に向けたサポートを行う施設。退所後も相談その他の援助を継続して実施。

●公営住宅の優先入居

●生活困窮者に対する住居保給付金の支給

(→生活困窮者自立支援制度（38 ページ）を参照）

就業のサポート

●就業・自立支援事業

就業相談、就業支援講習会、就業情報の提供など。

●高等職業訓練促進給付金

看護師等の資格を取得するため養成機関で修業する場合に、修学期間中の生活費負担を軽減する目的で現金を支給。

【支給額】
・住民税非課税世帯：月額 10 万円
・住民税課税世帯：月額 7 万 500 円
（最終 1 年間はそれぞれ月額 4 万円上乗せ）

●自立支援教育訓練給付金

雇用保険の教育訓練給付の対象となる講座等を受講し、修了した場合に、経費の一部を支給。

【支給内容】
受講料の 6 割相当額
※上限 20 万円
※ 1 万 2000 円を超えない場合は支給されない

●ひとり親家庭高等学校卒業程度認定試験合格支援事業

高等学校卒業程度認定試験合格のための講座を受講する場合に、その費用の一部を支給。

【支給内容】
修了時に受講費用の 4 割（上限 10 万円）、合格時に同 2 割（合わせて上限 15 万円）を支給

所得保障等

児童扶養手当制度

ひとり親世帯またはこれに準ずる世帯※で子どもを養育している保護者に対して、申請により、子どもが 18 歳になった年度末まで（障害児の場合は 20 歳未満である間）、奇数月に現金を支給。

※父または母が一定以上の障害、生死不明、法令による拘禁やＤＶ保護命令を受けている場合等

【手当額】（2022 年 4 月～）

1 人目の児童全部支給	月額 4 万 3070 円
2 人目加算額　　全部支給	月額 1 万 170 円
3 人目以降加算額　全部支給	月額 6,100 円（1 人につき）

所得制限があり（申請者の属性と扶養親族数で設定）、所得によっては「一部支給」の対象となります。一部支給の金額は所得に応じて決定されます

母子・父子・寡婦福祉資金

配偶者のない子育て中の親を対象とした貸付制度。申込み先は福祉事務所。

3．社会的養護（社会的養育）

「社会的養護」とは

保護者のいない子どもや深刻な虐待に遭っている子どもは、行政の権限で保護され、公的責任のもとで養育されることとなります（代替養育）。具体的には、児童福祉施設への入所措置や、里親委託、養子縁組といった方法がとられます。

ただし、それは課題解決に向けて最大限の支援をしてもなお、在宅生活が困難であると認められる場合です。児童相談所や市町村のソーシャルワーカーは、できるだけ子どもと保護者がそのまま一緒に暮らし続けられるように、精神的なケア、経済的支援や就業支援、親族との関係修復のための支援などを行い、養育環境の改善に努めます。これも、社会的養護の一環です。

●社会的養護の対象となる児童

要保護児童	要支援児童
保護者のない児童、保護者による養育が不適当と認められる児童のこと。 【例】 ・保護者の失踪、死亡、入院、服役などにある子ども ・虐待を受けている子ども ・家庭環境などに起因して非行や情緒障害を有する子ども　など	保護者の養育を支援することが特に必要と認められるものの、要保護児童には該当しない児童のこと。 【例】 ・強い育児不安や孤立感を有する保護者に養育されている子ども ・不適切な養育環境におかれている子ども　など

地域のネットワークで早期発見・早期対応

要保護・要支援の状況にあっても、当事者が自ら声をあげることは容易ではありません。ましてや、それが子どもであるなら、なおさらです。そこで、養育に困難を抱える家庭を早期に発見し、速やかに適切な支援や保護を行えるように、多機関によるネットワークが市町村ごとに形成されています。これを、「**要保護児童対策地域協議会**（略称：**要対協**）」といいます。

要対協では、要保護児童や要支援児童のほか、以下のような妊婦も支援対象に位置づけて、妊娠期または出産後早期から養育支援訪問事業（273ページ）等を活用して継続的にかかわり、フォローすることとしています。

- 経済的に困窮している妊婦
- 家族構成が複雑な妊婦
- 知的障害や精神的障害などで育児困難が予測される妊婦　など

制度上は「特定妊婦」と称します

「施設養護」と「家庭養護」

社会的養護は大きく、①児童養護施設や乳児院に入所して養育を受ける「施設養護」と、②特別養子縁組や里親のように養育者の家庭に迎えられて養育を受ける「家庭養護」という、2つのタイプがあります。①の施設養護についても、より小規模で、地域の中で家庭的な環境で生活できる形態が制度化されています。このタイプは便宜的に「家庭的養護」と称されています。

①施設養護

乳児院

●機能
保護者の養育を受けられない乳児を預かって養育する施設。被虐待児・病児・障害児などにも対応できる専門的養育機能をもつ。

●対象
原則として1歳未満（ただし、3歳程度まで受け入れている施設が多い）。

児童養護施設

●機能
家庭に代わる代替養育の場として、安定した生活を過ごせるように支援を行う施設。生活指導、学習指導、家庭環境の調整も行う。

●対象
原則として1歳～18歳未満（必要があれば0歳～20歳）。

③家庭的養護

- 小規模グループホームケア
- 地域小規模児童養護施設（グループホーム）

自立援助ホーム

●機能
居住の場（共同生活の住居）。相談、日常生活上の援助、生活指導、就業の支援等も行われる。

●対象
児童養護施設や里親委託等の措置終了後の子ども等（20歳未満。大学等就学中は22歳年度末まで可）。

②家庭養護

養育里親

養子縁組を目的とせずに、要保護児童を預かって養育する里親。

養子縁組里親

保護者のない子どもや家庭での養育が困難で実親が親権を放棄する意思が明確な場合の、養子縁組を前提とした里親。

専門里親

虐待を受けた子ども、非行の問題を有する子ども、障害がある子どもなど、一定の専門的ケアを必要とする子どもを養育する里親。

親族里親

両親や監護する者が死亡、行方不明、拘禁、疾病による入院などにより、子どもを養育できない場合に、祖父母などの親族が引き取って養育する里親。

ファミリーホーム

養育者の住居で子ども5～6人の養育を行うもの。養育里親家庭を大きくした里親型のグループホーム。

4. 障害・医療に関する支援

障害に関する支援

障害のある子どもに対する支援制度は、「児童福祉法」「障害者総合支援法」「子ども・子育て支援法」「医療的ケア児支援法」など各法を関連させ、相互補完する形で構築されています。同年代の子どもと一緒に保育や教育を受け、障害の有無にかかわらず地域で一緒に成長できるように、障害福祉サービスが“後方支援”するという建付けです。障害特有のニーズに関しては、児童福祉法や障害者総合支援法に基づく以下のようなサービスが受けられます。

●障害のある子どもが利用可能なサービス等

分類	サービス	内容	根拠法
訪問系	居宅介護	自宅で入浴、排泄、食事の介護等を行う	障害者総合支援法
	同行援護	重度の視覚障害のある人が外出するとき、必要な情報提供や介護を行う	障害者総合支援法
	行動援護	自己判断能力が制限されている人が行動するときに、危険を回避するために必要な支援、外出支援を行う	障害者総合支援法
	重度障害者等包括支援	介護の必要性がとても高い人に、居宅介護等複数のサービスを包括的に行う	障害者総合支援法
日中活動系	短期入所（ショートステイ）	自宅で介護する人が病気の場合などに、短期間、夜間も含め施設で、入浴、排泄、食事の介護等を行う	障害者総合支援法
通所系	児童発達支援	日常生活における基本的な動作の指導、知識技能の付与、集団生活への適応訓練などの支援を行う	児童福祉法
	医療型児童発達支援	日常生活における基本的な動作の指導、知識技能の付与、集団生活への適応訓練などの支援および治療を行う	児童福祉法
	放課後等デイサービス	授業終了後または休校日に、児童発達支援センター等の施設に通わせ、生活能力向上のための必要な訓練、社会との交流促進などの支援を行う	児童福祉法
	居宅訪問型児童発達支援	重度の障害等により外出が著しく困難な障害児の居宅を訪問して発達支援を行う	児童福祉法
	保育所等訪問支援	保育所等訪問支援保育所等を訪問し、障害児に対して障害児以外の児童との集団生活への適応のための専門的な支援を行う	児童福祉法
入所系	福祉型障害児入所施設	施設に入所している障害児に対して、保護、日常生活の指導および知識技能の付与を行う	児童福祉法
	医療型障害児入所施設	施設に入所または指定医療機関に入院している障害児に対して保護、日常生活の指導および知識技能の付与ならびに治療を行う	児童福祉法

障害児相談支援

児童福祉法に基づくサービスのケアマネジメント。相談を受けて「障害児支援利用計画案」を作成。支給決定後に事業者等と調整のうえ「障害児支援利用計画」を作成。利用開始後にモニタリング。

計画相談支援

障害者総合支援法に基づくサービスのケアマネジメント。相談を受けて「サービス等利用計画案」を作成。支給決定後に事業者等と調整のうえ「サービス等利用計画」を作成。利用開始後にモニタリング。

サービス利用の流れや費用負担等については、「第２章：障害者福祉（3.補装具と日常生活用具）」（100 〜 101 ページ）をご参照ください。なお、以下の点にご留意ください。
・18 歳未満の障害児のサービス申請にかかる申請者は、「保護者」になる
・18 歳未満の場合、障害支援区分の認定はない。サービス等利用計画の提出は必要

医療に関する支援

乳幼児等医療費助成制度

医療機関を受診した際に窓口で支払う一部負担金は、小学校入学前までは２割負担、それ以後は３割負担となっていますが、各自治体による「乳幼児等医療費助成制度」によって、子どもの医療費支出の負担軽減が図られています。国による全国一律の制度ではなく、各市町村で個別に「対象年齢」や「所得制限」や「一部自己負担」などを設定しています。

小児慢性特定疾病医療費助成制度

小児慢性特定疾病（788 疾病：2021 年 11 月〜）にかかっている子どもの医療費負担を軽減する制度があります。窓口での自己負担は２割負担となり、以下の自己負担上限額（月額）を越えた自己負担支払が不要となります。手続きについては、類似の制度である「指定難病医療費助成制度」（156 ページ）をご参照ください。

●自己負担上限額

階層区分	年収の目安（夫婦２人子ども１人世帯の場合）		自己負担上限額 一般	自己負担上限額 重症※	自己負担上限額 人工呼吸器等装着者
Ⅰ	生活保護等		0円		
Ⅱ	市町村民税	低所得 Ⅰ（〜約 80 万円）	1,250 円		500 円
Ⅲ	非課税	低所得 Ⅱ（〜約 200 万円）	2,500 円		
Ⅳ	一般所得 Ⅰ（市区町村民税 7.1 万円未満、〜約 430 万円）		5,000 円	2,500 円	
Ⅴ	一般所得 Ⅱ（市区町村民税 25.1 万円未満、〜約 850 万円）		1 万円	5,000 円	
Ⅵ	上位所得（市区町村民税 25.1 万円以上、約 850 万円〜）		1 万 5000 円	1 万円	
入院時の食費			1／2自己負担		

※重症…①高額な医療費が長期的に継続する者（医療費総額が 5 万円 / 月（例えば医療保険の 2 割負担の場合、医療費の自己負担が 1 万円 / 月）を超える月が年間 6 回以上ある場合）、②現行の重症患者基準に適合するもの、のいずれかに該当。

ヤングケアラーに対する支援

中高生が親族を介護している世帯がある。どんな支援が必要か？

A 支援を増やして、子どもにかかる過重な負担を取り除くようにしましょう。安心して思いや悩みを話せる「場」の確保も大事です。

①成長過程で孤立するヤングケアラー

家族の介護や家事を行っている18歳未満の子どものことを「ヤングケアラー」といいます。成長過程ながら、介護や家事に追われて学業に支障を来したり、同世代の仲間と親交を結ぶ時間・機会を持てずに孤立してしまったり——といった“しわ寄せ”が問題となっています。

●ヤングケアラーの例

障害や病気のある家族の身の回りの世話をしている

目の離せない家族に対する見守りや声かけをしている

障害や病気のある家族に代わって家事を行っている

家族に代わり、幼いきょうだいの世話をしている

②背景にある「世帯全体の課題」

そもそも子どもが家族をケアせざるをえない状況は、たとえばひとり親家庭であったり、保護者が長期入院していたり、障害や依存症を抱えていたり、外国籍であったり、低所得であっ

たり――といったほかの生活上の困難から生じています。このような根本の課題についても、分野をまたいで連携しながら対応していく必要があります。

●ヤングケアラーの背景となる生活課題

ひとり親家庭

親が長期入院

親に障害等がある

外国籍

低所得

③サービスを増やしてケアにかかる負担を軽減

ヤングケアラーのいる世帯を担当する相談援助職には、子どもが自分自身のことにエネルギーを注げるように、ケアにかかる負担を軽減する配慮が求められます。あわせて、日常の出来事や感じたことを安心して話せる環境につなげて、孤立を防ぐ取り組みが必要です。

- よき「聴き手」になる
- フォーマル／インフォーマルを問わず、支援を増やす
- 気兼ねなく他者とつながれる場に案内する（場がなければつくる／つくるよう促す）
- 関係分野（教育、生活困窮、医療、多文化共生・外国人相談支援等）の機関と連携・情報共有

あわせて、子どもの成熟度に配慮しつつ、いまの状況、気をつけるべきこと、今後の見通し等について、わかりやすく説明するように努めましょう。たとえ子どもであっても、ケアに当たるチームの一員であることに変わりはありません。

負担軽減の“さじ加減”、伴走しながら最善を図る

子どもは、現在自分が直面している状況、助けてほしいことを、必ずしも大人のように言語化できるとは限りません。ヤングケアラーの場合、自分のことを後回しにすることが習慣化してしまって、たとえしんどい状況でも、そのことに自ら気づいていないこともあります。それだけ、丁寧なアセスメントが必要です。

その一方で、ケアによる負担を「減らすべき苦役」と位置づけて、その軽減を最大目標としてしまうと、ヤングケアラーの家族を思う気持ちや役割意識を否定することにもなりかねません。思いを汲み取りつつ、人生の「選択肢」が狭まらないように、伴走しながら最善を探る取り組みが求められます。

ダブルケアへの対応

要支援の父を世話していた母が入院して、育休明けの娘が介護者に。どのような対応が求められる？

A　1人で抱え込んで疲弊してしまわないように、「ゆとり」をもってもらうための手立てを講じます。介護－保育でサービスを横断的に活用し、緊急時の預け先を確保し、当事者間でつながれる場をつくります。

①「ダブルケア」──親持ち子持ち青壮年層に共通のリスク

「父母＋その娘でシングルマザー（1人）＋孫（1人）」の4人家族で、もともと父が脳卒中による後遺障害で要支援1の状態にあったものの、母の世話によって支障なしに日常生活を送れていた。ところが、その母が転倒による骨折で入院。幸い大事には至らなかったが、「母が退院するまでの父の日中の世話や見守りをどうするか」「母に後遺障害が残った場合はどうしたらよいか」が目下の課題となっている。急きょ、介護のキーパーソンとなった娘は、ちょうど育児休業が満了して仕事復帰を果たした矢先であり、今後育児も介護もこなしながら働き続けることができるのか気に病んでいる──という事例です。

「高齢化」「晩婚化・晩産化」「世帯の小規模化」が同時進行する今日では、決して珍しい光景とはいえません。子育てと介護の責任が同時発生する「ダブルケア」は、親をもち子をもつ青壮年層に共通したリスクであるともいえます。

②サービス活用・緊急時の預け先確保で「ゆとり」を

ここで大事なことは、ダブルケアラーの時間的・精神的ゆとりを確保することです。

ダブルケアラーにとって“しんどい”のは、「同時に手が回らず、育児と介護に優先順位をつけざるをえないとき」であるとされます。介護を優先せざるを得ず、育児が後回しとなり、「こんなことではいけない」という罪悪感・焦燥感・自責の念が蓄積されていってしまうのです。したがって、同時集中が起きないように手立てを講じることが肝要です。余裕をもったサービス量や、送迎の時間帯が重ならないようにずらすなどの配慮が求められるでしょう。

併せて、突発的な事態にも柔軟に対応できるように、介護・保育ともに、緊急時に利用できる預け先を確保しておくことも重要です。

●ダブルケアラーへの対応ポイント

よき聴き手となる

いまつらいと感じることを吐き出してもらう

負担の同時集中を防ぐ

- 余裕をもったサービス量
- 送迎の時間帯が重ならないようにずらす等

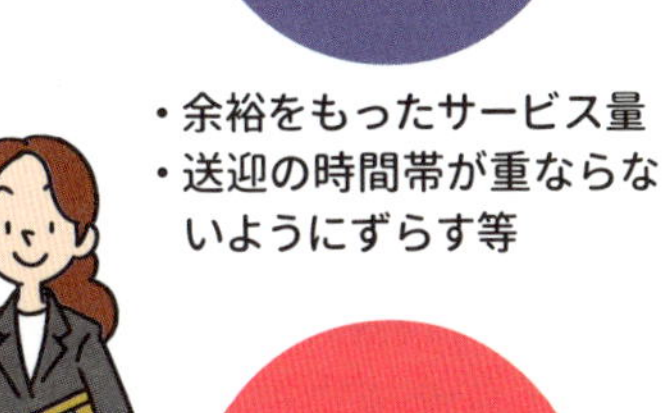

緊急の預け先を確保する

（公的な預け先）
- 一時預かり ➡P.271
- 病児保育 ➡P.271
- ファミリーサポートセンター ➡P.272
- 子育て短期支援事業 ➡P.272

関係機関間で連携する

- 地域包括支援センター
- 地域子育て支援拠点

等

当事者同士がつながれる「場」をつくる

ケアラー同士がつながって、悩みや気持ちを安心して打ち明け合ったり、情報や経験知を交換し合ったりする「ダブルケア・カフェ」のような“場”があれば、孤立防止に非常に有効です。介護・保育で連携して、地域内での場づくりを進めてみてはいかがでしょうか。「子ども食堂」や「認知症カフェ」といった社会資源がすでに存在する地域では、そこで多世代交流を進めていくというのも一つの方法です。

子ども食堂の利用

「子ども食堂」ってどんな利用条件があるの？

A 大半の食堂が、対象を限定せず、どんな子も無条件に受け入れています。年齢に関わらず、「多世代交流拠点」として運営されているところも少なくありません。

①一人でも行ける無料または低額の食堂

子ども食堂とは、「子どもが一人でも行ける無料または低額の食堂」のことです。保育所や学童保育のように、法令に根拠のある施設ではなく、地域のニーズを受けて自発的に創出されたインフォーマルな社会資源です。必ずしも「子ども専用」食堂ということを意味せず、なかには、「参加者の9割が高齢者」というところもあるそうです（名称も「地域食堂」「みんな食堂」などさまざま）。

子どもの居場所や孤食解消・欠食防止に軸足を置く食堂もあれば、地域住民の多世代交流促進に注力する食堂もあり、2021年12月時点で全国に6,007か所あります。

●さまざまな「子ども食堂」の形

②多様な場所で開催、頻度もさまざま

子ども食堂に、設置や運営に関する公的な基準はありません。開催場所には、公民館や児童館などの公共施設、事務所、空き店舗、民家や個人の自宅、飲食店、医療機関や介護施設、お寺や教会などが使われています。運営主体は、NPO法人、社会福祉法人、自治会、民間企業、協同組合、個人（食堂のオーナー、商店街の店主、PTAの有志、保育士など）とさまざまで、食材や資材、調理など運営に要する費用・人員は主に寄付やボランティアによって賄っています。自治体や企業・民間団体などによる助成を受けているところもあります。

料金	開催頻度
食堂ごとに独自に設定されている。 多くは、子ども無料～200円程度、大人200円～500円程度。子どもについては「手伝えば無料」としているところもある。	月1回開催のところから、毎日開催のところまで、まちまち。食事提供以外にも、調理実習、学習支援教室、季節の行事やイベントなどを行っているところもある。

詳細については、自治体や社会福祉協議会の広報誌やホームページからご確認ください。また、全国単位・都道府県単位で子ども食堂を検索できるサイトがあります。

- **子供食堂などを探す（内閣府＞子供の未来応援国民運動）**
  https://kodomohinkon.go.jp/help/link_kodomo/
- **ガッコム×むすびえ：こども食堂マップ**
  https://kodomoshokudo.gaccom.jp/
- **こども食堂ネットワーク**
  http://kodomoshokudou-network.com/

3小学校区に1食堂

子ども食堂は、万人に共通の“食”というニーズを通じて「誰でも気軽に立ち寄れる場」として開設されていることで、結果として、支援を要する子や保護者にとっても参加しやすい（スティグマなしに利用できる）場になっています。ニーズの高まりを受け、コロナ禍の2021年にも、1年間で全国約1,000か所超（2割増し）のペースで増えており、単純計算で3小学校区に1食堂となっています（※相当程度の地域差あり）。

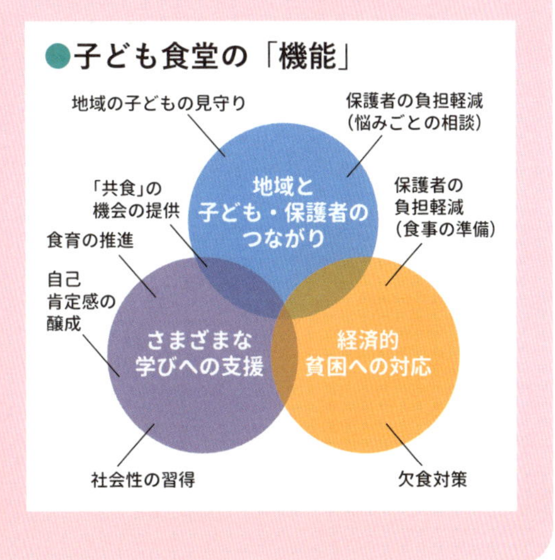

編集・著者・取材協力者紹介

編集　「ケアマネジャー」編集部

著者　福島敏之
総合社会保障研究所代表、社会福祉士。
東京社会福祉士会広報推進本部編集長。
蕨戸田市医師会看護専門学校非常勤講師（医療経済学）。
東京大学医療政策人材養成講座（HSP）修了。
社会保険専門誌および医薬専門誌の編集記者を経て現職。
社会保障全般、相談援助、介護報酬・診療報酬、労働などの各分野について横断的に精通し、わかりやすい解説に定評あり。

取材協力　木村直子
有限会社 トチギ介護サービス 介護支援専門員。
ヘルス・ケア・サポート ハクビ 非常勤講師（初任者研修）。
社会福祉士、精神保健福祉士、介護福祉士、相談支援専門員、認知症ケア専門士。

森田智仁
生活困窮者自立支援窓口・主任相談支援員（東京都内）。
社会福祉士。

小林由香里
愛恵会乳児院 専門職主任 家庭支援専門相談員。
社会福祉士　保育士。

ケアマネ・相談援助職必携
現場で役立つ!　社会保障制度活用ガイド 2022年版

2022年4月20日　発行

編　集　――――「ケアマネジャー」編集部
著　者　――――福島敏之

発行者　――――荘村明彦
発行所　――――中央法規出版株式会社
〒110-0016　東京都台東区台東3-29-1　中央法規ビル
TEL 03-6387-3196
https://www.chuohoki.co.jp/

本文DTP ――――Isshiki
装幀・本文デザイン　―Isshiki（デジカル）
本文イラスト ―――吉田一裕

印刷・製本　―――図書印刷株式会社

定価はカバーに表示してあります。落丁本・乱丁本はお取替えいたします。
ISBN978-4-8058-8496-6

本書のコピー、スキャン、デジタル化等の無断複製は、著作権法上の例外を除き禁じられています。また、本書を代行業者等の第三者に依頼してコピー、スキャン、デジタル化することは、たとえ個人や家庭内での利用であっても著作権法違反です。
本書の内容に関するご質問については、下記URLから「お問い合わせフォーム」にご入力いただきますようにお願いいたします。
https://www.chuohoki.co.jp/contact/